COURS D'ÉTUDES
A L'USAGE DE L'ENSEIGNEMENT SECONDAIRE SPÉCIAL
ET DE L'ENSEIGNEMENT INDUSTRIEL

ÉTUDE GÉNÉRALE

DE L'EUROPE

PAR

RICHARD CORTAMBERT

DEUXIÈME ANNÉE

Conforme aux programmes de 1882

PARIS
LIBRAIRIE HACHETTE ET Cie
79, BOULEVARD SAINT-GERMAIN, 79

COURS D'ÉTUDES

A L'USAGE

DE L'ENSEIGNEMENT SECONDAIRE SPÉCIAL

ET DE L'ENSEIGNEMENT INDUSTRIEL

Imprimeries réunies, **A**, rue Mignon, **2**, Paris.

ÉTUDE GÉNÉRALE
DE L'EUROPE

PAR

RICHARD CORTAMBERT

DEUXIÈME ANNÉE
CONFORME AUX PROGRAMMES DE 1882
Pour l'enseignement secondaire spécial

NOUVELLE ÉDITION

PARIS

LIBRAIRIE HACHETTE ET Cie

79, BOULEVARD SAINT-GERMAIN, 79

1883

Droits de propriété et de traduction réservés.

EXTRAITS

DES PROGRAMMES OFFICIELS

DE

L'ENSEIGNEMENT SECONDAIRE SPÉCIAL

(28 juillet 1882)

DEUXIÈME ANNÉE

Trois heures par semaine

I. — ÉTUDE GÉNÉRALE DE L'EUROPE.

Bornes et superficie de l'Europe. — Configuration de l'Europe. — Les mers; description des côtes.

Relief du sol; variété des formes. — Système orographique : constitution géologique. — Les plateaux et les plaines.

Fleuves et rivières. — Principaux groupes de lacs.

Lignes isothermes : vents et pluies ; climats maritimes et continentaux. Rapports de la végétation et du climat : flore méditerranéenne ; steppes; forêts du Nord. — Limites climatériques de l'olivier, de la vigne, des céréales, de la végétation arborescente.

II. — DESCRIPTION PARTICULIÈRE DES ÉTATS DE L'EUROPE.

Étudier pour chaque État les traits caractéristiques de la géographie physique, la géographie politique, les divisions administratives ou historiques les plus importantes, les villes principales, la géographie économique (agriculture, mines, industrie, voies de communication, commerce), la population, la race, la langue, la religion.

Résumé comparatif. — Superficie comparée des États. — Productions et commerce. — Densité des populations. — Races. — Langues. — Religions. — Forces militaires.

ÉTUDE GÉNÉRALE

DE L'EUROPE

BORNES ET SUPERFICIE DE L'EUROPE. — CONFIGURATION DES MERS. — DESCRIPTION DES CÔTES

L'**Europe**, placée dans le N. O. de l'ancien continent, à l'O. de l'Asie et au N. de l'Afrique, est une grande presqu'île, d'une forme très irrégulière et aux côtes profondément découpées, qui s'allongent du N. E. au S. O., en s'amincissant dans cette dernière direction. Elle tient au reste du continent par deux côtés : à l'E., par le territoire des monts Ourals et du fleuve Oural, situé au N. de la mer Caspienne; au S. E., par l'isthme du mont Caucase, entre la mer Caspienne et la mer Noire. Elle s'étend du 35e au 71e degré, si l'on s'arrête au cap Nord; au 77e, si l'on y comprend la Nouvelle-Zemble; au 80e, si l'on y renferme le Spitzberg; entre le 13e degré de longitude O. et le 63e degré de longitude E. Cette partie du monde est comprise presque entièrement dans la zone tempérée boréale; une petite portion seulement appartient à la zone glaciale arctique.

La longueur de l'Europe, du N. E. au S. O., depuis l'embouchure de la rivière Kara, dans la mer de ce nom, jusqu'au cap Saint-Vincent, est de 5400 kilomètres; du N. au S., depuis le cap Nord jusqu'au cap Matapan, en Grèce, on compte 4000 kilomètres. La superficie est d'environ 10 200 000 kilomètres carrés. C'est la moins étendue des parties du monde.

L'Océan **glacial arctique**, qui baigne l'Europe à partir

du 70ᵉ degré parallèle, subit pendant environ huit mois de l'année une température très rigoureuse. Les glaces l'encombrent. La navigation n'y est vraiment possible qu'à la fin du printemps et en été. Des marins s'y aventurent pour faire la pêche des poissons très abondants dans ces parages, et y poursuivre les baleines, les cachalots, etc.

En Europe, cet océan forme la mer de **Kara**, la mer **Blanche** et la mer de **Barents**.

La mer **Blanche**, ainsi nommée à cause des glaces qui la recouvrent une grande partie de l'année, est relativement peu salée. La pêche y est généralement fructueuse. Elle fournit surtout de grandes quantités de harengs. La neige ne fond que très rarement sur les rochers qui la bordent à l'ouest.

L'Océan **Atlantique**, qui baigne l'Europe sur une étendue considérable, et y apporte les effluves du *Gulf-Stream* (courant du golfe du Mexique), projette dans notre continent de profondes échancrures, de nombreux enfoncements qui ont certainement contribué au développement et à la grandeur de notre monde.

Il forme la mer **Baltique**, le **Cattegat**, la mer du **Nord**, la **Manche**, la mer d'**Irlande** et la mer de **France**, appelée aussi golfe de **Gascogne** ou mer de **Biscaye**.

La mer **Baltique** présente elle-même trois enfoncements: les golfes de **Botnie**, de **Finlande** et de **Livonie** ou de **Riga**.

La Baltique, presque entièrement enveloppée par la terre, n'a que des marées très faibles. Les vents y sont très irréguliers, très inconstants. La salinité y est peu considérable; la mer peu profonde. La navigation y est interrompue durant plusieurs mois par l'amoncellement des glaces. On y pêche particulièrement des harengs et des saumons.

Une assez vaste portion du littoral de la Baltique est plate et sablonneuse. Ainsi, au S., elle présente des lagunes intérieures appelées *Haff* (dans la Baltique prussienne).

La mer du **Nord** est peu profonde. Les rives sont souvent basses et la mer tend à envahir la terre. Aussi a-t-on élevé sur des espaces considérables des **digues** pour arrêter les flots toujours menaçants de l'océan surtout aux fortes marées. Sur un assez grand nombre de points, les prairies sont à 4 ou 5 mètres au-dessous du niveau de la mer. Les rives de l'E. de la Grande-Bretagne sont presque aussi plates que celles du N. de l'Allemagne et de la Hollande. Quant aux côtes de la Norvège, elles se découpent souvent à pic et présentent des enfoncements allongés qui ont reçu le nom de *fiords*. Ces enfoncements sont extrêmement favorables au développement de l'esprit maritime des Norvégiens.

La mer du Nord forme, entre autres, le *Zuider-zée*.

Au S. O. de la Grande-Bretagne se trouve le golfe qu'on appelle **Canal de Bristol**.

La **Manche**, dont le nom signifie vaste détroit, communique avec la mer du Nord par le *Pas de Calais*. Sa profondeur moyenne est de 30 à 50 mètres. On peut se faire une idée assez précise du peu d'élévation de cette couche d'eau en se reportant à la hauteur de nos cathédrales; ainsi, Notre-Dame de Paris dépasserait la surface de la Manche. Comme la mer du Nord, la Manche n'a pas à redouter l'arrivée des bancs de glaces; les courants de l'O. et qui proviennent du *gulf-stream* en adoucissent la température, mais la mer y est souvent très houleuse, surtout en s'approchant du Pas de Calais. La pêche y est très abondante.

La mer de **France**, qui, dans sa partie méridionale, porte plus spécialement le nom de *Golfe de Gascogne*, est beaucoup plus profonde que les mers précédentes : la baie de *Biscaye* commence à l'Adour et s'étend au N. de l'Espagne.

La **Méditerranée** (mer *Intérieure* des anciens), qui a 3300 kilomètres de longueur, depuis le détroit de Gibraltar jusqu'aux Dardanelles, et qui, dans sa plus grande largeur, est de 1000 kilomètres, se divise en deux bassins sous-marins. Le premier, le *bassin occidental*, s'étend jusqu'au resserrement formé par la Sicile et la Tunisie; le second, le *bassin oriental*, se prolonge jusqu'aux dernières limites de la Méditerranée à l'E. La profondeur du premier de ces deux bassins est moins considérable que celle du second. Il y a en moyenne 2700 mètres dans le bassin occidental et 3500 mètres dans le bassin oriental.

La Méditerranée n'a pas, à proprement parler, de marées par le fait du rétrécissement du détroit de Gibraltar, mais on constate néanmoins chaque jour un léger mouvement qui y correspond, et plusieurs golfes ou détroits subissent de véritables marées. Par suite de la grande évaporation due à la chaleur solaire, la Méditerranée est plus salée que l'Atlantique.

Les côtes sont généralement découpées et présentent sur un grand nombre de points des sites enchanteurs. La douceur du climat permet, par exemple, dans le sud de la France, en Provence, d'obtenir de riches cultures sous le flot même de la mer.

La Méditerranée comprend la mer **Tyrrhénienne** (des Tyrrhéniens ou Étrusques); la mer **Adriatique** (de la ville d'*Adria* au fond de la mer); la mer **Ionienne**, l'**Archipel**, (anciennement mer *Égée*); la mer de **Marmara** (anciennement *Propontide*); la mer **Noire** (anciennement *Pont-Euxin* ou bienheureuse), et la mer d'**Azov** (anciennement *Méotide*).

Dans la Méditerranée propre, on distingue les golfes du **Lion** et de **Gênes**.

L'**Adriatique**, appelée quelquefois aussi golfe de Venise, n'a pas moins de 825 kilomètres de longueur. Sa profondeur est très inégale : médiocre à l'approche des plages et des lagunes, elle devient ailleurs assez considérable. La sonde, dans le détroit d'Otrante, accuse 5 à 600 mètres. Le mouvement de flux et de reflux de l'Adriatique est très faible, néanmoins, à Venise, les marées montent à près d'un mètre.

La mer **Ionienne** forme les golfes de *Tarente* et de *Lépante*.

L'**Archipel** fut appelé mer Égée pendant fort longtemps et ne reçut son second nom qu'au moyen âge. Archipel veut dire *grande mer*, *mer principale*. Cette mer se trouvant remplie d'îles, le nom d'Archipel a été ensuite donné, par imitation, aux groupes, aux réunions d'îles. La profondeur de l'Archipel est sur plusieurs points assez considérable. Plusieurs des îles qui en émergent sont d'origine volcanique.

L'Archipel forme entre autres le golfe de *Salonique*.

La petite mer de **Marmara**, qui sert, pour ainsi dire, de trait d'union entre l'Archipel et la mer Noire, tire son nom de l'île du marbre. Elle sépare le monde asiatique du monde européen.

Le courant qui s'établit de la mer Noire à la mer de Marmara par le Bosphore ou détroit de Constantinople est fort rapide.

La mer **Noire** a été probablement appelée ainsi à cause des brouillards qui la couvrent et qui assombrissent ses eaux. Dans la portion intérieure de cette mer, la sonde plonge jusqu'à 2000 mètres. Ce bassin presque fermé recevant l'apport de grands cours d'eau, sa salinité est plus faible que celle de la Méditerranée. De violentes tempêtes s'y déchaînent parfois, surtout par les vents du nord.

La **Caspienne** (*Caspium mare*), appelée *Denghiz* par les Turcomans, c'est-à-dire la mer, est complètement entourée de terres de tous côtés. Ses rivages septentrionaux sont froids, uniformes, arides, tandis que le littoral du S. est riche, couvert de végétation et généralement chaud. Cette mer renferme moins de sel marin que l'Océan et la Méditerranée. Son niveau est de 26 mètres au-dessous de celui de la mer Noire.

PRINCIPAUX DÉTROITS

La mer de Kara communique avec la mer de Barents par le détroit de *Vaigatch*, par le détroit de *Fer* ou de *Kara*, et par celui de *Matotchkin*.

On passe de la mer Baltique au Cattégat par les détroits du *Sund*, du *grand Belt* et du *petit Belt* et du *Cattégat* dans la mer du Nord par le large détroit de *Skager-Rack*.

On se rend de la mer du Nord dans la Manche, par le *Pas de Calais*, nommé canal de *Douvres* par les Anglais, et qui n'a que 31 kilomètres dans sa partie la plus resserrée.

La mer d'Irlande communique avec l'océan Atlantique par le canal du *Nord* et le canal *Saint-George*.

On entre de l'Atlantique dans la Méditerranée par le détroit de **Gibraltar** (ancien détroit d'Hercule), qui a 13 kil. de largeur dans sa partie la plus resserrée et environ 300 mètres de profondeur. Un courant constant de surface va de l'Atlantique à la Méditerranée, mais il existe un autre courant sous-marin déversant les eaux de la Méditerranée dans l'Océan.

Le nom de Gibraltar vient de *Djebel-al-Tarik* (rocher de Tarik), en souvenir du guerrier berbère Tarik qui franchit le premier le détroit en 711 et gravit l'escarpement où se trouve aujourd'hui Gibraltar. On sait que l'on appelait dans l'antiquité colonnes d'Hercule les deux rochers qui se trouvent à l'entrée du détroit.

La mer Tyrrhénienne est unie à la mer Ionienne par le détroit nommé *Phare de Messine*.

On passe de la mer Adriatique dans la mer Ionienne par le canal d'*Otrante*; de l'Archipel dans la mer de Marmara par le détroit des *Dardanelles* (anciennement Hellespont); de la mer de Marmara dans la mer Noire, par le canal de *Constantinople* (anciennement Bosphore de Thrace); et de la mer Noire dans la mer d'Azov, par le détroit d'*Ienikalé* ou de *Kertch* (anciennement Bosphore Cimmérien).

Les nombreux bras de mer qui s'enfoncent profondément dans les terres sont un des grands avantages de notre partie du monde; en y répandant une température plus égale et plus douce, en invitant les populations à communiquer entre elles par la navigation, par un commerce actif, ils ont puissamment contribué à placer l'Europe à la tête de la civilisation du globe.

PRESQU'ILES, ISTHMES, ILES ET CAPS

Les côtes de l'Europe sont très irrégulières, et forment beaucoup de presqu'îles.

Au N., on remarque la péninsule **Scandinave** et la péninsule **Cimbrique**, qui s'avancent l'une en face de l'autre, à l'O. de la mer Baltique. La première, qui est la plus grande presqu'île d'Europe, et dont les côtes occidentales sont découpées par d'innombrables *fiords* (étroits golfes), est jointe au continent vers le N. E. par l'isthme de **Laponie**, et la seconde s'y rattache au S. par l'isthme de **Holstein**. Le N. de la péninsule Cimbrique forme la presqu'île de **Jutland**.

A l'extrémité S. O. de l'Europe, est la péninsule **Hispanique**, unie au continent par l'isthme des **Pyrénées**.

Au S., on voit la presqu'île de l'**Italie**, qui a grossièrement la forme d'une botte, et qui se termine par les presqu'îles de *Calabre* et d'*Otrante*.

On remarque encore au S. la grande péninsule des **Balkans** ou **Turco-Hellénique** dont la partie méridionale forme la presqu'île de **Morée** (anciennement *Péloponnèse*), unie au continent par l'isthme de **Corinthe**, qui n'a environ que 5 kil. de largeur et qui sera prochainement coupé par un canal.

Entre la mer d'Azov et la mer Noire, est la presqu'île de **Crimée** (anc. *Chersonèse Taurique*), jointe au continent par l'isthme de **Pérékop**.

Dans l'océan Glacial, au N. E., on voit la **Nouvelle-Zemble**, c'est-à-dire, en russe, *Nouvelle Terre*, contrée peu connue, froide et inhabitée, composée de deux îles. — Loin, au N. de la Nouvelle-Zemble, on vient de découvrir un archipel glacé qu'on a appelé *Terre de François-Joseph*.

Sur la côte N. O. de la péninsule **Scandinave**, on rencontre les îles **Lofoden**, fort nombreuses et très fréquentées par les pêcheurs.

Loin au N. de la même péninsule, est l'archipel glacé du **Spitzberg**, qu'on rattache presque indifféremment à l'Europe et à l'Amérique. Découvertes au seizième siècle, ces îles, hérissées de montagnes pointues, de rochers et de glaciers, ne sont pas encore entièrement explorées, malgré les voyages récents de Torell, de Nordenskiœld, etc.

Dans le N. O. de l'Europe, sont les **îles Britanniques**, dont la principale est la **Grande-Bretagne**, l'île la plus considérable de cette partie du monde, et qui s'étend du N. au S., l'espace de 900 kilomètres ; là aussi est l'**Irlande** (450 kil. de longueur) ; seconde île de l'Europe pour l'importance.

Le groupe des **Hébrides**, des **Orcades** et des **Shetland**, au N. de la Grande-Bretagne ; les îles de **Man** et d'**Anglesey**, à l'O. ; l'île de **Wight**, au S., font aussi partie des *îles Britanniques*, dont les îles **Anglo-Normandes** (*Jersey, Guernesey*, etc.), dans la Manche, sont une dépendance politique, quoiqu'elles soient physiquement françaises.

Loin au N. O., on voit les îles **Færœer**, et enfin l'**Islande**, grande île très froide et volcanique, plus voisine de l'Amérique que de l'Europe, et qu'il convient de rattacher aux terres américaines.

Entre le Cattégat et la mer Baltique, se trouvent les îles **Danoises**, dont les principales sont *Seeland* et *Fionie*.

Dans l'intérieur de la Baltique, sont les îles d'*OEland* et de **Gottland**, près de la péninsule Scandinave ; les archipels d'**Aland** et d'**Abo**, à l'entrée du golfe de Botnie ; l'île de *Dago* et l'île d'*OEsel*, à l'E., et celle de *Rügen*, au S.

Dans la Méditerranée, on remarque, à l'E. de la péninsule Hispanique, les îles **Baléares** (*Majorque, Minorque* et *Ivice*), fertiles en bons fruits.

Près de l'Italie, sont les grandes îles de **Sicile**, d'une forme triangulaire, de **Sardaigne** et de **Corse**, qui s'allongent du N. au S. ; les îles **Lipari**, groupe volcanique ; l'île d'**Elbe**, et celle de **Malte**, placée avantageusement dans la partie la plus centrale de la Méditerranée.

Sur la côte N. E. de la mer Adriatique, est l'archipel **Dalmate Illyrien**, comprenant les îles *Veglia, Cherso, Pago, Brazza, Curzola*, etc.

Près de la péninsule Turco-Hellénique, on remarque

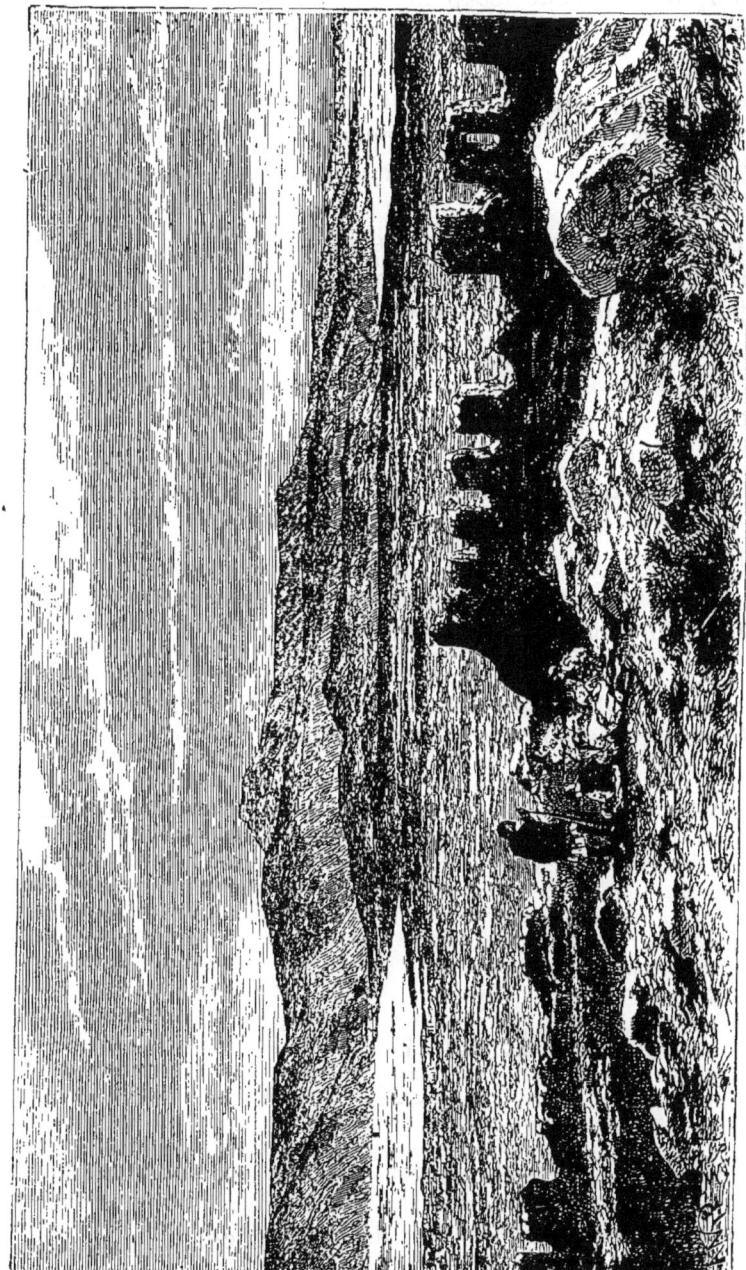

Isthme de Corinthe. — Vue prise de l'Acropole de Corinthe.

beaucoup d'îles, dont les principales sont, à l'O., les îles **Ioniennes** (*Corfou*, *Saint-Maure*, *Théaki* ou *Ithaque*, *Céphalonie*, *Zante*); — à l'E., dans l'Archipel, celle de **Négrepont** ou **Eubée**; — les **Cyclades** (*Naxos*, *Paros*, etc.); *Lemnos*, *Imbros*, *Samothrace* et *Thasos*; — au S., **Candie** (anciennement *Crète*), la terre la plus méridionale de l'Europe.

Le cap le plus septentrional de l'Europe continentale est le **Nordkyn**, dans la péninsule Scandinave; mais, plus au N., dans une des îles **Lofoden**, on voit le cap **Nord**. Les points extrêmes de la Nouvelle-Zemble, de la Terre de François-Joseph et du Spitzberg, sont beaucoup plus septentrionaux encore.

A l'extrémité S. O. de la Grande-Bretagne, on remarque le cap **Land's End** ou *Finisterre*.

La pointe de **Corsen** termine la France à l'O., et se trouve dans le *Finistère* français.

A l'extrémité N. O., de la péninsule Hispanique, est un cap qu'on nomme aussi **Finisterre**.

Vers l'extrémité S. O. de la même péninsule, on rencontre le cap **Saint-Vincent**, et, à son extrémité S., la pointe de *Tarifa*, qui est le point le plus méridional de l'Europe continentale.

A l'extrémité S. de la Morée, se trouve le cap **Matapan**.

RELIEF DU SOL

OBSERVATIONS GÉNÉRALES. — CHAINES DE MONTAGNES

De grandes et hautes chaînes de montagnes, des plateaux élevés, des côtes escarpées, se montrent dans le midi de l'Europe; tandis que les parties septentrionales s'étendent en vastes plaines, qui se prolongent sous des mers peu profondes, comme la Baltique et la mer du Nord. Les plaines se continuent dans l'est, en Pologne et en Russie, et s'abaissent surtout vers la mer Caspienne, où elles sont de 25 à 30 mètres au-dessous de l'Océan. Avec cette région, le sol le plus déprimé de l'Europe est celui des Pays-Bas, qui, souvent au-dessous de la mer du Nord, n'est garanti contre les inondations de cette mer que par les digues que leur opposent les hommes et par les dunes qu'a élevées la nature. Il y a encore de grandes plaines très basses au N. O. de la mer Adriatique, en Vénétie et en Lombardie.

Il faut remarquer, en outre, que, dans les chaînes de montagnes dont le S. est couvert si généralement, les flancs méridionaux sont bien plus abrupts et plus courts que ceux du N., terminés ordinairement par des pentes douces, par des rameaux qui s'allongent vers les plaines en collines progressivement insensibles : les versants du S. sont, en même temps, dénudés et ravinés; ceux du N., boisés, cultivés et peu ravagés par les eaux.

L'Europe n'a plus de volcans actifs que dans le S. Le *Vésuve*, sur la côte occidentale de la péninsule d'Italie ; — l'*Etna*, en Sicile ; — le *Stromboli*, dans une des îles Lipari, ont de fréquentes éruptions.

L'Archipel est le foyer de mouvements volcaniques remarquables : souvent, et tout récemment encore, près de *Santorin*, des îlots s'y sont soulevés par l'effet de feux souterrains. En général, toute la région méditerranéenne est le centre d'une action puissante de la chaleur intérieure du sol, et les tremblements de terre y sont fréquents.

Les volcans éteints sont nombreux dans plusieurs parties de l'Europe (dans la France centrale, dans l'O. de l'Allemagne, etc.).

De toutes les montagnes d'Europe, les **Alpes**[1] sont les plus importantes; elles sont comme le noyau de cette

1. Voyez dans l'Atlas les cartes de détail : Suisse, France, Italie, Allemagne, Autriche-Hongrie, Turquie. La distribution des diverses parties des Alpes est spécialement indiquée sur la carte physique de l'Allemagne.

contrée, dans la partie centro-méridionale de laquelle elles s'étendent, en formant un arc immense, dont la convexité est tournée vers le N. La chaîne principale est accompagnée de nombreuses branches, dont chacune a encore d'innombrables rameaux. Cette chaîne, dans sa situation générale, enveloppe au N. l'Italie et le bassin de la mer Adriatique. Elle commence dans le N. O. de l'Italie, au col d'Altare ou de Cadibone, où se terminent les Apennins; se dirige d'abord au N. O., puis au N., sur la frontière de l'Italie et de la France, jusqu'au mont Blanc; ensuite à l'E., jusqu'au pic des Trois-Seigneurs, se trouvant tantôt entre l'Italie et la Suisse, tantôt dans la Suisse même, tantôt dans l'empire Austro-Hongrois; enfin elle va au S. E. à travers cet empire et la Turquie, jusqu'au Tchar-dagh. Son développement, du col d'Altare au Tchar-dagh, est de 1800 kil. La latitude moyenne est au 46ᵉ degré.

On appelle **Alpes Occidentales** la partie de la chaîne qui est renfermée entre le col d'Altare et le mont Blanc; — **Alpes Centrales**, la partie qui s'étend du mont Blanc au pic des Trois-Seigneurs; — **Alpes Orientales**, la partie comprise entre ce dernier pic et le Tchar-dagh.

Le **Saint-Gothard** et le groupe d'**Adula** qui en est une dépendance, sont le point le plus central et le plus remarquable des Alpes. C'est de là que se détachent le plus de branches, et que les eaux se rendent dans les directions les plus diverses : à l'O., dans la Méditerranée proprement dite, par le Rhône; au S., dans l'Adriatique, par le Tessin; au N., dans la mer du Nord, par le Rhin, la Reuss et l'Aar; à l'E., dans la mer Noire, par l'Inn (qui ne naît pas, il est vrai, dans ce groupe même, mais à très peu de distance).

Sur une assez grande étendue, les Alpes font partie de l'arête européenne du partage des eaux entre le versant de l'Océan et celui de la Méditerranée.

Les grands cours d'eau qui descendent de ces montagnes sont : sur le versant océanique, le Rhin, l'Aar; — sur le versant méditerranéen, le Rhône, le Pô, l'Adige et de grands affluents de droite du Danube, l'Isar, l'Inn, la Drave, la Save.

Le mont Blanc et Chamonix

De nombreux et beaux lacs sont formés au pied des Alpes : lac de Genève, dans le cours du Rhône ; lac de Constance, dans le cours du Rhin ; lacs Majeur, de Lugano, de Côme, de Garde, dans le bassin du Pô.

Le plus haut sommet des Alpes est le mont **Blanc** (4810 m.) qui n'est dépassé en Europe que par le Caucase. Deux grands glaciers s'ouvrent sur ses rampes : la *mer de glaces* et le glacier des *Bossons*. Ces bancs de glace avancent toujours et régulièrement, dans le sens de leur pente ; ils se portent ainsi beaucoup au-dessous de la limite des neiges éternelles. La première ascension du mont Blanc remonte à 1786 ; elle fut exécutée par le guide Jacques Balmat et le docteur Paccard. L'année suivante, le naturaliste de Saussure atteignait le sommet de la montagne et y faisait d'importantes observations. Depuis cette époque, les excursions se sont multipliées : l'une des plus remarquables au point de vue des résultats scientifiques, fut celle de MM. Martins, Bravais et Le Pileur, en 1844. Chaque année, des touristes entreprennent cette excursion qui exige en général deux journées. Le premier jour, on va coucher aux Grands-Mulets ; le second, on monte au sommet et l'on retourne à Chamonix.

Le second pic des Alpes est le mont **Rosa** (4636 m.). — Le naturaliste de Saussure fut le premier qui en fit une étude sérieuse.

Les points dominants sont ensuite : le **Finster-Aarhorn** (4360 mètres), le **Mœnch** (4200 mètres), la **Jungfrau** (4070 mètres), le pic des **Écrins** (4103 mètres), le **Cervin** (4000 mètres), dont l'ascension est très périlleuse, l'**Ortles** (4000 mètres), le **Grand-Pelvoux** (3938 mètres), le **Gross-Glockner** (3890 mètres).

Des cols célèbres par le passage des armées ou par les routes commerciales qu'on y a établies coupent les Alpes sur un grand nombre de points. Voyons d'abord ceux de la chaîne principale :

Après le col d'Altare ou de Cadibone, qui sépare cette chaîne des Apennins, on remarque, en commençant par le S., en Italie, le col de *Tende ;* — entre la France et l'Italie, le col d'*Argentière* ou de la *Madeleine*, le col d'*Agnello*, le col du mont *Genèvre*, le col de *Fréjus*, près du tunnel du chemin de fer qui réunit la France à l'Italie (la longueur du tunnel, dit du mont Cenis, est de 12 200 mètres. Commencé en 1860, il a été inauguré en 1871. Il passe en réalité plus près du mont Tabor que du mont *Cenis*, où Napoléon Ier fit faire une belle route qui a été longtemps la principale communication entre la France et l'Italie, mais qui est aujourd'hui délaissée depuis l'établissement de la voie ferrée); le col du *Petit-Saint-Bernard* ; — entre la Suisse et la France, le col de *Balme* et celui de la *Tête-Noire ;* — dans l'intérieur de la Suisse, le col de la *Furca*, le col du *Grimsel,* le col de la *Gemmi* et le col du *Brunig ;* — entre la Suisse et l'Italie ou près de la frontière de ces pays, le col du *Grand-Saint-Bernard*, célèbre par son hospice et par le passage de l'armée française sous Bonaparte, en 1800 ; le col de *Saint-Théodule*, près du mont Rosa ; le col du *Simplon*, fameux par une belle route construite sous le gouvernement français et où on a le projet de faire passer un chemin de fer ; le col du *Saint-Gothard*, où l'on vient de percer un tunnel de chemin de fer ; le col du *Bernardino ;* le col du *Splugen ;* le col de la *Maloïa ;* — entre l'Autriche-Hongrie et l'Italie ou près de leurs frontières, le col du *Stelvio* (en allemand *Stilfs*) ; le col du *Brenner*, où passe un chemin de fer ; le col de *Tarvis ;* — dans l'intérieur de l'Autriche-Hongrie, le col de *Neumarkt*, le col de *Semering*, passage de chemin de fer.

Les Alpes sont célèbres par la variété de leurs sites et par leurs paysages pittoresques et grandioses.

Les masses de neige et de glace et les hauts rochers qui les surmontent présentent les formes les plus imposantes : d'innombrables ruisseaux s'élancent de leur sein en écumant ou en formant des cascades. Mille autres curieux accidents de la nature y attirent les voyageurs ; mais souvent aussi de grands dangers les y menacent : ce sont tantôt de profonds précipices, tantôt des éboulements qui changent subitement une contrée riante en un chaos où sont ensevelis pêle-mêle les hommes, les troupeaux et les habitations ; quelquefois ce sont des débordements furieux de torrents, dont le lit a été tout à coup interrompu par des matières tombées du haut des montagnes; souvent enfin des avalanches, formées par les monceaux de neige qui se détachent des hauteurs et se précipitent au fond des vallées avec une impétuosité et un bruit effroyables.

Pour se garantir de ce redoutable fléau, on a construit beaucoup de voûtes maçonnées, et l'on a pratiqué dans le roc un grand nombre de cavités, où l'on peut se réfugier si l'on voit descendre une avalanche.

La chaleur du soleil, en été, fait fondre la surface des amas de neige qui couvrent les cimes les plus élevées, et cette neige fondue se transforme en glace : c'est ce qui produit les glaciers.

Ceux-ci se fendent quelquefois avec un craquement qui se fait entendre au loin; la partie supérieure, pesant sur les masses inférieures, les pousse et les force à descendre ; cette descente, qui amène les glaciers jusque dans des vallées tempérées et fertiles, est de 4 à 8 mètres par an.

Les principaux glaciers des Alpes sont ceux d'Aletsch, du Rhône, de Grindelwald, du mont Rosa, du mont Blanc (Mer de glace, glacier du Géant, glacier des Bossons).

Il y a, sur les flancs des Alpes, d'excellents pâturages, où paissent d'innombrables troupeaux de belles vaches, de bœufs, de moutons et de chèvres.

La faune est très variée : elle offre la belette, la fouine, le putois, le furet, l'écureuil, le lynx ; des espèces très nombreuses de gibier : le lièvre blanc, le hamster, qui donne une jolie fourrure ; différentes martres assez belles ; la marmotte; des sangliers et des ours. Le chamois, qui devient chaque jour plus rare, est l'objet des recherches des chasseurs intrépides et des attaques du grand vautour des Alpes ou gypaète, que les Suisses appellent *lœmmergeyer* (vautour des agneaux). Les corbeaux sont nombreux.

Le climat offre des variations infinies : un hiver perpétuel règne au sommet des Alpes ; mais on jouit, surtout dans les vallées qui sont exposées au midi, de la température la plus douce ; et l'on y cultive le tabac, les figues, les amandes, les châtaignes, les olives, la vigne. Il pleut beaucoup dans ces montagnes : il y tombe annuellement, terme moyen, 2 mètres d'eau.

On peut diviser les Alpes en sept régions, sous le rapport de la végétation. La plus basse, ou celle des vignes, commence dans les vallées, au bord des rivières et des lacs, et finit à 560 mètres au-dessus du niveau de la mer. Plus haut, la région des chênes s'élève jusqu'à 935 mètres; au-dessus de ces arbres commence la région des hêtres, qui règne encore à 1350 mètres; celle des sapins lui succède et s'étend jusqu'à 1835 mètres. Là commence la région alpine inférieure : les arbres y font place aux plus riches pâturages; elle s'élève à 350 mètres au-dessus; elle est dominée par la région alpine supérieure, qui s'élève à 560 mètres plus haut et qui a aussi des pâturages; elle conserve pendant toute l'année des amas de neige dans les places abritées du soleil. Enfin, au-dessus de celle-ci, la région des glaciers et des neiges éternelles commence à 2600, 2700, 2800 et même 2900 mètres, suivant les expositions ou la latitude. Ces deux dernières zones ne sont point tout à fait dépourvues de végétation : on y voit des saxifrages, des gentianes et d'autres plantes de climats hyperboréens.

Il s'y trouve des métaux de toute espèce : le fer, le plomb, le cuivre, le zinc, le cobalt, le bismuth, l'arsenic, l'antimoine. Le cristal de roche y est commun; le soufre s'y rencontre souvent, et quelques cours d'eau, comme le Rhin, l'Aar, charrient de l'or.

Il y a beaucoup de sources minérales.

Les **Apennins** [1] sont comme la suite des Alpes. Ils commencent au col d'Altare, courent d'abord à l'E. en traçant un demi-cercle autour du golfe de Gênes, sur lequel ils ont des pentes abruptes, tandis que les pentes du N. sont longues et douces; ils parcourent l'Italie centrale et méridionale, dans une direction générale du N. O. au S. E., et s'étendent jusqu'à l'extrémité de la Calabre, en face de la

---

1. Voyez dans l'Atlas la carte de l'Italie.

Sicile, dont la chaîne principale est, pour ainsi dire, la continuation de la chaîne apennine.

Ces monts sont compris entre le 38ᵉ et le 45ᵉ degré de latitude N. Ils forment le dos de la péninsule Italique, et séparent le versant de l'Adriatique et de la mer Ionienne de celui de la Méditerranée proprement dite et de la mer Tyrrhénienne. Ils enveloppent au S. les vastes et fertiles plaines du Pô (dans le Piémont, la Lombardie, le Parmesan, le Modenais et la Romagne), et bordent à l'O. celles des Marches, de la Pouille ; à l'E., celles de la côte de Toscane et de la Campagne de Rome. La longueur de la chaîne, en général très sinueuse, est de 1600 kilomètres.

Les Apennins sont moins élevés et moins majestueux que les Alpes, et envoient beaucoup moins de branches.

C'est au milieu de la péninsule que les Apennins occupent le plus de largeur ; ils y forment le grand plateau des Abruzzes, au centre duquel est le bassin de l'ancien lac Fucino, desséché depuis peu de temps. Là aussi se rencontrent les plus hauts points de la chaîne : le mont **Corno** ou **Gran-Sasso d'Italia** (2992 mètres), le mont **Amaro** (2853 mètres), le pic de **Sevo** (2547 mètres), le mont **Velino** (2505 mètres), le mont *Meta* (2260 mètres). Un peu plus au N., sont les monts de la **Sibylle** (2500 mètres). Le mont *Voltore*, volcan éteint, dans la partie méridionale, doit encore être cité.

Les cours d'eau principaux qui descendent de ces montagnes sont : sur le versant oriental, des affluents de la rive droite du Pô, ainsi que de petits tributaires de la mer Adriatique et de la mer Ionienne, et, sur le versant occidental, l'Arno, le Tibre, le Vulturne, tributaires de la Méditerranée proprement dite et de la mer Tyrrhénienne.

De nombreux passages se trouvent dans les Apennins, et d'importantes routes les traversent. La chaîne est longée, en suivant le golfe de Gênes, par le défilé de la *Corniche*, dont une belle route et un chemin de fer parcourent l'étendue considérable. Elle est coupée par le col de la *Bochetta*, le col de *Pontremoli*, le col de *Pietramala* ou de la *Futa*, près duquel passe un chemin de fer ; le col de *Fiorito*, autre passage de chemin de fer. Le fameux défilé des *Fourches Cau-*

dines (aujourd'hui *Forchia Caudina*) est dans un rameau occidental des Apennins.

Il se trouve, dans ces montagnes, surtout au N. O., des marbres magnifiques : ceux de Carrare, de la Bocchetta, de Florence, de Prato, de Sienne, de Porto-Venere, etc., etc. Il y a aussi beaucoup de gypse, accompagné souvent de grands bancs de soufre. L'alun se rencontre sur le territoire romain ; le granit compose une partie des Apennins de la Calabre ; des roches volcaniques s'offrent sur plusieurs points : au Voltore, dans le voisinage de Naples, sur le territoire romain.

Le **Vésuve**, seul volcan actif aujourd'hui de l'Italie continentale, n'appartient pas aux Apennins mêmes et forme une masse isolée de 1140 mètres d'altitude, sur la côte occidentale de la presqu'île. La première éruption connue eut lieu en 79 après J.-C. On sait que le célèbre naturaliste Pline y trouva la mort, non loin du rivage, en observant le phénomène. Trois villes furent englouties sous les laves ou sous les cendres : Herculanum, Pompéi, Stabies. Les plus importantes éruptions, après celle de 79, ont été celles de 1631, 1794, 1872. Le Vésuve est le principal volcan en activité sur la partie continentale de l'Europe. Le bord du cratère a environ 2 kilomètres de tour, et la profondeur de cet abîme est à peu près de 115 mètres ; le fond en est parsemé d'ouvertures par lesquelles sortent les vapeurs et les matières calcinées. Un petit chemin de fer permet aujourd'hui aux touristes de faire sans difficulté l'ascension de la montagne.

D'autres montagnes du même pays lancent des vapeurs sulfureuses qui dénotent leur origine volcanique : telle est la *Solfatare*, près de Pouzzoles. Non loin de là s'est soulevé subitement, en 1558, le *Monte Nuovo*. Il y a dans le Modenais et la Toscane plusieurs collines connues sous le nom de *Salses*, qui projettent des vapeurs aqueuses, du gaz hydrogène.

Dans les îles voisines de l'Italie, à l'O. et au S., l'action des feux intérieurs est manifeste. L'**Etna** ou **Gibello** est un volcan redoutable de la Sicile, et c'est le plus haut de l'Europe (3237 mètres). Son cratère, toujours fumant, est entouré de neiges éternelles. Cette bouche a environ 3 kilomètres de circonférence. On distingue, en outre, un assez grand nombre de petits cratères sur les flancs de la montagne. Parmi les grandes éruptions de l'Etna on remarque celle de 1669 (la plus violente de toutes), 1792, 1805, 1852, 1865 et 1879. La première des éruptions de ce volcan remonte à une date tellement éloignée que l'histoire ne peut l'indiquer, même vaguement.

La *Maccaluba*, dans la même île, a des éruptions boueuses. Le volcan de **Stromboli**, dans les îles Lipari, projette fréquemment des flammes et des laves; l'île de Vulcano, dans le même groupe, dégage des vapeurs sulfureuses. Les îles d'Ischia, de Procida, de Ponce, sont couvertes de débris volcaniques. L'île de Julia s'est soulevée du sein de la mer, vis-à-vis de Sciacca, en 1831 ; mais elle a disparu peu après.

Les Apennins n'atteignent pas les neiges éternelles. Sur les hauts sommets mêmes du plateau des Abruzzes, la neige fond au mois de juin. Mais ces sommets sont nus, décharnés et tristes ; il n'y a pas de prairies dans les vallons qui descendent sur les flancs des parties supérieures de la chaîne. Les pins, et, un peu plus bas, les hêtres et les chênes, sont les arbres qui s'avancent aux altitudes les plus considérables. Dans les parties basses apparaissent les vignes, les oliviers, les noyers, les cyprès, les arbousiers, les lauriers ; enfin les orangers, les citronniers, et, dans les régions les plus méridionales, les caroubiers, les palmiers.

Au **Tchar-dagh**, où s'arrêtent les Alpes Orientales, au centre de la péninsule des Balkans, commencent deux chaînes, dont l'une se dirige à l'E. et l'autre au S.[1]. Ces chaînes et leurs ramifications nombreuses s'étalent souvent en larges plateaux, dont le plus remarquable occupe le milieu même de la péninsule ; elles s'abaissent quelquefois en terrasses, et sont coupées de ravins et de crevasses.

La première de ces masses montagneuses sépare longtemps les tributaires de la mer Noire (Danube et ses affluents) de ceux de l'Archipel et de la mer de Marmara

---

1. Voyez dans l'Atlas les cartes de la Turquie et de la Grèce.

Éruption du Vésuve.

(bassins du Vardar et de Maritza), et forme les **Balkans**, dont la partie principale est le *Grand Balkan* (anciennement *Hæmus*). Elle se dirige de l'O. à l'E., en bordant au S. les grandes plaines du Danube inférieur, et se termine sur la mer Noire par le cap Émineh. — Aux Balkans se rattache, au S., le **Despoto-dagh**, l'ancien mont **Rhodope**. — Une autre ramification aboutit au mont **Athos** ou **Monte Santo**, célèbre par ses nombreux couvents grecs. — Au versant N. du Grand Balkan se rattache le **Petit Balkan**, dans l'E. de la Bulgarie, et le **Balkan de Serbie**, qui s'avance jusqu'au Danube, en face des **Alpes de Transylvanie**, et qui forme, avec celles-ci, au passage de ce fleuve, le fameux défilé des **Portes de Fer**.

La chaîne du S. de la péninsule s'élève entre le bassin de l'Archipel et ceux de la mer Adriatique et de la mer Ionienne. On lui donne le nom général de **chaîne Hellénique**; elle passe par l'isthme de Corinthe, et se termine, par trois branches, aux caps Malio, Matapan et Gallo. Les principales parties de cette chaîne sont le **Pinde**, jadis consacré aux Muses; le **Guiona**, haut de 2435 mètres, point culminant de la Grèce; le **Vardoussia**, le **Parnasse**, l'**Hélicon**, le **Cithéron**, souvent cités par les anciens poètes. — En Morée, on remarque les montagnes du **Magne** ou de *Pentédactylon* (l'ancien mont *Taygète*), dans la partie de la chaîne qui se termine au cap Matapan.

Parmi les ramifications de la chaîne Hellénique, on distingue : à l'E., le mont **Olympe**, considéré par les anciens poètes comme le séjour des dieux; le mont **Ossa**, le mont **Pélion**, souvent nommés aussi dans les chants poétiques des Grecs; l'**Œta** ou *Saromata*, qui forme, avec le golfe de Yeïtoun, le fameux défilé des **Thermopyles**; les montagnes de l'*Attique*, auxquelles appartient le mont **Hymette**, célèbre par son excellent miel; — à l'O., les monts de la **Chimère** ou **Acrocérauniens**; le **Ziria** ou **Cyllène**, dans le N. de la Morée; le mont **Lycée**, dans le S. O. de cette presqu'île.

Dans la partie centrale de la péninsule des Balkans, est e mont **Rilo** (à peu près 3000 m.), vers le point où le Despoto-dagh se sépare du Grand Balkan. — L'Olympe, la plus haute des montagnes de la partie méridionale, a aussi environ 3000 m.

Les plus hauts sommets des montagnes Turco-Grecques atteignent presque la limite des neiges éternelles; ils sont sans neige quelques jours de l'année seulement.

Sur le versant N. des Balkans, le climat est froid, et les hivers sont rudes. Au S., la température est chaude dans les vallées, où croissent de nombreux et excellents pruniers, les orangers, les grenadiers, les figuiers, les oliviers, la vigne, le maïs, le riz, le blé, le sorgho, le lin, le ricin, le cotonnier, le melon, les pastèques, le tabac, les mûriers propres aux vers à soie ; les rosiers, cultivés pour la fabrication de l'eau et de l'huile de rose. Le chêne abonde sur les montagnes de la péninsule ; la vallonée et la noix de galle sont deux productions importantes qui en proviennent. Les bois de construction sont admirables.

Parmi les défilés nombreux qui coupent les Balkans, nous remarquons surtout la Porte de Trajan et le Démir-Kapou. Les routes qui traversent ces montagnes sont généralement mal tracées, mal entretenues, bordées d'âpres rochers, de ravins et de lieux déserts.

De tous les défilés qui se rattachent à la chaîne Hellénique, le plus célèbre est celui des Thermopyles, entre le mont Œta et les marais de l'Hellada (Sperkhios), en face de l'île de Négrepont.

Les monts **Carpathes** ou **Krapacks**[1] forment, dans le centre de l'Europe, un vaste arc de cercle dont la convexité est tournée au N.-E., et ils appartiennent entièrement à l'empire Austro-Hongrois ou à ses limites; ils enveloppent particulièrement la Hongrie et la Transylvanie. Dans une assez grande étendue, ils font partie de la ligne générale de partage des eaux européennes.

Leur partie méridionale s'appelle spécialement **Alpes de**

---

1. Pour ces montagnes et les suivantes, voyez dans l'Atlas les cartes de l'Allemagne et de l'Autriche-Hongrie.

Transylvanie; elle commence à la Porte de Fer, sur la rive gauche du Danube, et marque la limite entre la Roumanie, d'une part, et la Hongrie et la Transylvanie, de l'autre.

Les plus hauts sommets des Carpathes se trouvent dans le **Tatra**, en Hongrie : les monts **Gerlsdorf** et **Lomnitz**, qui ont de 2700 à 2750 mètres, sont les pics culminants. Les monts *Negoi* et *Bucsecs*, dans les Alpes de Transylvanie, sont presque aussi élevés.

Parmi le grand nombre de cols qui donnent passage à des routes à travers la chaîne carpathienne, un des plus célèbres est le défilé de la *Tour Rouge*, où passe la grande route commerciale et militaire entre la Transylvanie et la Valachie.

Les Carpathes sont généralement couvertes de forêts, où les sapins et les pins dominent; ces derniers se montrent jusqu'à 1200 et 1400 mètres. Il y a aussi de beaux pâturages, et beaucoup de richesses minérales : l'or, l'argent, le fer, le cuivre, le plomb, le sel gemme. Les loups et les ours sont communs dans ces montagnes.

Aux pieds de la chaîne s'étendent les plaines de la Hongrie, divisées en deux parties : la haute plaine au N., la basse plaine au S., et parcourues par le Danube et ses nombreux affluents : le Gran, la Theiss, etc. A l'O. de ces plaines, s'élève un groupe isolé de montagnes, le *Bakony*.

Aux Carpathes se joignent les monts **Sudètes**, qui se dirigent du S. E. au N. O.; ils séparent la Moravie de la Silésie autrichienne et s'avancent dans la Silésie prussienne. Ils font partie de la grande arête européenne du partage des eaux. Leur principal sommet est l'*Altvater* (le Vieux Père), de 1458 mètres.

Quatre chaînes de montagnes qui entourent le plateau de Bohême font suite, à l'O., aux Sudètes; ce sont :

1° Les monts **Géants** (**Riesen-Gebirge**), qui courent au N. O., entre les bassins de l'Oder et de l'Elbe, sur la frontière de la Prusse et de la Bohême; leur point culminant est le Schneekoppe (1650 mètres);

2° Les monts **Moraves** (**Mæhrisches-Gebirge**), très peu

élevés, courant du N. E. au S. O., entre la Bohême et la Moravie, et appartenant à la grande arête européenne ;

3° Les monts de la **Forêt de Bohême (Bœhmer-Wald)**, faisant partie aussi de l'arête européenne, et dirigés du S. E. au N. O., entre la Bohême et la Bavière. Ils ont des pentes douces du côté de la première, et des escarpements vers la dernière. En général, ils sont abrupts, coupés de gorges, de crevasses et de marais, couverts de forêts dans leur plus grande étendue, et n'offrent que des communications difficiles. Leur plus haut sommet est le mont *Arber* (1475 m.) ;

4° L'**Erz-Gebirge (montagnes des Mines)**, dirigé du S. O. au N. E., entre la Bohême et le royaume de Saxe, et s'avançant jusqu'au défilé de Schandau, que franchit l'Elbe. Il est riche en mines, surtout du côté de la Saxe, où l'on exploite beaucoup d'argent, d'étain, de cobalt, de fer. Du côté de la Bohême, ces montagnes ont des sources minérales célèbres : celles de Franzesbad, de Carlsbad, de Sedlitz, de Pullna, de Tœplitz. Le *Keilberg* (1250 mètres) est le plus haut sommet de l'Erz-Gebirge.

Un amas assez confus et formé de chaînes et de groupes entre-croisés, d'une hauteur médiocre, occupe le centre de l'Allemagne. Le **Fichtel-Gebirge (montagnes des Pins)** en est le noyau principal, formant un massif granitique de 1000 mètres d'altitude, dans le N. de la Bavière, entre le bassin de l'Elbe et celui du Danube, par conséquent sur le grand partage des eaux européen. Il renferme des mines de fer et de cuivre.

Les monts de la **Forêt de Franconie (Franken Wald)** se détachent, au N., du Fichtel-Gebirge ; puis viennent les monts de la **Forêt de Thuringe (Thüringer-Wald)**, qui couvrent de leurs petits massifs pittoresques et boisés les riches duchés de Saxe ; par des collines qui en sont la suite, on arrive au groupe du **Harz**, qui s'élève assez brusquement dans les pays de Hanovre et de Brunswick, et qui a pour point culminant le Brocken, célèbre par les effets météorologiques dont on jouit de son sommet (le *Spectre du*

Brocken). Ce groupe possède d'importantes mines de fer, de plomb, d'argent, de cuivre et de zinc, et l'art du mineur y est porté à un remarquable point de perfection. L'Allemagne n'offre plus, au N. de ces montagnes, que de vastes et très basses plaines.

Le **Rhœn**, le **Spessard**, le **Vogelsberg**, le **Taunus**, le **Westerwald**, le **Winterberg**, le **Teutoburger-Wald** (**Forêt Teutoburgienne**), sont des hauteurs médiocrement élevées, qui se montrent à l'O. du Thüringer-Wald, généralement dans les pays de Hesse, et forment de petits groupes entre le bassin du Weser et celui du Rhin, tantôt basaltiques et abrupts, tantôt agréablement boisés. Les sources minérales abondent dans cette partie de l'Allemagne : eaux de Kissingen, Nauheim, Hombourg, Ems, Nieder-Selters (Seltz), etc.

Enfin, du Fichtel-Gebirge encore se détache, au S. O., le **Jura Franconien** (**Franken-Jura**), espèce de plateau suivi du **Jura de Souabe**, qu'on appelle aussi **Rauhe Alp** (**Alpes Rudes**) ou **Alpes de Souabe**. Ces deux massifs appartiennent à la grande arête européenne.

Les montagnes de la **Forêt-Noire** (**Schwarz-Wald**), ainsi nommées de leurs sombres forêts de sapins et de pins, ont aussi d'autres arbres; dans leurs parties inférieures, elles sont revêtues comme d'un magnifique verger d'arbres fruitiers, au milieu desquels domine le merisier, dont le fruit distillé donne le kirschwasser. Les habitants de ces montagnes emploient avec intelligence leurs bois à la confection de pendules, de boîtes à musique, etc.

La Forêt-Noire couvre une partie considérable du grand-duché de Bade, et forme aussi la limite de cet État du côté du Würtemberg. La partie méridionale appartient à l'arête européenne, entre le Rhin et le Danube, qui y prend sa source; le N. est tout entier dans le bassin du Rhin, dont la Forêt-Noire longe à droite la magnifique plaine.

Le point le plus haut de ces montagnes est le Feldberg (1550 mètres); le passage le plus fameux est le Val d'Enfer (*Hœllenthal Pass*), sur la route de Fribourg en Brisgau à

Donaueschingen et Schaffhouse. Des chemins de fer franchissent la chaîne ailleurs.

Les sources minérales de Bade, de Wildbad et quelques autres attirent beaucoup d'étrangers dans ces montagnes. De nombreux petits lacs et marais entrecoupent certaines parties.

Le **Jura**[1] est une remarquable chaîne calcaire, qui se dirige du N. E. au S. O., et se compose de plusieurs massifs parallèles et très réguliers. Sa partie septentrionale est en Suisse, sa partie moyenne est sur la limite de la Suisse et de la France, et sa partie méridionale est entièrement en France. Dans ses deux premières divisions, il sépare le bassin du Rhin de celui du Rhône ; mais, dans le sud, il se trouve complètement dans le bassin du Rhône, et s'avance entre ce fleuve et l'Ain, son affluent, à côté des basses plaines de la Bresse. Les plus hautes sommités du Jura sont le **Crêt de la Neige** (1723 m.), le **Reculet** (1720 m.), le *Colomby* (1691 m.), le **Grand Credo** ou **Grand Crêt d'eau** (1624 m.), le *Grand-Colombier* (1584 m.), tous en France. Sur la frontière est la **Dôle**, de 1680 m. A la Suisse seule appartiennent le mont *Tendre*, la *Dent de Vaulion*, le *Chasseron*, le mont *Terrible*.

Le col de la *Faucille*, traversé par la route Saint-Claude à Gex, est le principal défilé du Jura.

On remarque aussi le col du *Val Travers* (dans le canton de Neuchâtel), où passe le chemin de fer de Pontarlier à Neuchâtel.

De belles forêts de sapins couvrent une grande partie du Jura ; il s'y trouve de bons pâturages, avec des vaches laitières excellentes, et le fromage dit de Gruyères est un des produits importants de ces montagnes. Il y a des mines de fer et des sources salines (à Salins, à Lons-le-Saulnier). Plusieurs lacs se trouvent au pied de ces montagnes : lacs de Genève, de Neuchâtel, de Joux, des Rousses et de Saint-Point.

1. Voyez dans l'Atlas les cartes de la France et de la Suisse.

Les **Vosges**[1] séparées du Jura par le col de Valdoye, s'étendent du S. au N.; elles commencent à peu près à la source de la Moselle, séparent cette rivière du Rhin, et s'avancent jusqu'en Allemagne. Elles sont généralement arrondies; voilà pourquoi plusieurs de leurs sommets ont reçu le nom de *Ballons*. Les plus élevés sont le **Ballon de Guebwiller** (1429 m.), dans la partie de l'Alsace cédée à l'Allemagne, le **Ballon d'Alsace** (1250 m.), situé à l'extrémité sud de la chaîne, sur la frontière de la France et sur la limite de la Moselle, de l'Ill (affluent du Rhin) et de la Saône, par conséquent sur la grande arête européenne; le **Donon**, au point le plus septentrional des Vosges de la frontière; le mont *Tonnerre (Donnesberg)*, en Allemagne.

La partie la plus septentrionale des Vosges est désignée sous le nom de *Hardt*.

Le versant oriental de la chaîne est plus abrupt que le versant occidental. De belles forêts de sapins, de merisiers, de chênes, de hêtres, couvrent les Vosges, qui possèdent aussi d'excellents pâturages, particulièrement dans la région élevée qu'on appelle les *Chaumes d'Alsace*. Une foule de rivières et de ruisseaux en descendent, et l'irrigation est parfaitement entendue sur les flancs de ces montagnes. De beaux grès, du porphyre, de la syénite et autres bonnes pierres y sont exploités. Les eaux minérales y sont abondantes : eaux de Bussang, de Soultz, de Niederbronn, etc. Il y a de grands bancs de sel gemme dans la partie occidentale (à Dieuze, à Vic). Les trois lacs de *Gérardmer*, dans le bassin de la Moselle, se trouvent sur le versant O. des Vosges.

Les monts **Faucilles**, très peu élevés, se rattachent aux Vosges, se dirigent de l'E. à l'O., entre la Moselle et la Saône, et contribuent au grand partage des eaux. Beaucoup de sources minérales les avoisinent : eaux de Plombières, de Contrexéville, de Luxeuil, de Bains, de Bourbonne, etc.

Au N. des monts Faucilles sont les montagnes de l'**Ar**-

---

1. Voyez dans l'Atlas les cartes de la France, de la Belgique et de l'Allemagne, pour ces montagnes et les suivantes.

Paysage des Vosges. — Lacs de Longemer et de Retournemer.

gonne et les **Ardennes**; celles-ci sont d'abord en France et en Belgique, où elles s'étalent en plateaux coupés de vallées abruptes. Elles passent ensuite en Allemagne, où elles s'éparpillent à la gauche du Rhin en divers rameaux, dont le plus remarquable est l'**Eifel**, pittoresque massif volcanique.

Ces montagnes sont très peu élevées, mais elles ne manquent pas d'un certain aspect imposant, surtout dans les Ardennes et dans l'Eifel. Des escarpements curieux, des grottes intéressantes, des forêts considérables, les distinguent; il y a d'importantes carrières d'ardoises, des marbres, des bancs de houille. Leurs pâturages nourrissent de bonnes espèces de moutons et de chevaux.

Le plateau de **Langres**[1], partie de la grande arête européenne, fait la suite S. O. des monts Faucilles, et les unit à la **Côte d'Or**, qui renferme les sources de la Seine et sépare ce fleuve du bassin de la Saône. Cette chaîne doit son nom aux riches vignobles qui en tapissent les pentes orientales inférieures. Ses sommets sont rocheux et nus. Des bois s'étendent sur ses revers occidentaux. Le *Bois Janson*, les monts *Tasselot*, de *Bligny*, de *Malain* (de 5 à 600 mètres), sont les points culminants.

Elle s'arrête au S., à la dépression où passe le canal du Centre. Là commence la longue chaîne des **Cévennes**, qui a un développement de 500 kilomètres, et se termine au col de Naurouze, que franchit le canal du Midi.

Les Cévennes prennent du N. au S. les noms particuliers de montagnes du **Charollais**, du **Beaujolais**, du **Lyonnais**, du **Vivarais**, du **Gévaudan** (ou *Cévennes proprement dites*), de monts **Garrigues**, de monts de l'*Espinouse*, de montagne **Noire**. Les plateaux des *Causses* et du *Larzac* se rattachent à leur versant occidental.

Leurs parties les plus hautes sont les montagnes du **Vivarais** et du **Gévaudan**, qui s'élèvent entre le bassin du Rhône et les sources de la Loire, de l'Allier et du Tarn. Les

---

[1]. Voyez dans l'Atlas les cartes de la France.

points culminants sont le **Mézenc** (1774 m.), la **Lozère** (1702 m.), le **Gerbier de Jonc** (1562 m.), l'*Aigoual* (1567 m.). Le mont *Pilat*, le point principal des montagnes du Lyonnais, a 1434 mètres.

Les Cévennes ont beaucoup de bois et de pâturages. Les châtaigniers y forment des forêts. On vante les bœufs du Mézenc et du Charollais, qu'on élève ou sur ces montagnes, ou dans les plaines situées à leur base. Des vignobles renommés couvrent leur pied oriental, du côté de la Saône et du Rhône. Des masses basaltiques s'y présentent en plusieurs endroits (au Mézenc, au Gerbier de Jonc, etc.).

On y exploite de riches mines de houille, dans l'Autunois, le Lyonnais, le Gard. On y rencontre les eaux minérales de Saint-Galmier, de Vals, de Neyrac, de Bagnols, etc.

Les monts d'**Auvergne** se joignent aux Cévennes par la chaîne de la **Margeride** et occupent le centre de la France, où ils couronnent un plateau assez étendu qu'on désigne sous le nom de **plateau central de la France**. Ce sont les plus hautes montagnes de l'intérieur de notre pays. Presque toutes de nature volcanique, terminées à leurs sommets par des cratères encore évidents, mais éteints, elles sont alignées du S. au N. On désigne généralement leurs sommets sous le nom de *Puys*. Les principaux sont : le mont **Dore**, dont le point culminant est le **Puy de Sancy** (1888 m.), le **Plomb du Cantal** (1858 m.), le **Puy de Dôme** (1473 m.), qui est dans un rameau un peu écarté de l'arête principale des montagnes d'Auvergne et avancé entre l'Allier et la Sioule, son affluent : ce rameau est désigné sous le nom de monts *Dômes* ou des *Puys*. Le *Puy de Pariou*, situé près du Puy de Dôme, offre un des cratères les mieux caractérisés. Les monts d'*Aubrac*, riches en excellents pâturages, sont un autre rameau qui se rattache à la Margeride, au S.O. de laquelle ils se trouvent.

Les mines de plomb et de fer, les carrières de basalte, sont, avec les bestiaux, une des richesses des monts d'Auvergne. On vante les eaux minérales de ces montagnes ou de leur voisinage : eaux du mont Dore, de la Bourboule, de

Royat, de Chaudesaigues, de Vichy, de Néris, de Bourbon-l'Archambault.

Les monts du **Limousin** forment la continuation occidentale des monts d'Auvergne. Ils sont beaucoup moins élevés : le mont *Bessou* (984 mètres) en est le point culminant. Les pâturages, où l'on élève de bonnes races de chevaux et de bœufs, les châtaigniers, les carrières de kaolin, sont parmi les principales richesses de ces montagnes.

Les monts du **Velay**, du **Forez** et de la **Madeleine** forment une chaîne d'origine volcanique qui se détache des Cévennes vers la source de la Loire et se dirige au N. Leur altitude atteint 1634 mètres, au mont de *Pierre sur Haute*. De curieux escarpements basaltiques y fixent l'attention du voyageur.

Les monts du **Morvan** se séparent de la Côte d'Or, et s'élèvent dans l'O. de la Bourgogne et l'E. du Nivernais. Ils sont peu élevés (1000 mètres), couverts de bois, riches en mines de fer, et nourrissent d'excellents bœufs. Ils marquent la ligne de partage des eaux entre le versant de la Manche et celui de la mer de France (ou golfe de Gascogne). La suite de cette ligne n'est formée que par des collines ou des plateaux (collines du *Nivernais*, plateaux de la *Forêt d'Orléans* et de la *Beauce*, collines du *Perche* et de la *Basse-Normandie*), jusqu'à la **chaîne Armoricaine**, élevée de 350 mètres, et comprenant, au bout de la Bretagne, les montagnes d'*Arez*, avec le rameau des montagnes *Noires*.

Les **Pyrénées**[1] courent de l'E. S. E. à l'O. N. O. entre la France et l'Espagne, en laissant cependant à l'Espagne, au N. de leur crête, la vallée d'Aran, et à la France, au S. de cette même crête, la vallée supérieure de la Sègre. Elles s'étendent depuis le cap Cerbère et le cap de Creus, sur la Méditerranée, jusqu'au col de Belate, au S. de la Bidassoa, où commencent les monts Cantabres. Elles offrent une longueur de 450 kilomètres, et forment, dans presque toute leur étendue, la limite entre le versant de l'Atlantique et le

---

1. Voyez dans l'Atlas les cartes de la **France** et de l'**Espagne**.

Les Pyrénées. — Vue prise dans la vallée de Luchon.

GÉOGRAPHIE. — E. S. II.

versant de la Méditerranée; elles envoient au premier la Garonne, l'Adour; et au second un grand nombre d'affluents de l'Èbre.

La portion la plus avancée des Pyrénées à l'E. se nomme monts **Albères**.

Les plus remarquables des branches qu'elles envoient vers la France sont, en commençant par l'O., les montagnes de la **Basse-Navarre**; les montagnes du **Bigorre**, continuées par les collines de l'**Armagnac**; puis les monts du **Plantaurel** et du **Mirepoix**, à l'E. desquelles se trouvent les **Corbières**, entre les bassins de la Tet et de l'Aude. Le **Canigou** est une branche courte, mais très élevée (2785 mètres).

Ce n'est pas sur la ligne même du partage des eaux que sont les plus hauts sommets des Pyrénées, mais un peu au sud de cette ligne. Les trois sommets les plus élevés, tous en Espagne, sont le mont **Maladetta** ou **Maudit** (ayant pour point culminant le pic de **Nethou**, haut de 3482 mètres), le pic **Posets** (3367 mètres), et le mont **Perdu** (3351 mètres). — On remarque ensuite, sur le territoire français, le **pic du Midi de Pau** ou d'**Ossau** (2885 mètres), le **pic du Midi de Bagnères** ou de **Bigorre** (2877 mètres), le **pic de Campbieil** (3175 mètres), le **Turon de Néouvieille** (3056 mètres), le pic de **Carlitte** (2921 mètres); — et, sur la frontière, le **Marboré** (3253 mètres), le **mont Vignemale** (3298 mètres).

Les Pyrénées sont généralement plus escarpées du côté de l'Espagne que du côté de la France. Elles offrent des pics coniques, moins élancés que les sommets des Alpes. A leur pied s'étendent de magnifiques vallées, comme celles de Campan, d'Argelès, d'Aure, etc. Elles abondent en points de vue pittoresques, et sont riches en eaux minérales (les deux Bagnères, Barèges, Saint-Sauveur, Cauterets, Eaux-Bonnes, Amélie-les-Bains, etc.); en marbres magnifiques (de Campan, de Sarrancolin); en mines de fer, de cuivre, de plomb; et plusieurs rivières qui en descendent, entre autres l'Ariège et le Salat, roulent des paillettes d'or. Le chêne y monte jusqu'à 1600 mètres; le hêtre jusqu'à 1800; le sapin et l'if, jusqu'à 2000; le pin, un peu au delà de 2300. Les neiges éternelles commencent à 2900 et 3000 mètres.

Les cols ou passages des Pyrénées portent généralemen les noms de *ports*. Les principaux sont, en commençant part l'ouest : celui de *Belate* (en Espagne), point où les Pyrénées se joignent aux monts Cantabres; celui de *Saint-Jean Pied-de-Port*, qui se continue par ceux d'*Ibagnetta* et de *Roncevaux*, celui de *Canfranc* ou d'*Urdos*, celui de *Cauterets* ou de la *Peyre*; le port de *Gavarnie*, la *Brèche de Roland* (vers le Marboré); le port d'*Oo* (3000 mètres); le port de *Vénasque*; le port de *la Perche*, le port de *Perthus*.

La péninsule Hispanique[1] est généralement fort montagneuse; de longues chaînes (en espagnol *sierras*, en portugais *serras*), hautes et escarpées, la parcourent en tous sens.

D'abord, au N., se montrent les monts **Cantabres**, qui sont comme la continuation occidentale des Pyrénées, et qui courent de l'E. à l'O., depuis le col de Belate jusqu'au cap Finisterre, en longeant la côte méridionale de la mer de Biscaye (mer de France). Ils portent, dans une grande partie, le nom de monts des **Asturies** et de monts de **Galice**, et ont pour points culminants les *Peñas de Europa* (2678 mètres).

Les mines de fer et de houille y sont importantes.

Les monts **Ibériques** se rattachent aux monts Cantabres vers les sources de l'Èbre, et courent du N. au S., en formant la limite des deux grands versants européens. Ils prennent, au N., les noms particuliers de **Sierra de Oca** et de **Sierra de Moncayo**; au S., ceux de **Sierra de Albarracin** et de **Sierra de Cuenca**. Le **Moncayo** est la partie la plus élevée (2725 mètres): Le col le plus célèbre est celui de **Pancorbo**.

Ils s'abaissent au S., et font place à un plateau qui continue le partage général des eaux, et qui se joint à la **Sierra Nevada**, la plus haute chaîne de la péninsule; celle-ci se dirige de l'E. N. E. à l'O. S. O.; des hauteurs moins impor-

---

1. Voyez dans l'Atlas la carte de l'Espagne et du Portugal.

tantes qui la suivent se terminent au promontoire de Gibraltar. Le **pic de Mulahacen** (3554 m.) est le point culminant de la Nevada. Des vallées chaudes et magnifiques s'étendent au pied de ces montagnes couvertes de neiges; la vigne, l'olivier, le figuier, le grenadier, l'oranger, le citronnier, la canne à sucre y donnent d'excellents produits. On y trouve de riches mines de cuivre et de plomb.

Les autres chaînes hispaniques courent toutes de l'E. à l'O. Ce sont : 1° Les monts qui comprennent la **Sierra de Guadarrama**, avec le fameux défilé de Somo Sierra, théâtre d'une victoire de Napoléon en 1808; la **Sierra de Gredos** (2660 mètres); la **Sierra de Gata**; la **Sierra da Estrella**, la plus haute chaîne du Portugal (2300 mètres); cette chaîne va se terminer au cap de Roca. — 2° Les monts qui prennent les noms de monts de **Tolède**, de **Sierra de Guadalupe**, de **Sierra de San-Mamede**, de **Sierra de Monchique**, et se terminent au cap Saint-Vincent. — 3° La **Sierra Morena** (montagne noire), qui s'appelle ainsi à cause des feuillages sombres des arbres qui y croissent. Les célèbres mines de mercure d'Almaden s'exploitent à côté de cette chaîne à l'aspect triste et sauvage.

Le territoire compris entre la Sierra Morena et les monts Cantabres constitue le **plateau de la Castille**, ou le *plateau central de l'Espagne*, élevé généralement de 700 mètres au-dessus de la mer, beaucoup plus froid que la latitude ne le fait d'abord supposer, nu et aride sur plusieurs points, à cause surtout de la destruction des forêts, mais très fertile en blé dans d'autres parties. Les immenses troupeaux de mérinos transhumants (c'est-à-dire passant d'un pays à un autre), produit d'ailleurs précieux pour l'Espagne, ont contribué à la dévastation des cultures de ce plateau.

Dans la partie orientale de l'Europe, le **relief de la Russie**[1] n'offre sur une grande étendue, qu'un vaste plateau très peu élevé, très fertile, et surmonté seulement de petits groupes de hauteurs, dont les plus remarquables sont les monts *Valdaï* (230 m.), sur la ligne de partage des deux

---

1. Voyez dans l'Atlas la carte de la Russie.

versants, aux sources du Volga. Citons aussi les monts *Olonetz* et *Maanselka*, entre la mer Blanche et la Baltique, les collines *Ouvalli* et les plateaux de *Perm-Vologda*, sur l'arête européenne; les monts *Timan*, qui vont au N. jusqu'à l'océan Glacial.

Le S. E. de la Russie, dans le bassin de la Caspienne, est une plaine déprimée de plusieurs mètres au-dessous de l'Océan; mais, sur les frontières de l'Europe, il y a des montagnes considérables. Au S. E., entre la mer Noire et la mer Caspienne, s'étend de l'O. N. O. à l'E. S. E., le mont **Caucase**, qui a un développement de 1100 kilomètres, et qui surpasse en hauteur toutes les montagnes européennes. L'**Elbrouz**, son point culminant, a 5600 mètres; le **Kazbek**, le second, a 5100 mètres. La crête de cette énorme chaîne offre des escarpements majestueux, des glaciers, des neiges éternelles; mais des vallées agréables s'ouvrent à sa base, surtout vers le sud, du côté de la Géorgie. Sur le versant N. se trouve la Circassie, célèbre par la beauté de ses populations. On appelle la race blanche *race caucasique*, parce que ses types les plus parfaits se retrouvent dans ces montagnes.

Le Kouban, tributaire de la mer Noire, le Térek, tributaire de la mer Caspienne, coule sur le flanc septentrional ou européen. Parmi les passages importants qui coupent le Caucase, on distingue le défilé de *Dariel* (anciennes *Portes Caucasiennes*), sur la route de Mozdok à Tiflis; le défilé de *Derbent* (anciennes *Portes albaniennes*), resserré entre les croupes orientales de la chaîne et la Caspienne.

Les monts **Ourals** (ou simplement l'**Oural**), entre la mer Caspienne et l'océan Glacial, sont beaucoup moins élevés que le Caucase, mais plus étendus; ils occupent, du S. au N., une longueur de 2000 kilomètres; leur altitude atteint seulement de 1600 à 2000 mètres. Ils sont très riches en mines d'or, de platine, de cuivre et de sel. Il y a de grandes forêts de pins et de sapins. Le fleuve Oural en descend au S., pour se jeter dans la mer Caspienne. Dans leur plus grande partie, ils sont entre les bassins du Volga et de l'Obi, et contribuent par conséquent à séparer les deux grands versants.

Les monts Dofrines ou **Alpes Scandinaves**[1], généralement dirigés du N. E. au S. O., prennent naissance en Russie, dans la presqu'île de Kola, au N. O. de la mer Blanche, pénètrent dans la péninsule Scandinave, entre le golfe de Botnie et celui de Varanger, et forment sur une grande étendue, du N. au S., la limite entre la Suède et la Norvège; parvenus à peu près vers le milieu de la Scandinavie, ils tournent au S. O., parcourent la Norvège et se terminent au cap Lindesnœs. Il séparent les versants de la mer Baltique et du Cattégat de celui de l'Océan.

La partie des Dofrines qui sépare la Suède de la Norvège porte le nom de **Kiœlen**. — La branche S. O., qui couvre l'intérieur de la Norvège, s'appelle d'abord **Dovre-field**. (d'où vient le nom de Dofrines), puis **Lang-field, Sogne-field**. Cette branche est la partie la plus haute de toutes les Alpes scandinaves, et presque partout elle est couverte de neiges et de glaciers. Elle n'est pas une chaîne proprement dite, mais une succession de plateaux et de groupes irréguliers, coupés par des fentes abruptes; on y remarque plusieurs pics assez élevés dans le Lang-field, et le mont **Snehœttan** (c'est-à-dire **Bonnet de neige**), dans le Dovre-field: ces sommets atteignent environ 2600 mètres au-dessus de la mer.

Parmi les glaciers, on remarque celui de *Justedal*.

Des cascades admirables (Riukan-Foss et autres) descendent de ces montagnes; des vallées pittoresques, des lacs limpides, sont encaissés entre leurs pentes rapides; et, dans leurs flancs occidentaux, beaucoup plus escarpés que les versants orientaux, pénètrent, sur les côtes de Norvège, des *fiords* nombreux, golfes étroits et profonds qui ressemblent à de magnifiques estuaires de fleuves.

Les monts Dofrines sont riches en mines de fer, de cuivre, d'argent; ils sont revêtus, sur de grands espaces, de forêts de sapins, de pins et de bouleaux; mais dans leur partie septentrionale, il n'y a plus d'arbres; les mousses, les lichens,

---

1. Voyez dans l'Atlas, pour ces montagnes et les suivantes, les cartes des diverses contrées où elles sont placées.

les myrtilles et d'autres petites plantes herbacées s'y montrent seuls.

Nous avons vu toutes les montagnes du continent ; examinons maintenant celles des îles européennes.

Dans la **Grande-Bretagne**, les montagnes principales se trouvent en Écosse : ce sont les monts **Grampiens**, traversant toute la largeur de l'île, du N. E. au S. O., du cap Kinnaird à la presqu'île de Cantyre. Quoique d'une hauteur médiocre, ces montagnes ont un aspect assez imposant et très pittoresque. Des rochers fantastiques, de beaux lacs, des cascades y attirent les voyageurs. Leurs points culminants sont le **Ben-Nevis** et le **Ben-Macdhui**, d'environ 1400 mètres d'altitude.

Les monts **Cheviot** s'étendent, de l'E. à l'O., sur la frontière de l'Écosse et de l'Angleterre ; ils n'ont que 1000 mètres.

Dans le nord de l'Angleterre, courent du N. au S. les monts **Moorlands** ou la chaîne *Pennine*, d'où se détache, à l'O., le groupe des monts **Cumbriens** ; c'est dans ces derniers qu'est le mont le plus haut de l'intérieur de l'Angleterre, le *Scaw-Fell*, d'environ 1000 mètres d'altitude.

Les montagnes du **Pic**, peu élevées, mais connues des touristes par leurs *merveilles* naturelles, occupent à peu près le milieu de la Grande-Bretagne.

Les monts **Cambriens**, ou du *pays de Galles*, couvrent, du N. au S., une grande partie de ce pays. Le **Snowdon** (1120 mètres) en est le point le plus élevé.

Il n'y a pas, en **Irlande**, de grandes chaînes de montagnes. Cette île est comme un vaste plateau, surmonté çà et là de mamelons et de groupes peu étendus. Les parties les plus montueuses du pays sont vers le S. O. ; le point le plus élevé est le mont *Carn-Tual*, d'une altitude de 1037 mètres.

La **Corse** est traversée du N. au S. par une chaîne de hautes montagnes, dont les points principaux sont le **monte Cinto** (2707 mètres), le **monte Rotondo** (2635 mètres), le **monte d'Oro** (2391 mètres), le **monte Grosso** (1860 mètres).

Ces montagnes sont hérissées de rochers taillés à pic, leurs flancs sont revêtus d'épaisses forêts de chênes, de sapins, de pins magnifiques et de grands buis.

Les vallées qui s'étendent à leur pied sont belles et fertiles, et le climat est favorable à la vigne, aux orangers, aux citronniers, aux oliviers, à la garance, aux mûriers ; mais la culture est fort négligée. Il y a beaucoup de mines de métaux, et des carrières de beaux marbres, de superbe diorite et d'amiante ou asbeste.

Les montagnes de la **Sardaigne** ne forment pas une crête régulière comme celles de la Corse, mais elles sont éparses sur une sorte de grand plateau qui compose l'île. Plusieurs sont d'origine volcanique. On y distingue comme point culminant, le *Gennargentu* (1860 mètres), vers le centre.

Les montagnes principales de la **Sicile**, après le volcan de l'*Etna*, qui domine la partie orientale de l'île de son énorme et haute masse (3237 mètres), sont les monts *Neptuniens*, qui courent de l'E. à l'O., depuis le phare de Messine jusqu'au cap de Boco, en longeant la côte septentrionale. Le mont *Madonia* (1960 mètres) est le point le plus élevé.

L'île de **Candie** (ancienne île de *Crète*) est parcourue de l'E. à l'O. par une chaîne de montagnes, dont le point dominant est le **Psilority** (ancien *Ida*), d'une altitude de 2500 mètres.

Le calcaire y est la roche la plus commune ; il s'y trouve un grand nombre de grottes et de cavernes, et il est probable que le fameux labyrinthe de Crète n'était qu'une caverne à compartiments multipliés, que les hommes avait appropriée à servir d'asile contre l'ennemi.

L'**Islande**, cette île boréale et froide, qui est plutôt une terre américaine qu'une dépendance physique de l'Europe, est hérissée de montagnes et de plateaux volcaniques, parmi lesquels on distingue le mont **Hekla**, au S.; le *Vatna-Iœkull*, sorte de large plateau, le *Snœfels* et l'*Œrœfa-Iœkull*, à l'E.; un autre *Snœfels*, à l'O. Le plus haut de tous est l'*Œrœfa-Iœkull* (environ 2000 mètres). — Les flammes, la fumée et les laves brûlantes de ces monts contrastent avec les neiges et les glaces dont ils sont constamment couverts. Il y a beaucoup de lacs dans les vallées qui les avoisinent, et l'on y voit jaillir de nombreuses sources chaudes ; les plus fameuses sont, au S. O., les *Geisirs*, qui s'élancent en magnifiques jets intermittents.

EAUX INTÉRIEURES

LIGNE DE PARTAGE DES EAUX. — VERSANTS

L'Europe est divisée en deux versants : celui du N. et du N. O. incliné vers l'océan Glacial et l'océan Atlantique ; et celui du S. et du S. E., incliné vers la Méditerranée et la mer Caspienne. L'arête ou ligne de partage des eaux qui sépare ces deux versants s'étend du N. E. au S. O., des frontières de l'Asie au détroit de Gibraltar, et elle passe par les monts *Ourals*, les collines *Ouvalli*, et les plateaux de *Perm-Vologda*, le *Valdaï*, les *Carpathes*, les *Sudètes*, les monts *Moraves*, les monts de la *Forêt de Bohême*, les montagnes des *Pins (Fichtel-Gebirge)*, le *Jura de Franconie*, le *Jura de Souabe*, la *Forêt-Noire*, les *Alpes Algaviennes*, du *Vorarlberg* et des *Grisons*, les *Alpes Rhétiques*, les *Alpes Lépontiennes*, les *Alpes Bernoises*, le *Jura*, les *Vosges méridionales*, les monts *Faucilles*, la *Côte d'Or*, les *Cévennes*, les *Pyrénées*, les monts *Cantabres*, les monts *Ibériques* et la *Sierra-Nevada*.

BASSINS MARITIMES ET FLEUVES QU'ILS COMPRENNENT

Le versant du N. et du N. O. comprend les principaux bassins suivants : 1° bassin de *l'océan Glacial* proprement dit; 2° bassin de la *mer Blanche*; 3° bassin de la *mer Baltique*; 4° *bassin du Cattégat*; 5° bassin de la *mer du Nord*; 6° bassin de la *Manche*; 7° bassin de la *mer d'Irlande*; 8° bassin de la *mer de France* ou du *golfe de Gascogne*; 9° bassin de l'*Atlantique* proprement dit.

Tributaires de l'océan Glacial arctique. — La **Kara**, qui naît dans les monts Ourals, est considérée comme la limite de l'extrême Europe au N. E. et verse ses eaux dans la petite mer froide et désolée de Kara.

La **Petchora** est le plus grand fleuve de cette région. Il prend sa source dans les monts Ourals et coule à travers les *Toundras* avant de mêler ses eaux à celles de la mer.

Le **Mezen** tombe dans le golfe du même nom, à l'entrée de la mer Blanche.

La **Dvina septentrionale** tombe dans le golfe d'Arkhangel, à 40 kilomètres de la ville de ce nom placée à la tête des rares transactions commerciales de ces froids parages.

L'**Onega** se jette dans le golfe du même nom.

Tributaires de la Baltique. — La mer Baltique reçoit au N. et N. O. par le golfe de Botnie, le *Torneå*, le *Luleå* et le *Dal-elf*.

Le **Torneå** sort du lac du même nom.

Le **Luleå** sert d'écoulement à un lac du même nom et forme la célèbre cataracte de *Niaumelsaskas* (c'est-à-dire le saut du lièvre), d'une élévation de 200 mètres.

Le **Dal-elf** (elf signifie rivière) est le plus grand fleuve de la péninsule Scandinave. De nombreuses cascades entravent le cours de sa navigation. Sa longueur est de 450 kilomètres.

La **Néva** tombe dans le golfe de Finlande; son cours est peu long, mais fort large. C'est le déversoir des eaux du grand lac Ladoga, le plus étendu de l'Europe. Grâce à plusieurs canaux, la Néva communique avec la région centrale et le nord de la Russie. Elle se termine à quelques kilomètres au-dessous de Pétersbourg, près de l'île fortifiée de Cronstadt

La **Dvina méridionale**, nommée *Duna* par les Allemands, prend naissance dans le plateau de Valdaï, non loin des sources du Dniepr et du Volga, et tombe dans le golfe du Riga ou de Livonie. Elle passe à *Dunaborg* et à *Riga*. Son cours, de 960 kilomètres, est embarrassé. Son embouchure est obstruée par des bancs de sable. Les glaces l'encombrent pendant plus de six mois.

Au S. de la Baltique, trois fleuves offrent à leurs embouchures des amas d'eau qui sont moitié lacs, moitié golfes, et qu'on appelle *Haffs :* le **Niémen** (820 kilomètres) se jette dans le Curische-Haff ; la **Vistule** prend sa source à l'ouest du massif du Tatra, et, après un cours d'environ 1100 kilomètres à travers l'Autriche, la Pologne et la Prusse, tombe dans le *Frische-Haff* et aussi dans le golfe de Dantzig. Elle arrose *Cracovie*, *Varsovie*, Dantzig ; l'**Oder** (940 kilomètres) naît dans les Sudètes, passe à *Breslau* et tombe dans le Pommersche-Haff.

Tributaires de la mer du Nord. — Les principaux tributaires de la mer du Nord sont : l'*Elbe*, le *Weser*, le *Rhin*, la *Meuse*, l'*Escaut*, la *Tamise*, l'*Humber* et le *Forth*.

L'**Elbe** (ancien Albis) prend sa source dans les montagnes des Géants. Il forme une vaste courbe en Bohême, y coule avec une grande rapidité, y reçoit la *Moldau*, dont les eaux sont plus abondantes que les siennes, puis sort des montagnes à Schandau, par une coupure, entre les montagnes des Mines et les monts des Géants, franchit ensuite la Prusse, entre dans le Hanovre, qu'il sépare du Mecklembourg et du Holstein, s'élargit, forme un véritable estuaire et se jette dans la mer du Nord, au S. O. de la péninsule Cimbrique.

L'Elbe est grossi de la *Mulde*, de la *Saale*, du *Havel* (qui reçoit la *Sprée*, la rivière de Berlin).

Cette grande route commerciale de l'Allemagne intérieure, navigable depuis Schandau, est de 1100 kilomètres. Elle passe à *Dresde, Magdebourg, Hambourg, Altona, Stade, Gluckstadt.*

Le **Weser** (ancien Visurgis), formé par la réunion de la

Werra et de la Fulde, a un large estuaire. Il baigne, entre autres, la ville de Brême.

Le **Rhin** (ancien *Rhenus*), un des plus beaux fleuves de l'Europe, sort du mont Adula (Alpes Lépontiennes), en Suisse, coule d'abord vers le N. E., forme le grand lac de *Constance* et tourne ensuite à l'O., puis au N. Le fleuve, qui n'est autre d'abord qu'un torrent, offre plusieurs chutes, entre autres celle de Schaffhouse, qui n'a que 22 mètres, mais dont l'aspect est néanmoins magnifique.

Le Rhin sépare le grand-duché de Bade de l'Alsace, baigne le Palatinat, le grand-duché de Hesse, pénètre dans la province du Rhin, puis dans les Pays-Bas.

Là il se divise en plusieurs branches, dont l'une, désignée sous le nom de *Vieux-Rhin*, tombe directement dans la mer du Nord, près de Leyde ; à gauche, le *Whaal*, le *Leck*, le *Neder-Yssel* sont des branches qui se rendent à la Meuse ; à droite, l'*Yssel* et le *Vecht Occidental*, qui communique à *Amstel*, se jette dans le Zuider-zée.

Très rapide jusqu'à son entrée dans les Pays-Bas, souvent resserré entre des montagnes de l'aspect le plus pittoresque, le Rhin finit par couler au milieu de plaines riches, mais monotones.

Il reçoit d'abord, à gauche, l'*Aar*, une des plus importantes artères de la Suisse, puis l'*Ill* qui a donné son nom à l'*Alsace* (séjour de l'Ill) ; et la *Moselle*, un de ses plus beaux affluents.

A droite, le Rhin se grossit du *Necker* ou *Neckar*, du *Mein*, de la *Lahn* et de la *Lippe*. Il passe à *Schaffhouse*, à *Bâle*, à *Kehl*, non loin de *Strasbourg ;* à *Mayence*, à *Coblentz*, à *Cologne*, à *Dusseldorf*, à *Clèves*, etc.

Son cours est de plus de 1300 kilomètres.

La **Meuse** (autrefois *Mosa*) sort du plateau de Langres ; son bassin, très étroit, s'allonge entre les deux arêtes qui appartiennent aux hauteurs du Toulois et Verdunois et aux Ardennes orientales, d'un côté ; aux massifs de l'Argonne et des Ardennes occidentales, de l'autre. Après avoir franchi une partie de la Lorraine et de la Champagne, la Meuse entre dans la Belgique, près de *Givet*, pour aller se jeter dans la mer du Nord. Elle reçoit quelques branches du Rhin, entre autres le *Whaal*, et a trois bouches considérables à travers les îles de la Hollande. En Belgique, ce cours d'eau a pour affluent, à gauche, la *Sambre*, dont la source est en France. La Meuse passe à *Neufchâteau, Vaucouleurs, Commercy, Verdun, Sedan, Mézières, Charleville, Givet;* puis en Belgique, à *Namur*, à *Liège;* dans le Limbourg hollandais, à *Maestricht*, et arrose d'une de ses branches la ville de *Rotterdam*. Son cours est de 900 kilomètres.

L'**Escaut** (autrefois *Scaldis*), peu considérable d'abord (il prend sa source dans le département de l'Aisne), acquiert hors de la France un grand volume d'eau et beaucoup d'importance pour la navigation.

Il reçoit, à gauche, la *Scarpe* et la *Lys;* à droite, le *Dender*, puis le *Rupel*, formé par la réunion de la *Nèthe* et de la *Dyle*.

L'Escaut devient, en Belgique, le fleuve flamand par excellence. Il forme à Anvers un des plus beaux ports du monde.

Il passe à *Tournai*, à *Oudenarde*, à *Gand*, à *Termonde*, à *Anvers*. Son cours est de 350 kilomètres.

La **Tamise** (en anglais *Thames*, formée par la réunion de deux rivières, la *Thame* et l'*Isis*) baigne *Londres* et se jette dans la mer du Nord par une large embouchure. Les Anglais l'appellent le *roi des fleuves;* elle l'est, en effet, sous le rapport de l'importance commerciale; aucun cours d'eau ne voit circuler autant de navires richement chargés; cependant elle n'a que 320 kilomètres de cours et n'atteint pas la moitié de l'étendue de la Seine.

L'**Humber** et le **Forth**, dans la Grande-Bretagne, coulent de l'O. à l'E., et se jettent aussi dans la mer du Nord.

Tributaires de la Manche. — La **Somme**, qui passe à *Amiens* et à *Abbeville*, est en partie canalisée.

La **Seine** (*Sequana*), qui vient de la Côte d'Or et se dirige du S. E. au N. O., est le seul fleuve considérable qui se jette dans la Manche. Ses sinuosités allongent singulièrement son cours, qui est de 730 kilomètres. Elle se grossit, entre autres, à droite, de la *Marne* et de l'*Oise* ; à gauche, de l'*Yonne*, du *Loing* et de l'*Eure*. Les villes qu'arrose la Seine sont : *Châtillon-sur-Seine, Bar-sur-Seine, Troyes, Nogent-sur-Seine, Montereau, Melun, Corbeil, Paris, Mantes, Elbeuf, Rouen, Le Havre*.

Tributaires de la mer de France. — Dans la mer de France se rendent la *Loire* et la *Garonne*.

La **Loire** (*Liger*) prend naissance au Gerbier des Joncs dans les Cévennes ; elle coule d'abord au N., puis à l'O., et offre une assez large embouchure devant Paimbœuf. Elle est sujette à des crues subites et dangereuses ; souvent aussi, elle est presque sans eau, et elle roule d'immenses quantités de sable qui rendent la navigation difficile. Elle reçoit, entre autres, à droite, la *Nièvre*, la *Maine* ; à gauche, l'*Allier*, le *Cher*, l'*Indre*, la *Vienne*, etc.

Elle arrose de nombreuses villes ; parmi elles, citons *le Puy, Roanne, Nevers, Orléans, Blois, Amboise, Tours, Saumur, Ancenis, Nantes, Paimbœuf, Saint-Nazaire*. Son cours est de 1100 kilomètres.

La **Garonne** (*Garumna*) descend avec rapidité des Pyrénées en Espagne, et ne prend le nom de **Gironde** qu'après avoir reçu la **Dordogne** au *Bec d'Ambez*. Elle reçoit, à droite, l'*Ariège*, qui roule quelques paillettes d'or, d'où son nom ancien *Aurigera* ; le *Tarn* grossi de l'*Aveyron* et le *Lot* ; à gauche, le *Gers*.

La **Dordogne** reçoit elle-même la **Vézère**, grossie de la *Corrèze* (*Currentia*).

Les principales villes échelonnées sur les bords de la Garonne sont : *Toulouse, Agen, Tonneins, Marmande, la Réole, Bordeaux*. — *Blaye* est sur la Gironde. Le cours de la Garonne est de 430 kilomètres.

Tributaires de l'Atlantique proprement dit. — La **Clyde**, qui baigne Glasgow, et la **Mersey**, sur les bords de laquelle s'élève Liverpool, sont peu longues, mais fort larges et se jettent dans la mer d'Irlande.

La **Severn** (appelée aussi *Saverne*) débouche dans le

Le pont d'Alcantara, sur le Tage.

canal de Bristol. C'est le second cours d'eau de la Grande-Bretagne.

L'Atlantique reçoit immédiatement le **Shannon**, fleuve d'Irlande, formé en partie par des lacs ; c'est le plus long des îles Britanniques ; son cours est de 350 kilomètres.

Le **Minho**, en portugais, et *Miño*, en espagnol, n'a qu'une importance très secondaire.

Le **Douro**, en portugais, et *Duero*, en espagnol, est un grand fleuve qui se grossit, à droite, de la *Pisuerga* et de l'*Esla*. Il tombe dans la mer à Oporto.

Le **Tage**, en espagnol *Tajo*, en portugais *Tejo*, coule plus au midi dans le vaste bassin renfermé entre les chaînes qui se terminent au cap de Roca et au cap Saint-Vincent. C'est le plus grand fleuve de la péninsule ; sa longueur est de 750 kilomètres. Il forme, un peu avant son embouchure, une sorte de baie qu'on nomme *mer de la Paille*. Cette partie inférieure de son cours est ornée de beaux rivages ; mais, en général, il arrose une contrée pauvre et aride, et c'est à tort qu'on en a fait souvent de brillantes descriptions. Ce fleuve reçoit la *Jarama*, qui se grossit du *Henarez* et du *Manzanarès*, la rivière de Madrid.

Le Tage baigne *Tolède* et forme une vaste rade devant Lisbonne.

La **Guadiana** parcourt le bassin compris entre les montagnes de Tolède et la Sierra Morena. Au commencement de son cours, elle disparaît entre des joncs et des roseaux l'espace d'une vingtaine de kilomètres, et reparaît ensuite sous la forme de grands marais, nommés les *Yeux de la Guadiana*. Son cours est d'environ 800 kilomètres. Il n'est navigable que pendant 67 kilomètres. Il passe à *Badajoz*.

Le **Guadalquivir** (corruption de *Ouad-al-Kébir*, en arabe, grande rivière) (le *Bœtis* des anciens), arrose une délicieuse contrée entre la Sierra Morena et la Sierra Nevada, et a pour affluent principal le *Genil* ou *Xenil*. Son cours est d'environ 400 kilomètres. Il passe à Cordoue et à Séville.

Le versant du S. et du S. E. comprend à son tour les principaux bassins suivants : 1° bassin de la **Méditerranée** proprement dite ; 2° bassin de la mer *Tyrrhénienne* ; 3° bassin de la mer *Ionienne* ; 4° bassin de l'*Adriatique* ; 5° bassin de l'*Archipel* ; 6° bassin de la mer *Noire* et de la mer d'*Azov*.

Un seul fleuve remarquable de la péninsule Hispanique se rend immédiatement dans la Méditerranée : c'est l'**Èbre**, qui coule de l'O. à l'E. et a un petit delta. Il a pour affluent la *Sègre*. Il arrose Saragosse. Son cours est de 650 kilomètres.

Le **Rhône** (*Rhodanus*) se jette dans le golfe du *Lion*. Fleuve rapide, impétueux, souvent terrible dans ses débordements, le Rhône vient des Alpes de Suisse, franchit le Valais, forme le lac de *Genève*, et sépare quelque temps la France de la Suisse ; il coule à l'O. jusqu'à Lyon, puis tourne au S. et se rend dans la Méditerranée par quatre branches, dont deux principales, le *Grand Rhône*, à l'E., et le *Petit Rhône*, à l'O., qui forment le delta de la *Camargue*. Il a pour affluents, à droite : l'*Ain*, la *Saône* (autrefois *Arar*), grossie du Doubs ; l'*Ardèche*, le *Gard* : à gauche, l'*Isère*, la *Drôme*, la *Durance*. Il baigne *Lyon*, placé au confluent de la Saône et du Rhône, puis *Vienne*, *Valence*, *Avignon*, *Arles*. Le Rhône a 842 kilomètres et c'est, de tous les cours d'eau français, celui dont le débit est le plus considérable.

Sur la côte occidentale de l'Italie débouchent le **Tibre** et l'**Arno**, peu considérables, mais qui arrosent des lieux célèbres dans l'histoire.

Le **Tibre** passe à *Rome*, l'**Arno** passe à *Florence* et dans les plaines de Pise.

Ces deux cours d'eau viennent des monts Apennins, coulent presque constamment vers l'O., l'Arno se jette dans la Méditerranée proprement dite et le Tibre dans la mer Tyrrhénienne.

Bassin de l'Adriatique. — Les principaux tributaires de l'Adriatique sont : au N. O., le *Pô*, l'*Adige* ; à l'E., le *Drin*.

Le **Pô** (ancien *Padus* ou *Éridan*) est le plus grand fleuve de l'Italie. Il descend du mont Viso et, après un parcours de 600 kilomètres, se jette dans l'Adriatique par plusieurs branches ; il charrie beaucoup de sable et de terre et forme de grands atterrissements vers son embouchure. Ses principaux affluents sont : à gauche, la *Doire-Ripaire*, la *Doire-Baltée*, l'*Agogna*, le *Tésin* ou *Tessin*, sorti du lac *Majeur*, l'*Adda* qui forme le joli lac de *Côme*, le *Mincio* qui sort du grand et beau lac de *Garde* ; à droite, le *Tanaro*, la *Trebbia*, le *Taro*, le *Panaro*, etc. Il arrose Turin, Plaisance, etc.

L'**Adige** (ancien *Athesis*) prend sa source dans les Alpes ; peu de temps avant de tomber dans la mer, il franchit un pays de marais et d'atterrissements. Son cours est de 318 kilomètres.

De la péninsule des Balkans, l'Adriatique reçoit le **Drin**, qui coule de l'E. à l'O., et la **Voioussa**, qui descend du Pinde.

Bassin de l'Archipel. — La **Maritza** (ancien *Hèbre*) prend sa source dans les Balkans et se dirige vers l'Archipel, après avoir arrosé la partie orientale de la Roumélie. Elle passe, entre autres, à Philippopoli et à Andrinople.

Le **Vardar** (ancien *Axius*) tombe dans le golfe de Salonique.

Bassin de la mer Noire et de la mer d'Azov. — Le **Danube** (ancien *Ister* ou *Danubius*) en allemand *Donau*, le plus grand fleuve d'Europe après le Volga, prend sa source dans la Forêt-Noire, coule en général de l'O. à l'E., franchit l'Allemagne méridionale, l'Autriche-Hongrie, se trace pour ainsi dire un chemin de vive force à travers les Portes de Fer, entre les Carpathes et les derniers contreforts des Balkans de Serbie, et plus loin, large, majestueux, confine au sud la Roumanie et se jette ensuite dans la mer Noire par trois branches : celle du nord, la branche de Kilia, sur la frontière de Russie ; la branche de Saint-George, au S., et celle de *Soulina* au milieu, la moins large, mais la seule qu'emploie la navigation et que les travaux d'endiguement

Le Danube à Presbourg.

et de canalisation surveillés par la Commission européenne du Danube rendent propre aux gros navires.

On appelle *Dobroudja* la presqu'île située entre le dernier coude du Danube et la mer Noire.

Le bassin du Danube est d'environ 800 000 kilomètres carrés. Rapide, sujet à des crues redoutables, surtout au printemps, ce grand cours d'eau est la plus importante ligne vitale du commerce de l'Europe moyenne. Sa longueur est de 2800 kilomètres, sa largeur, au-dessous de Buda-Pesth, d'au moins 1000 mètres. Ses principaux affluents sont : à droite, l'*Inn*, la *Drave*, la *Save*; à gauche, la *Theiss*, le *Pruth*.

Il passe à *Linz*, à *Vienne* (placée sur une dérivation du fleuve), à *Buda-Pest*, à *Peterwardein*, à *Semlin*, à *Belgrade*, à *Semandria*, à *Vidin*, à *Roustchouk*, à *Silistri*, etc.

Le **Dniestr** ou *Dniester* (ancien *Tyras*), fleuve de l'Austro-Hongrie et de la Russie méridionale, est une artère commerciale importante, surtout pour le commerce des blés, dont un des grands centres est *Odessa*.

Le **Dniepr** ou *Dnieper* (anciennement *Borysthène*) est pour l'étendue (environ 2000 kil.) le quatrième fleuve de l'Europe et reçoit la *Bérézina*, si malheureusement célèbre par le désastre des Français en 1812; le *Pripet*, qui parcourt les vastes marais de *Pinsk*; la *Desna*, le *Boug*, qui se joint au fleuve très près de son embouchure. Bien que la navigation soit difficile sur un grand nombre de points, ce cours d'eau n'en est pas moins la voie principale par laquelle arrivent, de la Petite-Russie, les blés d'Odessa. Le liman ou estuaire du Dniepr communique avec la mer par des chenaux défendus.

Le **Don** (anciennement *Tanaïs*) tombe dans la mer d'Azov par trente bras. Son delta est de 45 kilomètres. Il n'arrose aucune ville importante. Le débit de ses eaux est énorme. Il se grossit du *Khoper*, du *Donetz* et du *Manycht* qui lui apporte les eaux du lac Bolchet et qui a, d'un autre côté, un écoulement vers la mer Caspienne. Sa longueur est de 2100 kilomètres.

Le **Kouban**, divisé en deux branches, se jette à la fois dans la mer Noire et dans la mer d'Azov.

Bassin de la mer Caspienne. — La mer Caspienne reçoit le **Volga** (ancien *Rha*), 3500 kilomètres, sort des monts Valdaï, parcourt le centre et le S. E. de la Russie, en coulant d'abord à l'E., puis au S., et va se jeter dans la mer Caspienne par une infinité d'embouchures. Il déborde fréquemment dans les vastes plaines qu'il arrose. Il est très poissonneux. On y pêche souvent beaucoup d'esturgeons, qui donnent lieu à une importante confection de *caviar* et de *colle de poisson*.

Ses principaux affluents sont : à droite, l'*Oka*, grossie de la *Moskva*; à gauche, la *Kama*, augmentée de la *Viatka*.

Le Volga baigne *Tver*, *Kostroma*, passe non loin de *Nijnii Novgorod*, si célèbre par ses foires, et ensuite arrose entre autres, *Samara*, *Saratov* et *Astrakhan*, sur une île, à 50 kilomètres de la mer Caspienne.

L'**Oural** ou *Iaïk*, qui descend des monts Ourals, coule du N. au S. sur les frontières de l'Europe et de l'Asie et arrose Orenbourg.

Parmi tous ces fleuves, ceux qui présentent le plus d'activité commerciale ne sont pas les plus étendus. Les fleuves de la Grande-Bretagne n'ont pas un très long cours, mais ils offrent de larges embouchures, c'est-à-dire des *estuaires*, et ont la navigation la plus active : la *Tamise*, surtout, qui baigne Londres, est le cours d'eau du monde où circulent le plus de navires. On a joint entre eux, par de nombreux canaux, tous les fleuves de cette île florissante.

En résumé, sur le continent, les fleuves les plus importants, ceux qu'on peut considérer comme les plus grandes artères de l'Europe, sont: à l'O., le *Rhin*, qui vivifie la Suisse septentrionale, l'Allemagne occidentale et les Pays-Bas; — au centre et au S. E., le *Danube* ; — à l'E., le *Volga*, qui ne coule qu'en Russie, mais qui offre à ce pays des ressources infinies par les riches alluvions que déposent ses débordements périodiques, par la multitude de ses poissons et par la navigation très animée dont il est le théâtre.

LACS, MARAIS ET LAGUNES

C'est autour de la Baltique que l'Europe a le plus de lacs. Les plus grands versent leurs eaux dans le golfe de Finlande : le **Ladoga**, le plus considérable de tous (200 kilomètres de long, 130 kilomètres de large), s'y écoule par la Néva ; l'**Onéga**, le second des lacs européens (200 kilom. sur 80), et les lacs **Saïma** et **Ilmen**, sont tributaires du Ladoga ; le lac **Peïpous** s'écoule dans le même golfe par la Narova et a aussi un écoulement vers le golfe de Livonie.

D'innombrables lacs sont répandus dans la Finlande : le plus étendu est le *Pœjjœne*.

Dans la péninsule Scandinave, se trouvent également de nombreux lacs, dont les principaux sont : le joli lac **Mælar**, qui touche la mer Baltique et qui baigne la capitale de la Suède, Stockholm ; — le lac **Vetter**, qui s'écoule dans la même mer ; — le lac **Vener**, le plus grand de la péninsule, communiquant avec le Cattégat par la rivière Gœtha et avec le lac précédent par un large canal de navigation.

Dans le N. de l'Allemagne, le voisinage des côtes de la Baltique offre les espèces de lacs appelés *haffs* dont nous avons déjà parlé, et le lac *Müritz*, qui s'écoule dans l'Elbe.

L'Écosse (nord de la Grande-Bretagne) a beaucoup de lacs (*lochs*), la plupart renommés par leur joli aspect : le plus remarquable est le **Loch-Lomond**, qui s'écoule dans la Clyde.

L'Irlande a aussi une quantité de lacs (que, dans l'ancien langage irlandais, on appelle *loughs*) ; on remarque les charmants lacs de **Killarney**, le double lac **Erne**, le lac **Neagh**, et les lacs assez nombreux que forme le *Shannon*.

Le lac de **Constance** ou *Boden-see* est formé par le Rhin, et dans ce fleuve se rendent indirectement les eaux des lacs, un peu moins considérables, de **Zürich**, de **Lucerne** et de **Neuchâtel**. Ce sont d'agréables masses d'eau, toutes en Suisse.

Le lac de **Genève**, ou lac *Léman*, un des plus beaux de

Le lac de Côme.

l'Europe, est produit par le Rhône au pied des Alpes, entre la France et la Suisse.

Le Pô reçoit les eaux des lacs **Majeur**, de **Côme** et de **Garde**, situés aussi au pied des Alpes et célèbres par leurs aspects pittoresques.

Le lac de *Pérouse* (ancien *Trasimène*), au milieu de l'Italie; les lacs de **Scutari**, d'*Okhrida* et de *Presba*, dans la péninsule des Balkans, sont encore de beaux lacs.

Mais le **Balaton** ou *Platten-see*, au centre de l'Europe, dans les plaines de la Hongrie, est un lac marécageux et triste, qui s'écoule dans le Danube.

Dans la même région de l'Europe, se trouve le lac de *Neusiedl*, qui s'est desséché peu à peu pendant quelques années, mais qui a repris récemment ses eaux.

On vient de dessécher un grand lac du centre de l'Italie, le lac *Fucino*, au milieu d'un plateau des Apennins : on l'a fait écouler dans le Garigliano, tributaire de la mer Tyrrhénienne. Désormais on ne redoutera plus ses funestes débordements, et l'on profitera des cultures d'un vaste et fertile terrain qu'il a laissé à sec.

C'est ainsi qu'on a desséché, il y a plusieurs années, au grand avantage de l'agriculture, le lac de **Harlem**, près du Zuider-zée, en Hollande.

Un travail du même genre vient d'être entrepris pour le lac de *Grand-Lieu*, au S. de l'embouchure de la Loire.

Les plus grands marais d'Europe sont ceux de **Pinsk**, dans la Russie occidentale. Les côtes du nord de l'Allemagne et une grande partie des Pays-Bas sont pleines de marais : on remarque surtout dans cette dernière contrée les marais de *Bourtange* et de *Peel*.

L'Irlande est occupée, sur de vastes espaces, par des *boys* ou fondrières, qui cachent, sous l'apparence d'une agréable prairie, les dangereux abîmes d'une fange très profonde.

Les côtes S. O. et méridionales de la France sont bordées de lagunes ou *étangs*, masses d'eau salée qui sont des restes de la mer : étangs de *Carcans*, de *Thau*, du *Valcarès*, de *Berre*, etc.

Le lac d'**Albufera**, sur la côte orientale de l'Espagne, est une espèce de lagune.

L'Italie a, sur sa côte orientale, les lagunes de **Venise** et les marais très malsains de **Comacchio**; sur la côte occidentale, les trop fameux marais **Pontins** et les tristes **Maremmes** de Toscane.

La péninsule des Balkans renferme, à l'E., le lac marécageux de *Raselm*, près et au S. de l'embouchure du Danube; — un autre lac marécageux, le lac **Topolias** (anciennement *Copaïs*), se trouve près de la côte orientale de la Grèce.

CLIMAT, LIGNES ISOTHERMES, VENTS ET PLUIES

Climat. — L'Europe est froide vers ses extrémités boréales, quoiqu'elle le soit moins que l'Asie et l'Amérique à la même latitude; dans le midi, le climat est chaud, mais non brûlant, comme dans quelques parties de l'Asie ou de l'Afrique. En général, la température y est douce et agréable, surtout dans les régions occidentales, qui reçoivent l'heureuse influence des vents de l'océan Atlantique et celle du courant du Golfe (*Gulf-stream*). L'Europe, enfin, a l'avantage d'être limitée au S. par une vaste mer qui adoucit beaucoup le climat.

Lignes isothermes. — Les *lignes isothermes*, c'est-à-dire d'égale température, pour les pays placés approximativement au niveau de la mer, ne suivent pas, en Europe, à beaucoup près, les cercles parallèles à l'équateur : la ligne de 0° passe au cap Nord, ainsi que dans le N. de l'Islande, et descend en Russie au S. de la mer Blanche, c'est-à-dire s'éloigne beaucoup du pôle à mesure qu'elle s'avance à l'E.

La ligne de + 5° passe par Trondhiem, au N. de Christiania, à Stockholm, à Saint-Pétersbourg, à Moscou : elle montre qu'il fait bien plus froid dans l'intérieur du continent que sur la côte O. de la Norvège.

La ligne de + 10° parcourt le milieu de l'Irlande, le S. de l'Angleterre, les Pays-Bas, l'Allemagne centrale, la

Bohême, la Hongrie, et va atteindre la Crimée, bien loin au S. de la latitude de l'Irlande. Elle passe à peu près par Dublin, Londres, Amsterdam, Prague, Bucarest; il fait donc plus froid à l'E, qu'à l'O., dans toute la partie moyenne de l'Europe. Remarquons cependant que les lignes isothermes indiquent seulement la température moyenne de l'année. Les parties orientales de l'Europe, c'est-à-dire de l'intérieur du continent, n'en ont pas moins des étés plus chauds que les parties occidentales, mais les hivers sont aussi beaucoup plus rigoureux : l'Océan adoucit remarquablement la température.

La ligne de $+15°$ passe par le N. de l'Espagne, le S. de la France, le N. de l'Italie et dans la Turquie moyenne.

La ligne isotherme de $+20°$ touche seulement l'extrémité S. O. de l'Europe.

La température varie ensuite considérablement avec les altitudes : il fait de plus en plus froid à mesure qu'on s'élève au-dessus du niveau de la mer. Chaque chaîne de montagnes a ses lignes isothermes particulières. Vers la région moyenne de l'Europe (dans les Alpes), la ligne des neiges perpétuelles se trouve vers 2600 mètres.

Vents et pluies. — Les vents dominants dans l'O. de l'Europe sont ceux du S. O. et de l'O., qui viennent de l'Atlantique, et sont humides, tempérés, chargés de vapeurs et pluvieux.

Les vents du N. et du N. E. sont assez fréquents aussi, surtout dans la partie orientale de notre partie du monde ; ils sont froids et généralement secs.

La pluie est plus abondante sur les côtes de l'Océan et dans les Alpes que partout ailleurs en Europe ; elle est de 60 à 70 centimètres sur les côtes de l'Irlande, de la France, de l'Angleterre ; de 1 mètre à Bergen, en Norvège; de 1 à 2 mètres dans les Alpes ; environ de 55 centimètres à Paris et de 40 centimètres en Champagne. L'Europe occidentale reçoit beaucoup plus de pluie que l'Europe orientale.

Climats maritimes et continentaux. — Toute l'étendue

des côtes de l'Europe, depuis les parages de la Bretagne jusqu'au cap Nord, à l'extrémité septentrionale de la Scandinavie, ne présente aucun point où l'hiver soit assez rude pour fermer les ports par la glace. La côte E. de l'Amérique entre les mêmes parallèles est, en hiver, presque entièrement encombrée de glaces. Or, en Angleterre, on laisse toute l'année les troupeaux aux pâturages, pendant qu'au Labrador l'hiver est si rigoureux, que l'homme même peut à peine trouver de quoi subsister. En s'élevant davantage au nord on arrive bientôt dans une contrée absolument inhabitable. — Dans cette froide contrée, les vents dominants soufflent de l'O. comme dans les plus doux climats de l'Europe occidentale, mais au lieu de venir de la mer et de porter au Labrador des vapeurs chargées de calorique, ils arrivent du côté de la terre et sont presque toujours secs. Ainsi, toute la région ouest de l'Europe jouit donc d'un privilège, mais plus on pénètre à l'E. dans l'intérieur des terres, plus les froids s'accentuent en hiver.

Productions minérales. — Il y a, dans un grand nombre de pays d'Europe, de riches mines de fer, particulièrement en Scandinavie, en Angleterre, en Allemagne, en France ; le cuivre se trouve surtout dans la péninsule Scandinave, en Angleterre, en Espagne et aux monts Ourals ; l'étain dans la Grande-Bretagne ; l'or, aux monts Ourals et aux monts Carpathes ; le platine, dans les monts Ourals ; l'argent, le plomb, en Allemagne, en France, en Espagne, en Angleterre ; le mercure, en Espagne, en Illyrie ; le zinc, en Belgique, en Allemagne, en Espagne.

Le soufre est fourni par l'Italie, par les îles qui l'environnent et par l'Islande. L'ambre jaune se recueille aux bords méridionaux de la Baltique. Le charbon de terre abonde dans la Grande-Bretagne et vers les bords de l'Escaut, de la Meuse, du Rhin, etc. La tourbe est commune dans toutes les parties basses des régions moyennes de l'Europe.

Végétaux. Rapport de la végétation et du climat. — Les principaux arbres fruitiers sont les pommiers, les poiriers, les pruniers, les abricotiers, les pêchers, qui peuplent presque partout les vergers, surtout dans les régions moyennes.

Les châtaigniers et les noyers sont répandus dans les mêmes régions.

Le cerisier est aussi un des arbres européens les plus communs et les plus intéressants : il s'avance fort loin vers le nord.

Les orangers, les citronniers, les cédratiers, les limoniers, les oliviers, les grenadiers, les figuiers, les amandiers, enrichissent de leurs produits les régions méridionales.

Les bois de construction sont surtout des chênes, des ormes, des frênes, des hêtres, des peupliers, des mélèzes, des pins, des sapins. — Les pins, les bouleaux, les trembles, les sorbiers, les saules, les aunes, sont les arbres qui s'avancent le plus au N. : on les trouve, quoique chétifs, jusqu'au 60e degré de latitude. Les sapins s'arrêtent au 67e degré ; les chênes, les frênes, les hêtres, les tilleuls, au 62e ; les peupliers au 60e ; le fruit du châtaignier ne mûrit pas au-delà du 51e. L'olivier ne dépasse pas le 44e degré ; l'oranger ne va que jusqu'à 43 degrés et demi.

Les céréales et les pommes de terre sont les principaux objets de la culture. Le blé ou froment ne dépasse pas, au N., le 62e degré de latitude ; le seigle va jusqu'au 64e ; l'orge et l'avoine s'avancent jusqu'au 68e. Le riz ne se trouve que vers le midi. Le maïs abonde aussi dans le midi, mais s'avance au N. bien plus loin que le riz, sans aller, à beaucoup près, aussi loin que le blé.

Le houblon, qui avec l'orge sert à fabriquer la bière, est l'objet d'une grande culture dans le N. et les régions médio-septentrionales (Angleterre, Allemagne, Bohême, Belgique, nord de la France).

La vigne tapisse les coteaux des régions méridionales et centrales. Elle ne dépasse pas, sur la côte de l'Océan, le 47e degré et demi. Dans l'intérieur du continent, elle s'avance jusqu'au delà du 51e ; car, dans l'intérieur, les étés sont plus chauds, et par conséquent plus propres à mûrir les raisins, ainsi que divers autres fruits.

Les principaux légumes sont les navets, les carottes, les pois, les haricots, les fèves, les raves, les choux, qui se cultivent abondamment dans les régions moyennes et septentrionales. La betterave, qui sert surtout à la fabrication du sucre et à la nourriture du bétail, est produite principalement par la France, l'Allemagne, l'Autriche, la Belgique, la Russie.

Le cotonnier et la canne à sucre se rencontrent au sud.

Le lin et le chanvre sont les principaux végétaux propres à faire des tissus; ils abondent surtout en Russie.

Le safran et la garance sont les principales plantes à teinture.

Les principales plantes oléagineuses, après l'olivier, sont le colza, la navette, l'œillette (pavot), qui abondent surtout dans les régions moyennes (France, Allemagne). Les huiles de lin et de chanvre se font particulièrement en Russie.

Le tabac se cultive dans beaucoup de pays, mais spécialement en Russie, en Roumanie, en Hongrie, en Turquie, en Allemagne, en Suisse.

Flore méditerranéenne. — La plupart des côtes du sud de l'Europe présentent une suite de rampes plus ou moins rapides, terminées plus loin, dans l'intérieur des terres, par des montagnes généralement élevées et froides. La flore méditerranéenne proprement dite n'occupe guère que la lisière du littoral. — C'est là que les yeux sont délicieusement charmés par l'aspect d'une nature nouvelle, d'une végétation spéciale qui n'a presque rien de commun avec celle des régions voisines. Les vignes s'y suspendent aux arbres, les cyprès, les pins parasols s'y dressent, découpant leur silhouette sombre sur le ciel bleu foncé; les forêts d'oliviers et de chênes-lièges, sans être imposantes, ont un caractère fortement tranché. — Puis ce sont des grenadiers, des myrtes, des jasmins, des orangers, des citronniers, des palmiers. Plus on avance vers le sud, plus se prononcent les formes de la végétation africaine.

Steppes : forêts du Nord. — La région orientale de l'Europe voit se dérouler de vastes plaines parfois couvertes d'herbes, mais le plus souvent dépourvues de végétation. — Ainsi les *steppes herbeux* du sud de la Russie, dans le bassin du Don, du Dniepr et du Volga, sont des territoires plats, qui offrent un véritable charme par la beauté de leurs fleurs et l'élégance de leurs longues herbes se balançant au souffle du vent ; d'autres steppes, au contraire, sont d'interminables étendues de sable, des bancs d'argile desséchés par le soleil. Les environs de la Caspienne offrent, entre autres, ce triste spectacle.

En Scandinavie, la moitié du sol est couverte de forêts de pins et de sapins, les deux essences dominantes du pays. L'exploitation des bois pour la Norvège donne un rendement considérable. Indépendamment des arbres verts qui dominent, on rencontre aussi un grand nombre de chênes, de hêtres et de bouleaux. La plupart de ces bois sont exportés en France, en Angleterre, dans les Pays-Bas, etc.

Animaux. — Parmi les animaux domestiques, le cheval, le bœuf, l'âne, le mouton, la chèvre, le chien, le chat, sont à peu près communs à toutes les contrées de l'Europe ; le renne est particulier aux régions les plus septentrionales ; le chameau ne se montre qu'au S. E.

Les principaux quadrupèdes sauvages sont le sanglier ; l'ours, surtout dans les hautes montagnes ; le loup, le cerf, le chevreuil, le daim, le renard, le lièvre, le lapin, le blaireau, l'écureuil, qui se trouvent dans presque toute l'Europe ; — la marmotte, le chamois, communs dans les Alpes ; — le lynx, la loutre, le castor, le chat sauvage, les martres, qui habitent plus particulièrement dans les contrées du N. ; — le buffle, le bouquetin, le porc-épic, qui se rencontrent vers le S. ; le chacal, qu'on ne voit qu'au S. E.

Parmi les plus gros oiseaux que possède l'Europe, on peut nommer l'aigle, le faucon, le vautour, le cygne, la grue, la cigogne, le héron, le pélican.

Les plus jolis sont le martin-pêcheur, le jaseur, le guêpier, le chardonneret. Parmi ceux qui chantent le plus agréablement, il faut citer le rossignol, le pinson, le serin, qui ne se trouve sauvage que dans le S.; parmi les migrateurs, l'hirondelle, la caille.

Parmi les reptiles, on n'a guère à redouter que la vipère. La couleuvre est fort commune.

Les poissons d'eau douce sont principalement les brochets, les carpes, les tanches, les perches, les truites. Les esturgeons remontent les grands fleuves de l'E. Dans la mer, on pêche surtout des maquereaux, des sardines, des anchois, des merlans, des soles, des turbots, des limandes, des raies, des thons, des harengs : ces derniers sortent de l'océan Glacial au printemps et se répandent par légions innombrables sur les côtes occidentales.

Parmi les mollusques, il faut citer les huîtres, abondantes presque partout, et, dans la Méditerranée seulement, les jolis argonautes papyracés, les sépias, si utiles par leur couleur, et les pinnes, qui donnent une très belle soie.

Les principaux crustacés sont les écrevisses, dans les eaux douces, et les homards, dans les eaux marines.

La classe des arachnides offre, dans le S., le redoutable scorpion. — Dans celle des annélides, on distingue la sangsue, si utile en médecine.

Les insectes les plus intéressants sont le ver à soie, particulier aux régions méridionales, et l'abeille, répandue presque partout.

Un des polypes les plus importants est l'éponge, qu'on rencontre surtout dans les parties orientales de la Méditerranée.

FRANCE

GÉOGRAPHIE PHYSIQUE

La FRANCE est dans la partie occid. de la région moyenne de l'Europe, et s'étend (sans la Corse) du 42ᵉ au 51ᵉ degré de latit. N., et du 5ᵉ degré de long. E. au 7ᵉ de long. O. Elle est bornée : au N. par la mer du *Nord* et par le *Pas de Calais*, qui la sépare de l'Angleterre ; au N. O., par la *Manche*, qui la sépare du même pays ; à l'O., par l'*Atlantique proprement dit*, et par le golfe de *Gascogne* appelé aussi mer de *France*, mer de *Biscaye* ou mer *Cantabrique* ; au S., par la *Bidassoa*, et les *Pyrénées*, du côté de l'*Espagne* et par la *Méditerranée*, qui forme le golfe du *Lion*; au N. E., par la *Belgique*, le grand-duché de *Luxembourg*, et la partie de la Lorraine qui a été cédée à l'*Allemagne* par le désastreux traité de 1871 ; à l'E., par l'Alsace, cédée aussi à l'Allemagne; par la *Suisse*; enfin par l'*Italie*.

La France n'a pas, au N. E., de limites naturelles. A l'E., elle avait naguère le *Rhin*, mais aujourd'hui elle s'arrête aux Vosges; le *Doubs*, le *Jura* et le lac de *Genève* la limitent vers la Suisse ; les *Alpes*, la *Roia* et le torrent de *Saint-Louis*, du côté de l'Italie.

On compte 980 kilom. du N. au S., depuis le voisinage de Dunkerque jusqu'au cap Cerbère ; 875 kilom. de l'O. à l'E., de la pointe de Corsen au Vosges ; 1100 kilom. du N. O. au S. E., de la pointe de Corsen au voisinage de l'embouchure de la Roia, et 900 kilom. du N. E. au S. O., du point où les Vosges quittent la France jusqu'à l'embouchure de la Bidassoa. La superficie de la France est de 528 000 kilom. carrés. (Elle était de 543 000 kilom. carrés avant le traité de 1871.)

Les côtes de France offrent d'abord, au N., des dunes mouvantes, depuis Dunkerque jusque vers l'embouchure de la Somme. Elles forment des falaises droites et escarpées entre l'embouchure de la Somme et celle de la Seine. Depuis celle-ci jusqu'à l'embouchure de la Loire, on trouve des côtes très irrégulières : on remarque le golfe de la *Seine* ou de *Normandie*, puis la presqu'île du *Cotentin*, terminée par le cap de *Barfleur* ou de *Gatteville*, et celui de la *Hague*; ensuite le golfe de *Saint-Malo* ou de *Bretagne*, qui se divise en deux enfoncements profonds, la baie du *Mont-Saint-Michel* et la baie de *Saint-Brieuc*. La *Bretagne* est terminée par les pointes de *Corsen*, *Saint-Matthieu*, du *Raz*, de *Penmarc'h*, et découpée à l'O. par la rade de *Brest* et la baie de *Douarnenez*, au S. par le golfe du *Morbihan*, à côté duquel s'allonge la presqu'île de *Quiberon*. Dans le voisinage de la Bretagne, on voit l'île d'*Ouessant*, celle de *Sein*, celle de *Groix*, *Belle-Ile*.

Au S. de l'embouchure de la Loire, jusqu'à la Gironde, la côte est basse et bordée de marais salants. On rencontre dans cette étendue les îles de *Noirmoutier*, d'*Yeu*, de *Ré* et d'*Oleron*.

Au S. de la Gironde, jusqu'à l'Adour, la côte est de nouveau couverte de dunes mouvantes. On y remarque le *Bassin d'Arcachon*. — De l'Adour à la Bidassoa, les rivages sont diversifiés et agréables.

Les côtes de la Méditerranée offrent deux aspects principaux. A l'O., autour du golfe du Lion, elles sont basses, uniformes et parsemées de lacs ou de lagunes, comme les étangs de *Leucate*, de *Sigean*, de *Thau*, du *Valcarès*, de *Berre*. A l'E., elles sont généralement élevées, très variées et très-pittoresques. On y voit beaucoup de petits golfes, comme ceux de *Fréjus*, de *Cannes*, et les îles d'*Hyères* et de *Lérins*.

La France est partagée en deux versants principaux : celui qui est incliné vers la Méditerranée, et celui qui se penche vers l'Atlantique ou vers les mers qu'il forme : la mer du Nord, la Manche et la mer de France.

La grande ligne de partage des eaux, dirigée en général du N. E. au S. O., porte successivement les noms de *Jura*, de *Vosges méridionales*, de monts *Faucilles*, de plateau de *Langres*, de *Côte d'Or*, de *Cévennes*.

Six arêtes secondaires s'y rattachent du côté du versant de l'Atlantique : ce sont d'abord les *Vosges septentrionales*, puis les hauteurs du *Toulois* et les *Ardennes orientales;* ensuite les montagnes de l'*Argonne* et les *Ardennes occidentales*, jointes aux collines de l'*Artois*. Cette troisième arête sépare le versant particulier de la mer du Nord de celui de la Manche.

La longue arête située sur la limite des versants de la Manche et de la mer de France, est composée des montagnes du *Morvan*, des plateaux de la *Forêt d'Orléans* et de la *Beauce*, des hauteurs du *Perche*, de la *Basse-Normandie* et de la chaîne *Armoricaine* (comprenant les montagnes d'*Arez*); plus au S., on remarque la chaîne des montagnes du *Velay* et des montagnes du *Forez;* enfin les montagnes d'*Auvergne*, continuées par celles du *Limousin* et par les collines du *Poitou*.

Sur le versant de la Méditerranée, on remarque la chaîne des *Alpes méridionales*, elle vient former la limite de notre pays sous les noms d'*Alpes Pennines*, d'*Alpes Grées* ou *Graies*, d'*Alpes Cottiennes*, et d'*Alpes Maritimes*.

Les Alpes françaises et franco-italiennes ont pour points culminants: le mont *Blanc*, 4810 mètres, le mont *Cenis* (3493 m.), le mont *Olan* (3883 m.), le pic des *Écrins* (4103 m.), le pic d'*Arsine* (3660 m.), le *Grand-Pelvoux* (3938 m.), le mont *Viso* (3845 m.), le mont *Genèvre* (3652 m.), le mont *Ventoux* (1900 m.).

Les Pyrénées s'étendent, entre la France et l'Espagne, depuis le cap Cerbère jusque vers la source de la Bidassoa.

Les trois sommets les plus élevés, tous en Espagne, sont le mont *Maladetta* (ayant pour point culminant le pic de *Nethou*, haut de 3482 m.), le pic *Posets* (3367 m.), et le mont *Perdu* (3360 m.). — On remarque du côté de la France, le *Pic du Midi de Bigorre* (2877 m.), le *Pic du Midi de Pau* (2885 m.), et, sur la frontière, le *Marboré*, le mont *Vignemal* (3200 à 3300 m.).

Les plus hautes montagnes françaises, après les Alpes et les Pyrénées, sont celles d'Auvergne, presque toutes de nature volcanique. On désigne généralement leurs sommets sous le nom de *puys*. Les principaux sont: le mont *Dore*, dont le point culminant est le *Puy de Sancy* (1888 m.); le

Plomb du Cantal (1858 m.) ; le *Puy de Dôme* (1476 m.).

Les points culminants des Cévennes sont le *Mézenc* (1774 mètres), le Gerbier des Joncs (1562 m.), la *Lozère* (1702 m.), le mont *Pilat* (1434 m.).

Le Jura se compose de plusieurs massifs parallèles et très réguliers. Les plus hautes sommités sont : le *Grand-Crédo* ou mieux grand *Crêt d'eau*, le *Reculet*, le *Crêt de la Neige*, le *Colombier*, le *Colomby*, la *Dôle* (1600 à 1700 m.).

Les sommets des Vosges étant généralement arrondis ont reçu le nom de *ballons*. Les plus élevés sont le *Ballon de Guebwiller* (1429 m.) et le *Ballon d'Alsace* (1250 m.).

La Corse est traversée du N. au S. par une chaîne de hautes montagnes, dont les points principaux sont le *monte Cinto* (2707 m.), le *monte Rotondo* (2635 m.), et le *monte Paglia Orba* (2525 m.).

La France est divisée, comme nous l'avons dit, en deux versants principaux : celui de l'Atlantique est subdivisé en trois versants particuliers : ceux de la mer du Nord, de la Manche et de la mer de France.

Du côté de la mer du Nord, coulent trois cours d'eaux principaux : la *Moselle* (affluent du *Rhin*), la *Meuse* et l'*Escaut*. Ils n'ont pas leur embouchure sur le territoire français, mais dans les Pays-Bas. La *Moselle* se grossit de la *Meurthe*.

La Meuse a pour affluent la *Sambre*, qui n'arrose que peu la France.

L'Escaut s'augmente de la *Scarpe* et de la *Lys*.

Les cours d'eau qui se jettent immédiatement dans la Manche sont la *Somme*, la *Seine*, la *Touques*, la *Dives*, l'*Orne*, la *Vire*, la *Sée*, le *Couénon*, la *Rance*, le *Trieux*.

La Seine est le seul de ces cours d'eau qui mérite le nom de fleuve. Ses affluents les plus remarquables sont : à droite, l'*Aube*, — la *Marne*, grossie de la *Saulx* (à laquelle se joint l'*Ornain*), de l'*Ourcq*, de la *Dhuis*, du *Grand* et du *Petit-Morin* ; — l'*Oise*, grossie de l'*Aisne* ; — à gauche, l'*Yonne* (grossie de l'*Armançon* et de la *Vannes*) ; le *Loing*, l'*Essonne* et l'*Eure*.

Dans l'Atlantique proprement dit et dans la mer de France

se rendent l'*Aulne*, le *Blavet*, la *Vilaine*, la *Loire*, la *Sèvre Niortaise*, la *Charente*, la *Seudre*, la *Gironde*, l'*Adour* et la *Bidassoa*.

Les deux plus considérables de ces cours d'eau sont la Loire et la Garonne (Gironde).

La Loire reçoit : à droite, l'*Arroux*, la *Nièvre* et la *Maine*, qui se forme de la réunion de la *Mayenne*, et de la *Sarthe*, augmentée elle-même du *Loir* ; — à gauche, l'*Allier*, le *Loiret*, le *Cher*, qui se partage en plusieurs bras vers son confluent avec la Loire ; l'*Indre*, la *Vienne*, grossie de la *Creuse*, et la *Sèvre Nantaise*.

La Vilaine reçoit l'*Ille*.

La Sèvre Niortaise reçoit la *Vendée*.

La Garonne descend avec rapidité des Pyrénées, et prend le nom de *Gironde* (en formant un large estuaire), après avoir reçu son principal affluent de droite, la *Dordogne*, au *Bec d'Ambez*. Les autres affluents de la Garonne sont : à droite, l'*Ariège*, le *Tarn* (grossi de l'*Aveyron*) et le *Lot* ; à gauche, le *Gers* et la *Baïse*.

La Dordogne a sa source dans les montagnes d'Auvergne, et se grossit, à droite, de la *Vézère* (unie à la *Corrèze*) et de l'*Ile*.

L'Adour reçoit, à droite, la *Midouze*, et, à gauche, le *Gave de Pau* et la *Nive*.

Le versant de la Méditerranée est sillonné par le *Tech*, la *Tet*, l'*Agly*, l'*Aude*, l'*Hérault*, le *Vidourle*, le *Rhône*, l'*Argens*, le *Var* et la *Roia*, qui vont directement à la mer.

Le Rhône se rend dans la Méditerranée par quatre branches, qui entourent le fertile delta de la *Camargue*. — Il a pour affluents : à droite, l'*Ain*, la *Saône*, grossie du *Doubs*, l'*Ardèche*, et le *Gard* ou *Gardon*, célèbre par son pont-aqueduc romain ; — à gauche, l'*Arve*, l'*Isère*, la *Drôme*, la *Durance*.

De tous les fleuves de la France, le plus considérable est la *Loire*, longue de 1130 kil. Le Rhône a 800 kil. ; la Seine, 780 ; la Garonne avec la Gironde, 650.

Le plus grand lac est le lac *Léman* ou de *Genève*, formé par le Rhône, ensuite ceux d'*Annecy* et du *Bourget*, qui s'écoulent dans le Rhône. Le lac de *Nantua* s'écoule dans l'Ain.

Les lacs de *Gérardmer*, de *Longemer* et de *Retournemer*, au pied des Vosges.

Le lac de *Grand-Lieu*, vers l'embouchure de la Loire. On en a entrepris le desséchement.

La France possède un grand nombre de canaux.

Au nord : le canal de *Saint-Quentin*, continué par le canal *Crozat*, unit l'Escaut à la Somme et à l'Oise ; le canal latéral à l'Oise, suite du canal Crozat ; le canal de la *Somme*, qui se rattache au canal Crozat ; le canal des *Ardennes* joignant l'Aisne à la Meuse. Le canal de la *Sambre* à l'*Oise* et le canal de l'*Aisne* à la *Marne*.

Le canal de l'*Ourcq*, continué par le bassin de *la Villette* et le canal *Saint-Martin*, amène à Paris les eaux de l'Ourcq. Le canal de *Saint-Denis* se rattache au canal de l'Ourcq, et, avec le bassin de la Villette et le canal Saint-Martin, il unit la Seine à elle-même, en faisant éviter le passage des bateaux à travers Paris.

La Seine et la Loire sont réunies par le canal du *Loing*, et par ceux d'*Orléans* et de *Briare*.

A l'est : le canal de *Bourgogne* s'étend de l'Yonne à la Saône ; le canal du *Rhône* au *Rhin* en est en quelque sorte une continuation et rejoint le Rhin, après avoir longé le Doubs et l'Ill.

Le canal de la *Marne* au *Rhin*, le canal de l'*Est*, qui doit unir l'Escaut à la Meuse, à la Marne et à la Saône.

Au centre : le canal *latéral de la Loire* longe la rive gauche du fleuve de ce nom, depuis le canal de Briare jusqu'à celui du Centre. Le canal de *Roanne* en est la continuation méridionale. Le canal du *Berri*, du Cher à la Loire.

Le canal du *Centre* unit la Loire à la Saône.

Le canal du *Nivernais* joint la Loire à l'Yonne.

Le canal de *Nantes* à *Brest* est le plus remarquable de l'ouest de la France ; il unit la Loire à la rade de Brest.

Le canal d'*Ille-et-Rance* joint la Manche au golfe de Gascogne.

Le canal du *Languedoc* ou du *Midi*, le plus beau de la

France, de la Garonne à l'étang de Thau, s'appelle encore canal des *Deux-Mers*, parce qu'il unit l'Atlantique à la Méditerranée. Il est continué par le canal des *Étangs*, puis par le canal de *Beaucaire*, qui aboutit au Rhône. — Au canal du Midi se rattachent le canal de la *Roubine de Narbonne*, qui se termine vers la Nouvelle; et la *Grande-Roubine d'Aigues-Mortes* à la mer. — Le canal *latéral à la Garonne*, de Toulouse à Castets.

Le canal de *Givors* à Lyon, destiné au transport des charbons.

Le canal d'*Arles* à *Bouc* sur la Méditerranée, remplace la navigation défectueuse du Rhône. — Le canal de *Saint-Louis* du Grand-Rhône au golfe de Foz, fait éviter aux navires les atterrissements dangereux de l'embouchure du fleuve. — Le canal de *Craponne*, destiné à l'irrigation, va de la Durance au Rhône. — Le canal de *Marseille* amène dans cette ville les eaux de la Durance.

Le canal de *la Rochelle* à la Sèvre Niortaise.

Le canal de la *Charente* à la *Seudre* a pour embranchement le canal de *Brouage*.

Vers les extrémités septentrionales de la France, un grand nombre de canaux (tels que ceux de *Saint-Omer* à *Dunkerque*, de *Dunkerque* à *Furnes* (en Belgique), de la *Colme*, de la *Sensée*, d'*Aire* à *La Bassée*), dessèchent les marais et mettent en communication tous les cours d'eau et toutes les villes du nord de la Flandre et de l'Artois.

GÉOGRAPHIE POLITIQUE

Avant la révolution de 1789, la France était divisée géographiquement en 36 *provinces principales*; la véritable division politique ne consistait cependant qu'en 31 *gouvernements généraux militaires*.

En 1860, deux provinces, la *Savoie* et le territoire de *Nice*, qui appartenaient aux États Sardes, ont été annexées à la France.

Sur le VERSANT DE LA MER DU NORD, on trouvait quatre

Canal de Saint-Louis.

provinces : l'*Alsace*, cap. Strasbourg; — la *Lorraine*, formant, avec le *Barrois*, le gouvernement de *Lorraine-et-Barrois*, cap. Nancy; — la *Flandre*, cap. Lille; — et l'*Artois*, cap. Arras.

Sur le VERSANT DE LA MANCHE, il y en avait également quatre : la *Picardie*, cap. Amiens, et formant, avec l'Artois, le gouvernement général de *Picardie-et-Artois*, dont Amiens était la capitale; — la *Champagne*, cap. Troyes, et qui était désignée dans la division politique sous le nom de gouvernement de *Champagne-et-Brie*; — l'*Ile-de-France*, cap. Paris; — la *Normandie*, cap. Rouen. Ces trois dernières provinces appartiennent au bassin de la Seine.

Une grande province, à l'extrémité occid. de la France, s'étendait à la fois sur le VERSANT DE LA MER DE FRANCE, sur celui de la MANCHE et sur celui de l'OCÉAN ATLANTIQUE PROPREMENT DIT : c'est la *Bretagne*, cap. Rennes.

Il se trouvait dix-huit provinces sur le VERSANT DU GOLFE DE GASCOGNE.

Dans ce nombre, onze dans le bassin de la Loire :

D'abord, sur les rives de ce fleuve : le *Bourbonnais*, cap. Moulins; — le *Nivernais*, cap. Nevers; — le *Berri*, cap. Bourges; — l'*Orléanais*, cap. Orléans; — la *Touraine*, cap. Tours; — l'*Anjou*, cap. Angers.

Ensuite, à quelque distance de la Loire : à droite, le *Maine*, cap. le Mans; — et, à gauche, l'*Auvergne*, cap. Clermont; — la *Marche*, cap. Guéret; — le *Limousin*, cap. Limoges; — le *Poitou*, cap. Poitiers.

Trois sont dans le bassin de la Charente : l'*Angoumois*, cap. Angoulême; — la *Saintonge*, cap. Saintes (cap. de tout le gouvernement de *Saintonge-et-Angoumois*); — l'*Aunis*, cap. la Rochelle.

Il y en avait quatre dans les bassins de la Garonne et de l'Adour : la *Guienne*, cap. Bordeaux (qui était la capitale de tout le gouvernement de *Guienne-et-Gascogne*); — la *Gascogne*, cap. Auch; — le *Béarn*, qui, uni à la Basse-Navarre, formait le gouvernement de *Béarn-et-Navarre*, cap. Pau; — le *Comté de Foix*, cap. Foix.

Deux anciennes provinces, traversées par la chaîne des

Cévennes, sont partagées presque également entre les VERSANTS DU GOLFE DE GASCOGNE : l'une est le *Languedoc*, cap. Toulouse ; — l'autre est le *Lyonnais*, cap. Lyon.

Une ancienne province appartient à la fois aux VERSANTS DE LA MANCHE ET DU GOLFE DE GASCOGNE : c'est la *Bourgogne*, qui était unie à la *Bresse* pour former le gouvernement de *Bourgogne-et-Bresse*, cap. Dijon.

Enfin, huit anciennes provinces versent entièrement leurs eaux dans la Méditerranée : la *Franche-Comté*, cap. Besançon ; — la *Savoie*, cap. Chambéry ; — le *Dauphiné*, cap. Grenoble ; — l'*État d'Avignon* (qui était une province dépendante des papes), cap. Avignon ; — la *Provence*, cap. Aix ; — le *comté de Nice* (dont une partie seulement, mais la plus considérable, a été annexée à la France), cap. Nice ; — le *Roussillon*, cap. Perpignan. — La dernière province, l'*île de Corse*, avait pour capitale Bastia.

Aujourd'hui la France est divisée en 86 départements (89 si l'on y ajoute les 3 départements de l'Algérie).

L'ALSACE a formé deux départements, qui nous ont été enlevés par le traité de 1871 : le *Bas-Rhin*, chef-lieu Strasbourg ; — le *Haut-Rhin*, chef-lieu Colmar.

La LORRAINE a formé longtemps quatre départements : la *Meuse*, chef-lieu Bar-le-Duc ; — la *Moselle*, chef-lieu Metz ; — la *Meurthe*, chef-lieu Nancy ; les *Vosges*, chef-lieu Épinal. Mais les derniers événements ont réduit à trois nos départements lorrains : celui de *Meurthe-et-Moselle*, chef-lieu Nancy ; et ceux des *Vosges* et de la *Meuse*.

La FLANDRE a formé le département du *Nord*, chef-lieu Lille.

L'ARTOIS a formé[1] le département du *Pas-de-Calais*, chef-lieu Arras.

LA PICARDIE a formé le département de la *Somme*, chef-lieu Amiens.

---

1. Il faut remarquer que les départements correspondent seulement *à peu près* aux provinces que nous indiquons comme les ayant formés. L'Artois, par exemple, diffère assez sensiblement du département du Pas-de-Calais, formé aussi d'une partie de la Picardie.

La Champagne a formé quatre départements : les *Ardennes*, chef-lieu Mézières ; — la *Marne*, chef-lieu Châlons-sur-Marne ; — l'*Aube*, chef-lieu Troyes ; — la *Haute-Marne*, chef-lieu Chaumont.

L'Ile-de-France a formé cinq départements : la *Seine*, chef-lieu Paris ; — *Seine-et-Oise*, chef-lieu Versailles ; — l'*Oise*, chef-lieu Beauvais ; — *Seine-et-Marne*, chef-lieu Melun ; — l'*Aisne*, chef-lieu Laon.

La Normandie a formé cinq départements : la *Seine-Inférieure*, chef-lieu Rouen ; — l'*Eure*, chef-lieu Évreux ; — le *Calvados*, chef-lieu Caen ; — la *Manche*, chef-lieu Saint-Lô ; — l'*Orne*, chef-lieu Alençon.

La Bretagne a formé cinq départements : *Ille-et-Vilaine*, chef-lieu Rennes ; — les *Côtes-du-Nord*, chef-lieu Saint-Brieuc ; — le *Finistère*, chef-lieu Quimper ; — le *Morbihan*, chef-lieu Vannes ; — la *Loire-Inférieure*, chef-lieu Nantes.

Le Bourbonnais a formé le département de l'*Allier*, chef-lieu Moulins.

Le Nivernais a formé le département de la *Nièvre*, chef-lieu Nevers.

Le Berri a formé deux départements : le *Cher*, chef-lieu Bourges ; — et l'*Indre*, chef-lieu Châteauroux.

L'Orléanais a formé trois départements : le *Loiret*, chef-lieu Orléans ; — *Eure-et-Loir*, chef-lieu Chartres ; — et *Loir-et-Cher*, chef-lieu Blois.

La Touraine a formé le département d'*Indre-et-Loire*, chef-lieu Tours.

L'Anjou a formé le département de *Maine-et-Loire*, chef-lieu Angers.

Le Maine a formé deux départements : la *Sarthe*, chef-lieu le Mans ; — et la *Mayenne*, chef-lieu Laval.

L'Auvergne a formé deux départements : le *Puy-de-Dôme*, chef-lieu Clermont ; — le *Cantal*, chef-lieu Aurillac.

La Marche a formé le département de la *Creuse*, chef-lieu Guéret.

Le Limousin a formé deux départements : la *Corrèze*, chef-lieu Tulle ; — la *Haute-Vienne*, chef-lieu Limoges.

Le Poitou a formé trois départements : la *Vendée*, chef-lieu La *Roche-sur-Yon* (Napoléon-Vendée); — les *Deux-Sèvres*, chef-lieu Niort; — la *Vienne*, chef-lieu Poitiers.

L'Angoumois a formé le département de la *Charente*, chef-lieu Angoulême.

L'Aunis et la Saintonge ont formé le département de la *Charente-Inférieure*, chef-lieu la Rochelle.

La Guienne a formé six départements : la *Dordogne*, chef-lieu Périgueux; — le *Lot*, chef-lieu Cahors; — l'*Aveyron*, chef-lieu Rodez; — *Tarn-et-Garonne*, chef-lieu Montauban; — *Lot-et-Garonne*, chef-lieu Agen; — la *Gironde*, chef-lieu Bordeaux.

La Gascogne a formé trois départements : les *Landes*, chef-lieu Mont-de-Marsan; — le *Gers*, chef-lieu Auch; — les *Hautes-Pyrénées*, chef-lieu Pau.

Le Béarn a formé le département des *Basses-Pyrénées*, chef-lieu Pau.

Le Comté de Foix a formé le département de l'*Ariège*, chef-lieu Foix.

Le Languedoc a formé huit départements. Trois sont baignés par la mer : l'*Aude*, chef-lieu Carcassonne; — l'*Hérault*, chef-lieu Montpellier; — le *Gard*, chef-lieu Nîmes; — et cinq sont à l'intérieur : la *Haute-Garonne*, chef-lieu Toulouse; — le *Tarn*, chef-lieu Albi; — la *Lozère*, chef-lieu Mende; — la *Haute-Loire*, chef-lieu le Puy; — l'*Ardèche*, chef-lieu Privas.

Le Lyonnais a formé deux départements : le *Rhône*, chef-lieu Lyon; — la *Loire*, chef-lieu Saint-Étienne.

La Bourgogne a formé quatre départements : l'*Yonne*, chef-lieu Auxerre; — la *Côte-d'Or*, chef-lieu Dijon; — *Saône-et-Loire*, chef-lieu Mâcon; — l'*Ain*, chef-lieu Bourg.

La Franche-Comté a formé trois départements : le *Doubs*, chef-lieu Besançon; — la *Haute-Saône*, chef-lieu Vesoul; — le *Jura*, chef-lieu Lons-le-Saunier.

La Savoie a formé deux départements : celui de la *Savoie*, chef-lieu Chambéry; — la *Haute-Savoie*, chef-lieu Annecy.

Le Dauphiné a formé trois départements : l'*Isère*, chef-lieu Grenoble ; — la *Drôme*, chef-lieu Valence ; — les *Hautes-Alpes*, chef-lieu Gap.

L'État d'Avignon a formé le département de *Vaucluse*, chef-lieu Avignon.

La Provence a formé trois départements : les *Bouches-du-Rhône*, chef-lieu Marseille ; — les *Basses-Alpes*, chef-lieu Digne ; — le *Var*, chef-lieu Draguignan.

La plus grande partie du Comté de Nice, avec l'arrondissement de Grasse, distrait du département du Var et qui se trouvait en Provence, ont formé le département des *Alpes-Maritimes*, chef-lieu Nice.

Le Roussillon a formé le département des *Pyrénées-Orientales*, chef-lieux Perpignan.

La Corse a formé le département de même nom, chef-lieu Ajaccio.

Chaque département est partagé en *arrondissements* ; l'un de ces arrondissements a pour chef-lieu la *préfecture*, c'est-à-dire le chef-lieu du département ; les autres ont pour chef-lieu des *sous-préfectures*.

1° Bassins du Rhin et de la Moselle

Il n'est resté à la France qu'une petite partie du département du Haut-Rhin, le **Territoire de Belfort** (68 600 h.), comprenant *Belfort* (19 000 h.), place très forte, qui commande une *trouée* célèbre entre les Vosges et le Jura, vers le col de Valdoye, et qui s'est courageusement défendue contre les Allemands en 1870-1871. — On y voit aussi *Delle, Beaucourt*, fameuse par son horlogerie et sa quincaillerie.

Département des Vosges (407 000 hab.). — Chef-lieu : *Épinal*, sur la Moselle. 16 000 h.

Sous-préf. : *Saint-Dié*, sur la Meurthe. 29 000 hab. — *Remiremont*, sur la Moselle. — *Mirecourt*, fabriques d'instruments de musique et dentelles. — *Neufchâteau*.

Autres lieux : *Domremy*, patrie de Jeanne Darc. —

Rambervillers, papeteries. — *Gérardmer*, fromages renommés ; jolis lacs. — *Plombières*, *Contrexéville* et *Bussang*, eaux minérales.

Une petite partie de ce département, au N. E., a été cédée à l'Allemangne.

Département de Meurthe-et-Moselle. (73 000 h.). — Chef-lieu : *Nancy*, très-belle ville ; broderies et tapisseries renommées.

Sous-préf : *Lunéville*, 16 000 h., fabriques de faïence. — *Toul*. — *Briey*.

Autres-lieux : *Baccarat*, manufacture de cristaux. — *Cirey*, manufacture de glaces. — *Pont-à-Mousson*, *Longwy*.

2° Bassin de la Meuse

Département de la Meuse (290 000 hab.). — Chef-lieu : *Bar-le-Duc*, sur l'Ornain. 17 000 hab.

Sous-préf. : *Montmédy*, place forte, sur la Chiers. — *Verdun*, sur la Meuse. 16 000 hab. — *Commercy*, sur la Meuse.

Autres lieux : *Varennes en Argonne*. Arrestation de Louis XVI en 1791. — *Saint-Mihiel*, sur la Meuse. — *Vaucouleurs*, près de la Meuse. Souvenir de Jeanne Darc.

Département des Ardennes (334 000 hab.). — Chef-lieu : *Mézières*, petite ville, place forte, sur la Meuse.

Sous-préf. : *Sedan*, anc. place forte, sur la Meuse. 20 000 hab., beaux draps. — *Rocroi*, place forte. — *Rethel*, sur l'Aisne. Grande filature de laine. — *Vouziers*, sur l'Aisne.

Autres lieux : *Givet*, place forte, sur la Meuse. Colle forte et cire à cacheter. — *Fumay*, sur la Meuse. Carrières d'ardoises. — *Charleville*, sur la Meuse, très près de Mézières. 16 000 h.

3° Bassin de l'Escaut

Département du Nord (1 603 000 hab.). Chef-lieu : *Lille*, en flamand *Rysse*, place très forte, sur la Deule. Dentelles, velours et toiles ; belle citadelle élevée par Vauban. 178 000 habitants (en y comprenant les communes, récemment annexées, des Moulins-Lille, d'Esquermes, etc.).

Sous-préf. : *Dunkerque*, place forte et port de mer. 37 000 hab. — *Hazebrouck*, ville commerçante. — *Douai*, place forte. Toiles, fonderie de canons ; arsenal, école d'artillerie. 29 000 hab. — *Cambrai*, anc. place forte, sur l'Escaut. Toiles. 23 000 hab. — *Valenciennes*, place forte, sur l'Escaut. Dentelles, toiles fines ; clouterie, mines de charbon de terre. 28 000 hab. — *Avesnes* (prononcez *Avênes*), anc. place forte.

Autres lieux : *Gravelines*, place forte et port de mer, vers l'embouchure de l'Aa. — *Bailleul*, dentelles. 13 000 h. — *Bergues*, place forte. — *Cassel*, sur une montagne. — *Roubaix* (92 000 hab.) et *Tourcoing* (52 000 hab.). Fabriques de toutes sortes de tissus. — *Armentières* (25 000 hab.), ville industrielle, sur la Lys. — *Saint-Amand les Eaux*. Sources minérales ; bonneterie, porcelaine. — *Condé*, place forte, sur l'Escaut. — *Bouchain, le Quesnoy* (prononcez *Quénoy*), *Landrecies*, places fortes. — *Maubeuge*, autre place forte. 17 000 hab. — *Denain*. Victoire de Villars en 1712 ; mines de houille. — *Anzin*, importantes houillères. — *Bouvines*. Victoire de Philippe-Auguste en 1214. — *Le Cateau-Cambrésis*, ville manufacturière. Traité de 1559. — *Malplaquet*, etc.

Département du Pas-de-Calais (819 000 hab.). — Chef-lieu : *Arras*, citadelle. Batistes. 27 000 hab.

Sous-préf. : *Saint-Omer*, place forte, sur l'Aa. Draps. 22 000 hab. — *Béthune*, place forte. — *Boulogne-sur-mer*, port très fréquenté. 45 000 h. — *Montreuil-sur-mer*, placée à quelque distance de la mer, sur la Canche. — *Saint-Pol*.

Autres lieux : *Calais*, port de mer et place forte. 14 000 h.

— *Saint-Pierre-lez-Calais*, ville industrielle. 33 000 hab.
— *Aire*, place forte, sur la Lys. — *Ardres*. — *Azincourt*.
— *Lens*. Mines de houille. — *Hesdin* (prononcez *Hédin*), anc. place forte. Bonneterie de fil.

4° Bassin de la Somme

Département de la Somme (551 000 hab.). — Chef-lieu : *Amiens*, sur la Somme. Citatelle. Fabrique de velours, tapis et casimirs. 74 000 hab. Traité de 1802, entre la France et l'Angleterre.

Sous-préf. : *Abbeville*, sur la Somme. Draps, moquettes, toiles. 19 000 hab. — *Péronne*, place très forte, sur la Somme. — *Doullens*, place forte, sur l'Authie. — *Montdidier*. Patrie de Parmentier.

Autres lieux : *Saint-Valery-sur-Somme*, port de mer, à l'embouchure et sur la rive droite de la Somme. — *Ham*, château fort. — *Roye*. Commerce de grains. — *Albert*, autrefois *Ancre*. Souterrains curieux. — *Crécy*. Victoire des Anglais en 1346.

5° Bassin de la Seine

Départements traversés par la Seine.

Département de l'Aube (255 000 hab.). — Chef-lieu : *Troyes*, sur la Seine. Toiles, bonneterie et draps. 46 000 hab. Belle cathédrale.

Sous-préf. : *Nogent-sur-Seine*. — *Bar-sur-Seine*. — *Arcis-sur-Aube* et *Bar-sur-Aube*.

Autres lieux : *Brienne-le-Château*. Ancienne école militaire où Napoléon Ier a été élevé. — *Clairvaux*. — *Méry*, où commence la navigation de la Seine.

Département de Seine-et-Marne (349 000 hab.). — Chef-lieu : *Melun*, sur la Seine. 12 000 h.

Sous-préfectures : *Meaux*, sur la Marne. 13 000 h. — *Coulom-*

miers, sur le Grand-Morin, ville industrielle. — *Provins*. Commerce de grains et de roses. — *Fontainebleau*, près de la Seine. Château et magnifique forêt. 12 000 hab. Dans le voisinage, *Thomery*, raisins renommés.

Autres lieux : *La Ferté-sous-Jouarre*, sur la Marne. Carrières de pierres meulières très estimées. — *Lagny* et *Brie-Comte-Robert*. Commerce de grains. — *Nemours*, sur le canal du Loing. — *Château-Landon*. Carrières de pierres de construction. — *Montereau*, au confluent de la Seine et de l'Yonne. Manufacture de faïence fine.

Département de la Seine (2 799 000 hab.). — Chef-lieu : Paris (anc. *Lutetia*, puis *Parisi*), capitale de la France, sur les deux rives de la Seine et sur deux îles de ce fleuve : l'île de la Cité et l'île Saint-Louis. Le canal Saint-Martin traverse l'E., et la Bièvre le S. E. — Paris a environ 2 millions d'habitants (2 269 000 h., recensement de 1881).

Enceinte marquée par les fortifications, qui ont 33 kilomètres d'étendue, et devant lesquelles s'élèvent une vingtaine de forts détachés. Cette capitale, la première de l'Europe par la culture des lettres, des sciences et des arts, par le nombre et la variété des monuments publics, la seconde par la population (Londres la surpasse sous ce rapport), a été cruellement frappée en 1870 et 1871 par deux graves événements : d'abord le siège et le bombardement qu'en ont faits les Prussiens ; ensuite l'insurrection de la Commune, accompagnée de l'incendie de plusieurs de ses plus beaux monuments. — *Principaux lieux de promenade :* les boulevards, larges et belles rues qui parcourent de grands espaces de la ville ; les Champs-Élysées, les jardins des Tuileries, du Luxembourg et des Plantes, les parcs de Monceaux et des Buttes-Chaumont, nombreux *squares*. — *Belles rues* (autres que les boulevards) : rues de l'Opéra, du 4 Septembre, de la Paix, de Castiglione, de Rivoli, etc. — *Places :* Vendôme, de la Concorde, du Carrousel ; Champ de Mars. — *Palais :* les Tuileries (incendiées), le Louvre, le Palais-Royal, l'Élysée, le Luxembourg (palais du Sénat), le palais Bourbon (Ch. des députés), le palais de Justice, le palais de l'Industrie, le

Paris. — Vue prise de l'église Saint-Gervais.

Trocadéro. — *Principales églises:* Notre-Dame, Sainte-Geneviève (Panthéon), Saint-Eustache, la Madeleine, Saint-Sulpice Saint-Roch, Saint-Germain l'Auxerrois, Sainte-Clotilde, la Trinité. — *Hospices et hôpitaux:* l'hôpital Saint-Louis, l'hôpital Lariboisière, l'Hôtel-Dieu, l'hospice des Quinze-Vingts, la Salpêtrière, l'hôpital militaire du Val-de-Grâce, etc. — *Établissements consacrés à la science et à l'instruction:* l'Observatoire, l'Institut, la Sorbonne (siège des facultés de théologie, des lettres et des sciences), le Collège de France, l'École de médecine, l'École de droit, l'École des mines, l'École polytechnique, l'École normale, les Archives (avec l'École des chartes), l'École de pharmacie, l'École des Beaux-Arts, l'École centrale des arts et manufactures, l'École des ponts et chaussées; le Muséum d'histoire naturelle; la Bibliothèque nationale, les bibliothèques Sainte-Geneviève, de l'Arsenal, Mazarine, etc.; le Conservatoire de musique, celui des Arts et Métiers; les musées du Louvre, du Luxembourg, etc. — *Édifices divers:* l'Hôtel de Ville, la Bourse, l'hôtel des Invalides; l'École militaire, l'hôtel de la Monnaie, la colonne de Juillet, la colonne Vendôme, renversée en 1871 et rétablie en 1874; l'Arc de triomphe de l'Étoile, les portes Saint-Denis et Saint-Martin, la tour Saint-Jacques, l'Opéra.

Les anciens villages, bourgs ou villes de la banlieue qui se trouvaient entre le mur d'octroi et les fortifications, et qui sont compris dans Paris depuis 1860, sont: à droite de la Seine, *Bercy*, une partie de *Saint-Mandé, Charonne, Ménilmontant, Belleville, la Villette, la Chapelle, Montmartre, les Batignolles-Monceaux, les Ternes, Passy, Auteuil*; — à gauche, une partie d'*Ivry* et de *Gentilly, le Petit-Montrouge, Vaugirard, Grenelle*.

Anc. sous-préfectures dont les arrondissements ont aujourd'hui à Paris le siège de leur administration: *Saint-Denis*, sur le canal de même nom, près de la Seine. Fortifications; belle église de l'anc. abbaye, avec les tombeaux des rois; grandes usines à fer et à cuivre, construction de machines. 43 000 h. — *Sceaux*.

Autres lieux: *Vincennes*. Beau bois, château fort, asile

pour les ouvriers convalescents. 21 000 hab. — *Saint-Mandé*, près du bois de Vincennes. — *Montreuil-sous-Bois* (19 000 hab.). Pêches renommées et autres bons fruits en espaliers. — *Neuilly-sur-Seine*. Ancien château. 25 000 habitants. — *Levallois-Perret*, lieu très populeux 30 000 habitants. — *Clichy-la-Garenne*. Fabriques de produits chimiques ; verrerie et cristallerie. 24 000 hab. — *Asnières*, dans une agréable situation, sur la Seine. — *Nanterre*, dans une presqu'île formée par ce fleuve. — *Surênes*, au pied du mont Valérien, citadelle fameuse. — *Boulogne sur-Seine*. 26 000 hab. — *Gentilly*. Hospice de Bicêtre. — *Arcueil*. Aqueduc célèbre. — *Fontenay-aux-Roses*. Commerce de roses et de fraises. — *Bourg-la-Reine*. — *Choisy-le-Roi*. Maroquin, faïence, etc. — *Ivry-sur-Seine*. 18 000 habitants. — *Charenton*, au confluent de la Marne et de la Seine. Maison d'aliénés. — *Alfort*. École vétérinaire. — *Nogent-sur-Marne*, dans une agréable situation. — *Saint-Maur*, sur un canal de même nom, qui abrège la navigation de la Marne. — *Pantin*. 18 000 habitants. — *Aubervilliers*. 19 000 habitants.

Département de Seine-et-Oise (578 000 hab.). — Chef-lieu, *Versailles*, belle ville. Célèbre château fondé par Louis XIV, avec musée historique ; siège du gouvernement de la France depuis 1871 jusqu'en 1879. 48 000 hab.

Sous-préfectures : *Pontoise*, sur l'Oise. Commerce de blé. — *Mantes*, sur la Seine. — *Rambouillet*. Château et forêt. — *Étampes*. Commerce de grains et de farines. — *Corbeil*, sur la Seine, au confluent de l'Essonne. Même commerce.

Autres lieux : *Sèvres*, sur la Seine. Porcelaine. — *Meudon*. — *Saint-Cloud*, sur la Seine. — *Marly*, sur la Seine. Machine pour conduire les eaux à Versailles. — *Saint-Germain en Laye*, près de la Seine. Château, avec musée archéologique ; belle forêt. 16 000 habitants. — *Poissy*, sur la Seine. Grand marché de bestiaux. — *Meulan*, sur la Seine ; autrefois fortifiée. — *Montmorency*. Forêt, belle situation. — *Enghien*. Eaux minérales et joli lac. — *Saint-Cyr*, dans le voisinage de Versailles. École militaire. — *Essonnes*, sur la rivière de même nom. Papeterie, moulins renommés.

Département de l'Eure (364 000 hab.). — Chef-lieu: *Évreux*, sur l'Iton, affluent de l'Eure. 16 000 habitants.

Sous-préf.: *Louviers*, sur l'Eure. Beaux draps. 11 000 hab. — *Pont-Audemer*, sur la Rille, avec un port. Tanneries renommées. — *Bernay*. Grand commerce de chevaux; toiles et rubans de fil. — *Les Andelys*, sur la Seine. Fabriques de draps.

Autres lieux: *Gisors*. Tanneries. — *Ivry-sur-Eure*. — *Quillebeuf*, sur la Seine, dont le passage est dangereux en cet endroit. — *Cocherel*. — *Rugles*. Epingles et clouterie.

Département de la Seine-Inférieure (814 000 h.). — Chef-lieu: *Rouen* (anc. *Rotomagus*), dans une belle situation, en amphithéâtre, sur la Seine. Port très fréquenté. Grande industrie; teintureries; toiles de coton renommées (*rouenneries*); faïence, etc. 106 000 hab.

Sous-préf.: *Le Havre*, port de mer et place forte, à l'embouchure de la Seine: c'est le port de Paris et la place de commerce la plus importante que la France ait sur la Manche. Beaux bassins pour les navires. 106 000 hab., en y comprenant *Ingouville*. — *Dieppe*, port de mer, à l'embouchure de l'Arques. Dentelles et jolis ouvrages d'ivoire. 22 000 hab. — *Yvetot*. — *Neufchâtel en Bray*. Fromages renommés.

Autres lieux principaux: *Eu*, port formé par la Brêle canalisée. — *Le Tréport*, port de mer, à l'embouchure de la Brêle. — *Saint-Valery en Caux* et *Fécamp*, ports de mer. — *Harfleur*, sur la Seine. — *Lillebonne*. — *Bolbec*. Toiles de coton. 12 000 hab. — *Caudebec*, sur la Seine. — *Darnetal*, très près de Rouen. Industrie très importante pour les lainages et les cotons. — *Elbeuf*, sur la Seine. 23 000 hab. — *Gournay*. Beurre renommé. — *Forges-les-Eaux*. Eaux minérales, poterie. — *Aumale*. Ancienne capitale d'un comté célèbre.

Départements des bassins de la Marne et de l'Oise,
affluents de droite de la Seine.

Département de la Haute-Marne (255 000 hab.). — Chef-lieu : *Chaumont*, jolie ville, sur la Marne. Ganterie estimée. 12 000 hab.

Sous-préf. : *Langres* (anc. *Lingones*), place de guerre. Coutellerie renommée. 12 000 hab. — *Vassy*.

Autres lieux : *Saint-Dizier*, sur la Marne, qui y devient navigable (13 000 hab.). — *Joinville*, sur la Marne. — *Bourbonne-les-Bains*. Eaux minérales. — *Nogent-le-Roi*. Coutellerie renommée.

Département de la Marne (422 000 hab.). — Chef-lieu : *Châlons-sur-Marne* 23 000 hab. — Près de là, célèbre camp de manœuvres pour les troupes.

Sous-préf. : *Reims*, sur la Vêle. Étamines et casimirs; vins de Champagne. 94 000 hab. — *Épernay*, sur la Marne. Commerce de vins. 16 000 hab. — *Vitry-le-François*[1], place fortifiée, sur la Marne; brûlée par Louis VII en 1154, et rebâtie par François Ier. — *Sainte-Menehould*, sur l'Aisne.

Autres lieux : *Aï*, près de la Marne. Vins renommés. — *Montmirail*. Carrières de pierres meulières. Victoire en 1814. — *Valmy*. Victoire en 1792.

Département de l'Aisne[2] (557 000 hab.). — Chef-lieu : *Laon*, ville fortifiée, sur une montagne. Commerce de grains. 13 000 hab.

Sous-préf. : *Saint-Quentin*, sur la Somme et sur le canal de Saint-Quentin. Basins, gazes, mousselines et batistes.

---

1. Cette ville a été ainsi nommée en l'honneur de François Ier. C'est donc à tort qu'on l'appelle ordinairement *Vitry-le-Français*.

2. Prononcez *Aîne*. On a établi l'usage très convenable de supprimer l's, et de la remplacer par un accent circonflexe dans les mots *île*, *Rhône*, *Bâle*, etc. Il serait rationnel de faire une réforme semblable pour le mot *Aisne* et d'écrire *Aîne* ; mais l'usage n'a pas encore admis cette orthographe.

46 000 hab. — *Vervins.* — *Soissons,* sur l'Aisne. Commerce de blé et de légumes estimés. 11 000 hab. — *Château-Thierry,* sur la Marne. Patrie de La Fontaine.

Autres lieux: *Guise.* Place forte et ancienne capitale, sur l'Oise. — *La Fère,* autre place forte, sur la même rivière; école d'artillerie et arsenal militaire. — *Chauny,* ville industrielle, aussi sur l'Oise. Produits chimiques et glaces. — *Saint-Gobain.* Manufacture de glaces. — *La Ferté-Milon.* Patrie de Racine. — *Villers-Cotterets.* Forêt célèbre. — *Coucy.* Forêt.

Département de l'Oise (405 000 hab.). — Chef-lieu: *Beauvais,* sur le Thérain, affluent de l'Oise. Tapisseries, draps et tabletterie. 18 000 hab.

Sous-préf.: *Clermont.* — *Compiègne,* vers le confluent de l'Oise et de l'Aisne. 14 000 hab. Château, avec le musée Khmer (Cambodgien); forêt. — *Senlis,* sur la Nonette. Commerce de grains et de laine.

Autres lieux: *Chantilly.* Dentelles, blondes; porcelaine. Belle forêt. — *Ermenonville* et *Morfontaine.* Châteaux et parcs agréables. — *Noyon,* sur l'Oise. — *Creil,* sur l'Oise. Faïence. — *Méru.* Tabletterie. — *Liancourt.* Grande industrie pour les tissus et les chaussures. — *Crépy-en-Valois,* ancienne capitale du *Valois.* — *Pierrefonds.* Eaux minérales; curieux château féodal, avec musée historique.

Départements des bassins de l'Yonne et de l'Eure,
affluents de gauche de la Seine.

Département de l'Yonne (357 000 hab.). — Chef-lieu: *Auxerre,* sur l'Yonne. Commerce de vins. 17 000 hab.

Sous-préf.: *Sens,* ville très ancienne, sur l'Yonne. 14 000 hab. — *Joigny,* sur l'Yonne. Vins renommés. — *Tonnerre,* sur l'Armançon. Excellents vins; belles carrières de pierres de construction. — *Avallon.*

Autres lieux: *Villeneuve-sur-Yonne.* — *Chablis.* Vins blancs renommés. — *Arcy.* Grottes célèbres. — *Vézelay.*

Département d'Eure-et-Loir (280 000 hab.). — Chef-lieu : *Chartres*, sur l'Eure. Commerce de grains et de chevaux. 21 000 habitants.

Sous-préf. : *Dreux*. — *Nogent-le-Rotrou*, sur l'Huîne. — *Châteaudun*, sur le Loir.

Autres lieux : *Maintenon*. Beau château. — *Anet*. Château élevé sous Henri II.

6° BASSINS DE L'ORNE, DE LA TOUQUES, DE LA DIVES, DE LA VIRE, DE LA SÉE, DE LA SÉLUNE, DE LA RANCE, DU GOUET ET DU TRIEUX.

Département de l'Orne (376 000 hab.). — Chef-lieu : *Alençon*, sur la Sarthe. Dentelles renommées, toiles, pierres fausses. 17 000 hab.

Sous-préf. : *Argentan*, sur l'Orne. Dentelles. — *Domfront*. — *Mortagne*. Toiles.

Autres lieux : *Laigle*. Fabriques d'épingles et d'aiguilles. — *Sées*. — *Tinchebrai*. — *Flers*. 12 000 h. — *Vimoutiers, la Ferté-Macé*, villes industrielles. — *Bagnoles*. Eaux minérales.

Département du Calvados (439 830 hab.). — Chef-lieu : *Caen*, ville industrielle, commerçante et savante, sur l'Orne, qu'un canal longe, en formant un port propre aux bâtiments de 200 tonneaux. 41 000 hab.

Sous-préf. : *Pont-l'Évêque*, sur la Touques, au milieu de la vallée d'Auge, la plus riche de France en herbages. — *Lisieux*, sur la même rivière. Lainages et toiles, 16 000 h. — *Falaise*. Teintureries, bonneterie ; foires du faubourg de Guibrai. — *Vire*, sur la rivière du même nom. Draps. — *Bayeux :* Belle cathédrale. 8 000 hab.

Autres lieux : *Honfleur*, port sur la Seine, presque en face du Havre. — *Isigny*, à l'embouchure de la Vire. Beurre et commerce de cidre. — *Trouville*, petit port, à l'embouchure de la Touques. — *Condé-sur-Noireau*. Toiles.

Département de la Manche (526 000 hab.). — Chef-lieu : *Saint-Lô*, sur la Vire. 10 000 hab,

Sous-préf. : *Cherbourg*, la ville la plus importante du département, port militaire, port de commerce, vaste rade qui peut contenir 400 vaisseaux. 36 000 hab. — *Valognes*. — *Coutances*, ville très ancienne. — *Avranches*. Bougies, toiles, salines. — *Mortain*. Toiles, poteries de grès.

Autres lieux : *Granville*, port de mer. 11 000 hab. — *Mont-Saint-Michel*, montagne, village et château fort, tour à tour environnés par la mer et par une plaine de sable, selon que la marée est haute ou basse. — *Carentan*, petit port fortifié. — *Saint-Vaast de la Hougue*, port fortifié et assez commerçant, sur la belle rade de *la Hougue* ou *la Hogue*. — *Villedieu-les-Poêles*. Grande fabrication de poêlerie et de chaudronnerie.

Département des Côtes-du-Nord (628 000 hab.). — Chef-lieu : *Saint-Brieuc*, près de l'anse de même nom, sur le Gouet, à l'embouchure duquel est le Légué, qui sert de port à cette ville. 18 000 habitants.

Sous-préf. : *Dinan*, commerçante et industrielle, sur la Rance et à l'extrémité du canal d'Ille-et-Rance, avec un petit port. — *Guingamp*. Commerce de fil. — *Lannion*, sur le Guer, avec un petit port. — *Loudéac*. Toiles.

Autres lieux : *Lamballe*. — *Tréguier*, très commerçante, avec un vaste et beau port, sur une rivière de même nom.

7° BASSINS DE L'ELORN, DE L'AULNE, DE L'ODET,
DE L'ELLÉ, DU BLAVET ET DE LA VILAINE

Département du Finisterre[1] (682 000 hab.). — Chef-lieu : *Quimper-Corentin*, sur l'Odet, avec un port, à peu de distance de la mer. 15 000 hab.

---

1. On écrit souvent, à tort, Finistère, puisque ce mot signifie *fin de la terre* (*finis terræ*) ; il indique la situation de ce département à l'extrémité occidentale de la France.

Sous-préf.: *Brest*, importante place forte et port militaire, le plus beau et le plus sûr de l'Europe. Bel arsenal de marine, chantiers de construction; rade immense, qui s'étend au S. de la ville. 69 000 hab. — *Morlaix*, vers la Manche, avec un port sur la rivière de même nom. 15 000 h. — *Châteaulin*, port sur l'Aulne, à l'extrémité du canal de Nantes à Brest. — *Quimperlé*, port sur l'Ellé.

Autres lieux: *Saint-Pol de Léon*, près de la Manche. — *Roscoff*, port assez fréquenté, près de Saint-Pol. — *Landerneau*, port à l'embouchure de l'Elorn dans la rade de Brest. — *Le Conquet*, *Concarneau*, autres ports. — *Le Huelgoat* et *Poullaouen*. Importantes mines de plomb.

Département du Morbihan (522 000 hab.). — Chef-lieu: *Vannes* (anc. *Veneti*), port de mer, sur le golfe du Morbihan. Commerce de blé et de sardines. 19 000 hab.

Sous-préf.: *Lorient*, place forte et port militaire célèbre, au confluent du Scorff et du Blavet, à 4 kilom. de la mer. 38 000 hab. — *Pontivy* (appelée sous les deux empires *Napoléonville*), sur le Blavet et sur le canal de Nantes à Brest. — *Ploermel*.

Autres lieux: *Port-Louis*, port de mer, à l'embouchure du Blavet. — *Auray*, sur une rivière de même nom, qui y forme un petit port. — *Sarzeau*, près du golfe du Morbihan, sur la presqu'île de Ruis. Salines. — *Carnac*. Curieux monuments druidiques.

Département d'Ille-et-Vilaine (615 000 h.). — Chef-lieu: *Rennes*, au confluent de l'Ille et de la Vilaine. Blanchisseries de cire; commerce de toiles et de beurre. 61 000 hab.

Sous-préf.: *Saint-Malo*, port de mer et place très forte, sur l'île d'Aaron, à l'embouchure de la Rance. Armements considérables pour la grande pêche (morue, etc.). 11 000 h. — *Fougères*. — *Vitré*, sur la Vilaine. — *Montfort-sur-Meu* ou *Montfort-la-Canne*. Commerce de lin et de toiles. — *Redon*, sur la Vilaine et sur le canal de Nantes à Brest, avec un port.

Autres lieux: *Saint-Servan*, très près de Saint-Malo,

avec un port de commerce et un port militaire, sur la Rance. 13000 hab. — *Cancale*, sur la rade de même nom. Huîtres renommées. — *Dol*, autrefois place très forte.

8° Bassin de la Loire

Départements traversés par la Loire.

Département de la Haute-Loire (316 000 hab.). — Chef-lieu : *Le Puy*, au pied du mont Corneille, près de la Loire. Dentelles et blondes. 19 000 hab.

Sous-préfectures : *Issingeaux*. Dentelles et blondes. — *Brioude*, sur l'Allier.

Département de la Loire (600 000 hab.). — Chef-lieu : *Saint-Étienne*, sur le Furens. Manufactures d'armes, quincaillerie, coutellerie, rubans et lacets, et riches mines de charbon de terre. 124 000 hab.

Sous-préf. : *Montbrison*, longtemps chef-lieu du département. — *Roanne*, sur la Loire. Commerce actif. 25 000 habitants.

Autres lieux : *Rive-de-Gier*, sur le canal de Givors et sur le Gier. Mines de charbon de terre ; fabriques d'acier. 17 000 hab. — *Saint-Chamond*. Rubans, lacets et clouterie ; mines de charbon de terre. 14 000 hab. — *Saint-Galmier* et *Saint-Alban*. Eaux minérales.

Département de la Nièvre (348 000 hab.). — Chef-lieu : *Nevers*, sur la Loire, près du confluent de la Nièvre. Forges considérables et fonderies importantes ; fer, quincaillerie, bois, belles faïences et vins. 24 000 hab.

Sous-préf. : *Clamecy*, sur l'Yonne et sur le canal du Nivernais. Bois et charbon de bois. — *Château-Chinon*, près de l'Yonne, au milieu des montagnes du Morvan. Même commerce. — *Cosne* (pron. *Cône*), sur la Loire. Coutellerie, ancres et quincaillerie.

L'Etna.

Autres lieux : *Pouilly-sur-Loire*. Vins blancs renommés. — *La Charité*, sur la Loire. — *Donzy*. Forges importantes. — *Decize*, dans une île de la Loire, à la jonction du canal du Nivernais. Houille, pierres meulières, forges. — *Guérigny*, avec les forges de la Chaussade, où l'on fabrique des ancres et autres articles pour la marine. — *Pougues*, et *Saint-Honoré*. Établissements thermaux. — *Imphy* et *Fourchambault*. Forges et hauts fourneaux.

Département du Loiret (369 000 hab.). — Chef-lieu : *Orléans* (*Aurelianum*, et, plus anciennement, *Genabum*), sur la Loire. Raffineries de sucre ; commerce de vins, de vinaigre et de bois. 57 000 hab.

Sous-préf. : *Montargis*, sur le Loing, vers la jonction des canaux du Loing, de Briare et d'Orléans. — *Pithiviers*. — *Gien*, sur la Loire. Porcelaine.

Autres lieux : *Briare*, à la jonction du canal de même nom et de la Loire. — *Sully-sur-Loire*. — *Olivet*, dans une agréable situation, sur le Loiret, près de la source remarquable de cette rivière. — *Beaugency*, sur la Loire. Commerce de vins. — *Patay*. Victoire de Jeanne Darc sur les Anglais en 1429. — *Coulmiers*. Victoire en 1870.

Département de Loir-et-Cher (276 000 hab.). — Chef-lieu : *Blois*, sur la Loire. Beau pont ; ancien château. 21 000 hab.

Sous-préf. : *Vendôme*, sur le Loir. Commerce de blé et de ganterie. — *Romorantin*, ancienne capitale de la Sologne.

Autres lieux : *Saint-Aignan*, sur le Cher. — *Chambord*. Beau château, élevé sous François Ier.

Département d'Indre-et-Loire (329 000 hab.). — Chef-lieu : *Tours* (anc. *Tourones*), sur la Loire, vers le confluent d'un bras du Cher. Commerce de soieries, de fruits, de librairie, etc. 52 000 hab. Siège de la délégation du gouvernement de la France en 1870. Emplacement du château du *Plessis-lez-Tours*, qui fut habité par Louis XI.

Sous-préf.: *Chinon*, sur la Vienne. Ruines du château qui fut la résidence de Charles VII. — *Loches*, sur l'Indre. Ancien château royal.

Autres lieux: *Amboise*, sur la Loire. Château agréablement placé. — *La Haye-Descartes*, sur la Creuse. — *Richelieu*. Château. — *Mettray*, près de Tours. Colonie agricole pour les jeunes condamnés. — *Abilly*. Grande fabrication de machines agicoles.

Département de Maine-et-Loire (523 000 hab.). — Chef-lieu: *Angers*, sur la Maine. Commerce de vins, de bestiaux et d'ardoises. Vieux château fort. 68 000 hab.

Sous-préf.: *Saumur*, sur la Loire. Château fort, école de cavalerie. 14 000 hab. — *Baugé*. — *Segré*. Commerce de toiles. — *Cholet*. Fabrique de toile et de mouchoirs; commerce de bœufs. 16 000 hab.

Autres lieux: *Beaupréau*. Foires célèbres et grand commerce de bestiaux. — *Chalonne*, sur la Loire. Fabriques de mouchoirs et mines de houille. — *Les Ponts-de-Cé*, sur la Loire.

Département de la Loire-Inférieure (626 000 hab.). — Chef-lieu: *Nantes* (anc. *Namnetes*), sur la Loire, au confluent de l'Erdre et de la Sèvre Nantaise. Belle ville et port très commerçant. 124 000 hab.

Sous-préf.: *Paimbœuf*, port sur la Loire, près de l'embouchure de ce fleuve. — *Saint-Nazaire*, à l'embouchure de la Loire (rive droite), avec un beau port, qui prend une rapide importance. 20 000 hab. — *Châteaubriant*. Ancien et célèbre château. — *Ancenis*, petit port assez animé sur la Loire (rive droite).

Autres lieux: *Savenay*. Marais salants. — *Guérande*, près de la mer. Traité de 1365. — *Indre*, sur la Loire, à peu de distance et au-dessous de Nantes, avec l'île d'*Indret*, qui a une célèbre usine de la marine de l'État. — *Le Croisic* et *Pornic*, petits ports de mer.

Départements du bassin de la Mayenne, affluent de droite de la Loire.

Département de la Sarthe (439 000 hab.). — Chef-lieu : *Le Mans*, sur la Sarthe. Bougies, toiles, volailles renommées. 55 000 hab.

Sous-préf. : *Mamers*. Bestiaux et toiles. — *Saint-Calais*. — *La Flèche*, sur le Loir. Prytanée militaire.

Autres lieux : *Sablé*, sur la Sarthe. Mines de houille. Traité en 1488. — *Château-du-Loir*.

Département de la Mayenne (345 000 hab.). — Chef-lieu : *Laval*, sur la Mayenne. Commerce de fil et de toiles. 30 000 hab.

Sous-préf. : *Mayenne*, sur la rivière du même nom. Toile. 11 000 hab. — *Château-Gontier*, sur la Mayenne.

Autres lieux : *Ernée*. Grande fabrication de chaussures. — *Craon*.

Départements sur la rive gauche de la Loire.

Département de l'Allier (417 000 hab.). — Chef-lieu : *Moulins*, sur l'Allier. 21 000 hab.

Sous-préf. : *Montluçon*, sur le Cher et sur le canal du Berri. Manufacture de glaces. 26 000 hab. — *Gannat*. Commerce de blé. — *La Palisse*.

Autres lieux : *Bourbon-l'Archambault*. Eaux minérales. A donné son nom aux Bourbons et au Bourbonnais. — *Vichy*, sur l'Allier. Eaux minérales très renommées. — *Saint-Pourçain*. Vins estimés. — *Néris*. Eaux minérales. — *Commentry*. Exploitation importante de houille.

Département du Cher (351 000 hab.). — Chef-lieu : *Bourges*, très ancienne ville, au centre de la France. Belle cathédrale ; hôtel de Jacques Cœur. Draps et toiles peintes; forges et hauts fourneaux; commerce de laine. Antiquités; école d'artillerie 40 000 hab.

Sous-préf.: *Sancerre*, sur une montagne, près de la Loire. Bons vins. — *Saint-Amand-Montrond*, jolie ville, près du Cher et du canal du Berri; fer et porcelaine.

Autre lieu: *Vierzon*, sur le Cher et sur le canal du Berri. Forges, hauts fourneaux, porcelaine.

Départements situés à quelque distance et à gauche de la Loire, dans les bassins de l'Allier, du Cher, de l'Indre et de la Vienne.

Département du Puy-de-Dôme (566 000 hab.). — Chef-lieu: *Clermont-Ferrand*. Étoffes de laine. Pâtes alimentaires, etc. Fontaine pétrifiante de Saint-Allyre. 43 000 hab.

Sous-préf.: *Riom*, ville industrielle et commerçante. 11 000 hab. — *Thiers*. Coutellerie, papeteries, tanneries. 15 000 hab. — *Ambert*. Papier, toiles et dentelles; commerce de mercerie. — *Issoire*, près de l'Allier.

Autres lieux: *Billom*, ancienne capitale du fertile pays de la Limagne. — *Aigueperse*. — *Volvic*. Carrières de basalte. — *Royat*, village avec des grottes curieuses et des eaux minérales. — *Les Bains du Mont-Dore*, village célèbre par ses eaux minérales. — *Pontgibaud*. Mine de plomb.

Département de la Creuse (279 000 hab.). — Chef-lieu: *Guéret*, petite ville de 7 000 hab., sur une montagne, entre la Creuse et la Gartempe. Commerce de bestiaux.

Sous-préf.: *Aubusson*, sur la Creuse. Tapis et tapisseries. — *Boussac*, sur un rocher escarpé. — *Bourganeuf*.

Autres lieux: *Felletin*, sur la Creuse. Manufactures de tapis. — *Évaux*. Eaux minérales. — *Ahun*. Mines de houille; antiquités romaines et celtiques.

Département de l'Indre (288 000 hab.). — Chef-lieu: *Châteauroux*, sur l'Indre. Draps et machines. 24 000 hab.

Sous-préf.: *Issoudun*. Draps, commerce de fer. 15 000 hab.

— *Le Blanc*, sur la Creuse. Forges dans le voisinage. — *La Châtre*, sur l'Indre.

Autres lieux: *Valençay*. Beau château. — *Buzançais*, ville industrielle (laine et forges), sur l'Indre. — *Argenton*, sur la Creuse.

Département de la Haute-Vienne (349 000 hab.). — Chef-lieu : *Limoges* (anc. *Lemovices*), sur la Vienne. Porcelaine, toiles, étoffes de laine. 64 000 hab.

Sous-préf. : *Bellac*. — *Rochechouart*, sur la pente d'une montagne escarpée. — *Saint-Yrieix*. Carrière de kaolin, fabriques de porcelaine.

Autres lieux : *Saint-Léonard*, sur la Vienne. Porcelaine, cuirs et basanes. — *Saint-Junien*, sur la Vienne. Ganterie.

Département de la Vienne (340 000 hab.). — Chef-lieu : *Poitiers* (anc. *Pictavi*), sur le Clain, affluent de la Vienne. Fabriques de draps, commerce de grains et de laine. 36 000 hab.

Sous-préf. : *Châtellerault*, sur la Vienne. Manufacture d'armes blanches, coutellerie renommée. 18 000 hab. — *Loudun*. — *Montmorillon*, sur la Gartempe. — *Civray*, sur la Charente.

Autres lieux: *Vouillé*, près de Poitiers. — *Voulon*, dans le S. du département. — *Moncontour*. — *Lusignan*.

9° BASSINS DU LAY, DE LA SÈVRE NIORTAISE, DE LA CHARENTE ET DE LA SEUDRE

Département de la Vendée (422 000 hab.). — Chef-lieu : *La Roche-sur-Yon* (*Napoléon-Vendée* sous les deux empires, *Bourbon-Vendée* sous les Bourbons), jolie ville. 11 000 hab.

Sous-préf. : *Fontenay-le-Comte*, sur la Vendée. — *Les Sables-d'Olonne*, port de mer. Commerce de grains.

Autres lieux: *Luçon*, port au moyen d'un canal qui communique avec la mer.

FRANCE.

Département des Deux-Sèvres (350 000 hab.). — Chef-lieu : *Niort*, sur la Sèvre Niortaise. Fabrique de serges et de droguets et de gants. 22 000 hab.

Sous-préf. : *Bressuire*. — *Parthenay*. Tanneries et corroieries. — *Melle*. Commerce de mulets.

Autres lieux : *Thouars*. Château magnifique. — *Saint-Maixent*. Commerce de mulets.

Département de la Charente (371 000 hab.). — Chef-lieu : *Angoulême*, sur la Charente. Beau papier, lainage et faïence. 33 000 hab.

Sous-préf. : *Confolens*, sur la Vienne. — *Ruffec*, près de la Charente. Commerce de grains et de truffes. — *Cognac*, sur la Charente. Eaux-de-vie renommées. — *Barbezieux*. Commerce de toiles et de truffes.

Autres lieux : *Jarnac*, sur la Charente. — *La Rochefoucauld*. — *Ruelle*. Importante fonderie de canons pour la marine.

Département de la Charente-Inférieure (466 000 hab.). — Chef-lieu : *La Rochelle*, place forte et port de mer. Raffinerie de sucre ; manufactures de faïence ; commerce d'esprits et d'eaux-de-vie. 22 000 hab.

Sous-préf. : *Rochefort*, jolie ville, place forte et port militaire de 1re classe, sur la Charente, près de son embouchure. Grand arsenal et bel hôpital de la marine ; chantiers de construction ; fonderie de canons. 28 000 hab. — *Saintes*, sur la Charente. Antiquités romaines ; commerce d'eaux-de-vie renommées. 16 000 hab. — *Saint-Jean d'Angély*. Commerce d'eaux-de-vie. — *Marennes*, port de mer, vers l'embouchure de la Seudre. Huîtres renommées. — *Jonzac*. Commerce d'eaux-de-vie.

Autres lieux : *Marans*, port sur la Sèvre Niortaise, près de son embouchure. Commerce de sel et de blé. — *Taillebourg*, sur la Charente. Victoire de saint Louis sur les Anglais en 1242. — *Tonnay-Charente*, port sur la Charente.

GÉOGRAPHIE. — E. S. II.

7

10° Bassin de la Garonne

Départements traversés par la Garonne.

Département de la Haute-Garonne (478 000 hab.). — Chef-lieu : *Toulouse* (anc. *Tolosa*), sur la Garonne, vers la jonction du canal du Midi et du canal latéral à la Garonne. Capitole (hôtel de ville). Faux et limes excellentes, instruments aratoires ; fonderie de canons. 140 000 hab.

Sous-préf. : *Villefranche de Lauraguais*, vers le canal du Midi. — *Muret*, sur la Garonne. — *Saint-Gaudens*, sur la Garonne. Manufacture de porcelaine.

Autres lieux : *Bagnères de Luchon*. Eaux minérales. — *Revel*, ville industrielle, dans une belle plaine. — *Saint-Bertrand de Comminges*. Exploitation de marbres et de cuivre. — *Saint-Béat*. Carrières de très beaux marbres.

Département de Tarn-et-Garonne (217 000 hab.). — Chef-lieu : *Montauban*, sur le Tarn. Industrie du coton, de la laine et de la soie. 28 000 hab.

Sous-préf. : *Moissac*, sur le Tarn. 9000 hab. — *Castel-Sarrasin*, près de la Garonne.

Autre lieu : *Saint-Antonin*, sur l'Aveyron. Commerce de cuirs.

Département de Lot-et-Garonne (312 000 hab.). — Chef-lieu : *Agen*, sur la Garonne. Commerce de minoterie, c'est-à-dire de farine ; prunes renommées. 20 000 hab.

Sous-préf. : *Villeneuve-sur-Lot*. 15 000 hab. — *Nérac*, sur la Baïse. Château. — *Marmande*, sur la Garonne.

Autre lieu : *Tonneins*, sur la Garonne, manufacture de tabac.

Département de la Gironde (749 000 hab.). — Chef-lieu : *Bordeaux* (anc. *Burdigala*), sur la Garonne ; la quatrième ville de France par sa population, qui est de 224 000 hab.

Beauport. Siège de la délégation du Gouvernement en 1870 et 1871, ensuite de l'Assemblée nationale et du Gouvernement nommé par elle, en 1871.

Sous-préf.: *Libourne*, sur la Dordogne, port commerçant. 16 000 hab. — *Blaye*, petit port, sur la rive droite de la Gironde. Citadelle importante. — *Lesparre*, dans le pays de Médoc, resserré entre la Gironde et l'Océan, et riche en vins excellents. — *La Réole*, sur la Garonne. — *Bazas*. Bœufs renommés.

Autres lieux: *Saint-Emilion*, près de la Dordogne. Excellents vins. — *Coutras*. — *Castillon*. — *Arcachon* et *la Teste*, sur le bassin d'Arcachon, vers les Landes et à côté de grandes forêts de pins. — *Pauillac*, port sur la Gironde, dans le Médoc. Commerce de vins. — *Sauternes*. Vins blancs renommés.

Départements traversés par la Dordogne.

Département du Cantal (236 000 hab.). — Chef-lieu: *Aurillac*. Dentelles, chaudronnerie, bestiaux. 14 000 hab.

Sous-préf.: *Saint-Flour*, sur un rocher de basalte. — *Murat*, au pied du Cantal. — *Mauriac*, près de la Dordogne.

Autres lieux: *Chaudesaigues*. Eaux thermales célèbres. — *Salers*. Bestiaux renommés.

Département de la Corrèze (317 000 hab.). — Chef-lieu: *Tulle*, dans une gorge étroite, sur la Corrèze. Manufacture d'armes; commerce de fer et de cuivre. 16 000 habitants.

Sous-préf.: *Brive*, sur la Corrèze, dans une petite plaine riante. 14 000 hab. — *Ussel*.

Autres lieux: *Bort*, sur la Dordogne. Colonnes de basalte, nommées *Orgues de Bort*. — *Turenne*. — *Arnac-Pompadour*. Château et haras célèbres.

Département de la Dordogne (495 000 hab.). — Chef-lieu : *Périgueux*, sur l'Isle. 26 000 hab. Centre du commerce des truffes.

Sous-préf. : *Nontron*. Coutellerie. — *Ribérac*, jolie petite ville. — *Bergerac*, sur la Dordogne ; autrefois ville très forte. Vins renommés. 15 000 hab. — *Sarlat*. Près de là sont les grottes fameuses de *Miremont* et des *Eyzies*.

Autres lieux : *Brantôme*. — *Salignac*, près de Sarlat. — *Saint-Michel*, à l'O. de Bergerac. Château de *Montaigne*.

Départements des bassins de l'Ariège, du Tarn et du Lot, affluents de droite de la Garonne.

Département de l'Ariège (241 000 hab.). — Chef-lieu : *Foix*, sur l'Ariège. Commerce d'acier et de limes. 7000 habitants.

Sous-préf. : *Pamiers*, sur l'Ariège, plus considérable que le chef-lieu. Faux et limes. — *Saint-Girons*. Forges ; grand commerce avec l'Espagne.

Autres lieux : *Mirepoix*. — *Massat*. Mines de fer et forges. — *Tarascon-sur-Ariège*. Grotte de Bédaillat. — *Ax*, sur l'Ariège. Eaux minérales. — *Vic-Dessos*. Mines de fer de Rancié et forges. — *Bélesta*. Forges ; fontaine intermittente de Fontestorbes.

Département du Tarn (359 000 hab.). — Chef-lieu : *Albi* (anc. *Albiga*), sur le Tarn. Belle cathédrale. 20 000 h.

Sous-préf. : *Castres*. Draps. 27 000 hab. — *Lavaur*. Manufactures de soieries. — *Gaillac*, sur le Tarn. Vins estimés.

Autres lieux : *Rabastens*, sur le Tarn. — *Sorèze*. École célèbre ; dans le voisinage, magnifique bassin de Saint-Féréol, qui fournit de l'eau au canal du Midi. — *Mazamet*. Draps. 14 000 hab. — *Carmaux*. Mines de houille.

Département de la Lozère (143 000 hab.). — Chef-lieu : *Mende*, sur le Lot. Fabriques de serges. 7000 hab.

Sous-préf. : *Marvejols*. — *Florac*, près du Tarn.

Autres lieux : *Villefort*. Mines de plomb argentifère et de cuivre. — *Châteauneuf-de-Randon*. — *Bagnols-les-Bains*. Eaux minérales renommées.

Département de l'Aveyron (415 000 hab.). — Chef-lieu : *Rodez*, sur l'Aveyron. Belle cathédrale. Fabriques de draps. 15 000 hab.

Sous-préf. : *Villefranche*, sur l'Aveyron. Industrie active. 10 000 hab. — *Espalion*, sur le Lot. — *Milhau* ou *Millau*, sur le Tarn, ville industrielle. Mégisseries, commerce de peaux. 17 000 hab. — *Saint-Affrique*. Draps et fromages.

Autres lieux : *Aubin* et *Decazeville*. Houille et forges. — *Roquefort*. Fromages renommés. — *Cransac*. Mines de houille et eaux minérales.

Département du Lot (280 000 hab.). — Chef-lieu : *Cahors*, sur le Lot. Commerce de vins. 16 000 hab.

Sous-préf. : *Gourdon*. Commerce de vins. Dans le voisinage, château de *la Mothe-Fénelon*. — *Figeac*, sur le Lot.

Département du bassin du Gers, affluent de gauche de la Garonne.

Département du Gers (282 000 hab.). — Chef-lieu : *Auch* sur le Gers. Ville ancienne. Belle cathédrale. 14 000 hab.

Sous-préf. : *Condom*, sur la Baïse. — *Lectoure*, sur le Gers. Antiquités curieuses. — *Lombez*, ancien siège des États de Comminges. — *Mirande*, sur la Baïse. Commerce de blé, de vins et d'eaux-de-vie.

Autre lieu : *Eauze*, l'ancienne *Elusa*.

11° Bassin de l'Adour

Département des Hautes-Pyrénées (236 000 h.). — Chef-lieu : *Tarbes* sur l'Adour. 23 000 hab.

Sous-préf. : *Bagnères de Bigorre*, sur l'Adour. Sources minérales très fréquentées. — *Argelès*, dans une vallée magnifique.

Autres lieux : *Campan*, dans une très belle vallée de même nom. Carrières de beau marbre. — *Sarrancolin*. Autres carrières de marbre. — *Barèges*, *Saint-Sauveur* et *Cauterets*. Eaux minérales renommées. — *Lourdes*, petite place forte, sur le Gave de Pau.

Département des Basses-Pyrénées (434 000 hab.). — Chef-lieu : *Pau*, sur le gave de même nom. Château où est né Henri IV. 30 000 hab.

Sous-préf. : *Bayonne*, sur l'Adour, près de son embouchure et au confluent de la Nive ; port très commerçant et place forte. 26 000 hab. Jambons et chocolats renommés. — *Saint-Esprit*, sur la rive droite de l'Adour, aujourd'hui faubourg de Bayonne, et auparavant ville à part, dans le département des Landes, a une population presque tout entière israélite. — *Orthez*, ville industrielle et commerçante. — *Oloron-Sainte-Marie*, sur le gave d'Oloron. — *Mauléon*, sur le gave de Mauléon.

Autres lieux : *Salies*. Commerce de sel et de jambons. — *Eaux-Chaudes* et *Eaux-Bonnes*. Célèbres établissements thermaux. — *Saint-Jean-de-Luz*, port de mer et place forte. — *Saint-Jean-Pied-de-Port*, place forte. — *Hendaye*. Eaux-de-vie renommées. — *Jurançon*. Vins fameux.

Département des Landes (301 000 hab.). — Chef-lieu : *Mont-de-Marsan*, sur la Midouze. Commerce de vins, d'eaux-de-vie, de liège et de résine. 11 000 hab.

Sous-préf. : *Dax*, sur l'Adour. Eaux thermales. 10 000 h. — *Saint-Sever*, sur l'Adour.

Autres lieux : *Pouy-Saint-Vincent-de-Paul*, village près de Dax. — *Labrit*, autrefois *Albret*. — *Aire*, ville très ancienne, sur l'Adour.

12° Bassins du Tech, de la Tet, de l'Agly, de l'Aude et de l'Hérault

Département des Pyrénées-Orientales (209 000 hab.). — Chef-lieu : *Perpignan*, sur la Tet, à peu de distance de la Méditerranée, place très forte. Commerce de vins. 32 000 habitants.

Sous-préf. : *Prades*, sur la Tet. — *Céret*, sur le Tech.

Autres lieux : *Rivesaltes*, sur l'Agly. Excellents vins. — *Collioure* et *Port-Vendres*, ports de mer et places fortes. — *Bellegarde, Prats-de-Mollo, Mont-Louis*, places fortes. — *Vernet-les-Bains, Amélie-les-Bains*, eaux thermales renommées. — *Banyuls-sur-mer*. Vins de grenache.

Département de l'Aude (328 000 hab.). — Chef-lieu : *Carcassonne*, sur l'Aude près du canal du Midi. Draps. 28 000 hab.

Sous-préf. : *Castelnaudary*, sur le canal du Midi. 10 000 h. — *Narbonne* (anc. *Narbo Martius*), ville très ancienne, près de la Méditerranée, à laquelle elle communique par le canal de la Roubine de Narbonne, et où elle a le port fortifié de *la Nouvelle*. Belle cathédrale. Miel renommé. 28 000 hab. — *Limoux*, sur l'Aude. Vins estimés et draps.

Département de l'Hérault (442 000 hab.). — Chef-lieu : *Montpellier*, sur le Lez, où elle possède le port Juvénal, à peu de distance de la Méditerranée et de l'emplacement de l'ancienne Maguelonne ; école de médecine et beau jardin botanique. Etoffes de laine, siamoises ; vert-de-gris ; commerce de vins et d'eaux-de-vie. 56 000 hab.

Sous-préf. : *Béziers* sur l'Orb et sur le canal du Midi. 42 000 hab. — *Lodève*. Fabriques de draps. 10 000 hab. — *Saint-Pons de Thomières*. Draps.

Autres lieux : *Cette*, place forte et port de mer, sur une langue de terre qui sépare l'étang de Thau de la Méditerranée. Grand commerce de vins, d'eaux-de-vie et de liqueurs.

36 000 hab. — *Pézenas*, dans une très agréable position. Commerce de vins et d'eaux-de-vie. — *Agde*, place forte et port très commerçant, sur l'Hérault, près de son embouchure. — *Frontignan* et *Lunel*. Vins renommés. — *Ganges*, sur l'Hérault. Soieries. — *Clermont-l'Hérault*. Draps. — *Bédarieux*. Draps. 7000 hab. — *Graissessac*. Houillères.

13° Bassin du Rhône

Départements de la rive droite du Rhône.

Département de l'Ain (363 000 hab.). — Chef-lieu : *Bourg en Bresse*, ou simplement *Bourg*. 18 000 hab. Commerce de volailles et de bestiaux.

Sous-préf. : *Trévoux*, sur la Saône. — *Nantua*, sur un joli lac. — *Belley*. Pierres lithographiques. — *Gex*, autrefois à la Suisse. Fromages renommés.

Autres lieux : *Ferney*, célèbre par le séjour de Voltaire. — *Pont-de-Vaux*, près de la Saône. — *Seyssel*, sur le Rhône. Mines d'asphalte. — *Oyonnax*. Tabletterie.

Département du Rhône (741 000 hab.). — Chef-lieu : *Lyon* (anc. *Lugdunum*), la seconde ville de France, au confluent du Rhône et de la Saône ; palais Saint-Pierre, qui renferme un riche musée de beaux-arts et d'antiquités. Nombreuses fabriques de belles soieries. Les anciens faubourgs de *la Guillotière* (*les Brotteaux*), de la *Croix-Rousse* et de *Vaize* sont devenus des parties de Lyon. 377 000 hab.

Une seule sous-préf. : *Villefranche-sur-Saône*. Commerce de bestiaux, de chevaux et de toiles. 13 000 hab.

Autres lieux : *Tarare*. Mousselines. 13 000 h. — *Beaujeu*. Commerce des vins renommés du Beaujolais. — *Givors*, sur le Rhône, à l'endroit où aboutit un canal auquel elle donne son nom. Commerce de houille. 11 000 hab. — *Condrieu*. Vignobles fameux. — *Ampuis*. Vins de Côte-Rôtie. — *Chessy* et *Sain-Bel*. Mines de cuivre.

Département de l'Ardèche (377 000 hab.). — Chef-lieu : *Privas*. Commerce de cuirs. 8000 hab.

Sous-préf. : *Tournon*, sur le Rhône. — *Largentière*.

Autres lieux : *Annonay*, la plus importante ville du département. Papeteries, mégisseries, filatures de soie ; invention des aérostats par les frères Montgolfier. 17 000 hab. — *Aubenas*, sur l'Ardèche. Commerce de soie et de marrons. — *Viviers*, sur le Rhône. — *Saint-Péray*. Vins renommés. — *Vals*. Eaux minérales.

Département du Gard (416 000 hab.). — Chef-lieu : *Nîmes* (anc. *Nemausus*), près du Gard. Antiquités romaines, soieries. 64 000 hab.

Sous-préf. : *Alais*. Fabriques de rubans de soie ; forges ; charbon de terre. 22 000 hab. — *Uzès*. — *Le Vigan*. Eaux minérales, pierres lithographiques.

Autres lieux : *Le Pont-Saint-Esprit*, sur le Rhône. — *Beaucaire*, sur le Rhône. Foires célèbres. 10 000 hab. — *Saint-Gilles*. Commerce de vins. — *Aigues-Mortes*, à 4 kilom. de la Méditerranée, avec laquelle elle communique par le canal de la Grande-Roubine, et à la jonction des canaux des Étangs et de Beaucaire. — *Saint-Hippolyte*. — *La Grand'-Combe* (12 000 hab.), *la Lavade* et *Bessèges*. Charbon de terre. 11 000 hab.

Départements de la rive gauche du Rhône.

Département de la Haute-Savoie (274 000 hab.). — Chef-lieu : *Annecy*, sur le lac de même nom. 11 000 hab.

Sous-préf. : *Thonon*, sur le lac de Genève. — *Bonneville*, sur l'Arve. — *Saint-Julien*, au S. O. de Genève.

Autres lieux : *Évian*, *Saint-Gervais*, connus par leurs eaux minérales. — *Chamonix*, au pied du mont Blanc, dans une vallée fameuse par ses vastes glaciers et ses beautés sauvages.

Département de la Savoie (266 000 hab.). — Chef-lieu : *Chambéry*. 20 000 hab.

Sous-préf.: *Albertville*. Mines d'argent et de plomb. — *Moutiers de Tarantaise*, sur l'Isère. — *Saint-Jean de Maurienne*, sur l'Arc.

Autres lieux: *Montmélian*, sur l'Isère, ancienne place forte. — *Aix-les-Bains*, célèbre par ses eaux minérales, près du lac du Bourget. — *Modane*.

Département de l'Isère (580 000 hab.). — Chef-lieu: *Grenoble*, sur l'Isère, place forte. Ganterie renommée. 51 000 hab.

Sous-préf.: *Vienne* (anc. *Vienna*), ville très ancienne, sur le Rhône. Fabriques de draps; mines de plomb argentifère. 26 000 h. — *La Tour-du-Pin*. — *Saint-Marcellin*, près de l'Isère. Vins estimés.

Autres lieux: *Bourgoin*. Manufactures d'indiennes. — *Sassenage*. Fromages renommés. — *La Grande-Chartreuse*, monastère célèbre. — *Uriage*. Eaux thermales très fréquentées. — *Allevard*. Eaux thermales aussi, et mines de cuivre aurifère, de plomb et de fer. — *Voiron*, ville industrielle (12 000 habitants).

Département de la Drôme (314 000 hab.). — Chef-lieu: *Valence*, sur le Rhône. Soieries. 25 000 hab.

Sous-préf.: *Montélimar*, près du Rhône. 13 000 hab. — *Die*, sur la Drôme. Commerce de soie. — *Nyons*.

Autres lieux: *Romans*, ville très commerçante, sur l'Isère. 14 000 hab. — *Tain*, sur le Rhône. Célèbre vignoble de *l'Ermitage*, dans le voisinage. — *Crest*, sur la Drôme. Commerce de soie. — *Dieulefit*. Eaux minérales. — *Grignan*. Souvenir de Mme de Sévigné.

Département de Vaucluse (244 000 hab.). — Chef-lieu: *Avignon* (anc. *Avenio*), sur le Rhône. Commerce de vins, d'huiles, de parfums, de soieries, de garance. 38 000 hab.

Sous-préf.: *Carpentras*. 10 000 hab. — *Orange*. 10 000 hab. — *Apt*. Manufacture de faïence.

Autres lieux: *Cavaillon*, sur la Durance. Commerce de melons, de fruits secs et confits. — *L'Ile*, ville industrielle, sur la Sorgues. — *Vaucluse,* village près de la fontaine de même nom.

Département des Bouches-du-Rhône (589 000 hab.). — Chef-lieu : *Marseille* (anc. *Massilia* ou *Massalia*), sur une baie du golfe du Lion ; la troisième ville de France par sa population, qui est de 360 000 hab., et notre premier port de commerce. Fabriques de savon renommé. Outre le port principal, on distingue le port de la Joliette et cinq autres. A peu de distance, sont les îles fortifiées de Ratonneau, de Pomègue et du Château-d'If.

Sous-préf. : *Aix* (*Aquæ Sextiæ*), ancienne capitale de la Provence. Huile d'olive très estimée ; eaux minérales. 29 000 hab. — *Arles* (anc. *Arelate*), sur le Rhône, vers l'endroit où il se divise en deux bras pour former l'île de la Camargue. Antiquités romaines et du moyen âge (amphithéâtre, etc.) ; port communiquant avec la mer par le canal d'Arles à Bouc. 23 000 hab.

Autres lieux : *Tarascon,* sur le Rhône, en face de Beaucaire. 10 000 hab. — *Salon.* — *Saint-Remi.* Soie. — *Les Martigues,* vers l'étang de Berre, avec un port qui se trouve à *Bouc.* — *La Ciotat,* port de mer. Vins muscats ; chantiers de construction.

Départements du bassin de la Saône, affluent de droite du Rhône.

Département du Jura (285 000 hab.). — Chef-lieu : *Lons-le-Saunier.* Salines de Montmorot. 12 000 hab.

Sous-préf. : *Dôle,* sur le Doubs. 13 000 hab. — *Poligny.* — *Saint-Claude.* Ouvrages de bois, de corne, d'écaille, d'os et d'ivoire.

Autres lieux : *Salins.* Importantes salines. — *Arbois* et *Château-Chalon.* Vins renommés. — *Morez.* Horlogerie.

Département du Doubs (311 000 hab.). — Chef-lieu : *Besançon,* place forte, sur le Doubs. Horlogerie. 57 000 hab.

Sous-préf. : *Baume-les-Dames*, près du Doubs ; — *Montbéliard*, patrie de Cuvier. — *Pontarlier*, sur le Doubs. Forges et hauts-fourneaux ; horlogerie.

Autres lieux : *Osselle*. Grottes célèbres. — *Ornans*. — *Balmont* et *Château-de-Joux*, deux forteresses, sur la frontière. — *Alaise*, que plusieurs archéologues regardent comme l'ancienne *Alesia*.

Département de la Haute-Saône (296 000 hab.). — Chef-lieu : *Vesoul*, 10 000 hab.

Sous-préf. : *Gray*, à la tête de la navigation de la Saône. Commerce de grains et de fer. — *Lure*, sur l'Oignon. Exploitation houillère.

Autres lieux : *Luxeuil*. Eaux minérales. — *Port-sur-Saône*. Fer et bestiaux. — *Héricourt*, ville industrielle (toiles peintes, etc.). — *Villersexel*.

Département de la Côte-d'Or (383 000 hab.). — Chef-lieu : *Dijon*, belle ville, sur l'Ouche et sur le canal de Bourgogne. 55 000 hab. Patrie de Bossuet.

Sous-préf. : *Beaune*. Vins renommés. 11 000 hab. — — *Châtillon-sur-Seine*. Congrès de 1814. Forges, carrières de pierres de construction. — *Semur*. Dans les environs, château de Bourbilly qui rappelle le souvenir de Mme de Sévigné.

Autres lieux : *Auxonne*, place forte, sur la Saône. — *Saint-Jean de Lône* ou *Belle-Défense*, à la jonction de la Saône et du canal de Bourgogne. — *Cîteaux*, ancienne abbaye. — *Nuits*. Vins très estimés. — *Vougeot, Pommard, Volnay, Vosne, Gevrey* (avec le clos de *Chambertin*), villages intéressants par leurs vins renommés. — *Fontaine-Française*. — *Montbard*. — *Alise* ou *Sainte-Reine*, considérée généralement comme l'ancienne *Alesia*, connue par la résistance que César y opposa à tous les Gaulois confédérés.

Département de Saône-et-Loire (626 000 hab.). — Chef-lieu : *Mâcon*, sur la Saône. Patrie de Lamartine. Vins très estimés. 20 000 habitants.

Marseille. — Vue du vieux port.

Sous-préf. : *Autun*, suivant l'opinion commune, la ville plus ancienne de *Bibracte*, que plusieurs archéologues placent cependant à quelque distance de là, au mont Beuvray). Antiquités romaines. — *Charolles*. Bœufs renommés. — *Chalon-sur-Saône*, ville très commerçante, à la jonction du canal du Centre et de la Saône. 22 000 hab. —*Louhans*. Commerce de blé.

Autres lieux : *Le Creusot*. Mines de charbon de terre, et grands établissements pour le travail du fer et du cuivre, la fabrication des machines à vapeur, etc. 28 000 hab. — *Épinac*. Houille et fer. — *Montceau-les-Mines*. au milieu de riches mines de houille (13 000 hab.). —*Bourbon-Lancy*, près de la Loire. Eaux minérales. — *Cluny*, aujourd'hui École normale de l'enseignement secondaire spécial. — *Tournus*, sur la Saône. — *Digoin*, ville commerçante, à la jonction du canal du Centre et de la Loire. — *Romanèche*. Mine de manganèse; vignobles fameux des *Thorins* et du *Moulin-à-Vent*. — *Pouilly* et *Fuissé* (près de Mâcon). Vins blanc renommés.

Départements du bassin de la Durance, affluents de gauche du Rhône.

Département des Hautes-Alpes (122 000 hab.). — Chef-lieu : *Gap*. 11 000 hab.

Sous-préf. : *Embrun*, place forte, sur un rocher escarpé. — *Briançon*, autre place forte, sur la Durance, une des villes les plus élevées de France.

Autre lieu : *Mont-Dauphin*, petite place forte.

Département des Basses-Alpes (132 000 hab.). — Chef-lieu : *Digne*, dans une position pittoresque. 7000 hab.

Sous-préf. : *Sisteron*, sur la Durance. — *Forcalquier*. — *Barcelonnette*, sur l'Ubaye. — *Castellane*, sur le Verdon.

Autres lieux : *Manosque*. Commerce de fruits et de soie. — *Colmars*, place forte.

14° Bassins de l'Argens, du Var et de la Roia

Département du Var (289 000 hab.). — Chef-lieu : *Draguignan*. Commerce d'huile d'olive. 9000 hab.

Sous-préf. : *Toulon* (*Telo Martius*), ville forte, port militaire de premier ordre et le premier arsenal de la France, sur la Méditerranée, avec une rade superbe. Grand commerce de vins, d'huile et de savon. 70 000 hab. (y compris les marins, les étrangers, etc.). — *Brignoles*. Très beau climat ; prunes estimées.

Autres lieux : *Hyères*, agréablement située non loin de la Méditerranée, en face des îles d'Hyères ; climat très doux. 14 000 hab. — *Fréjus*, à peu de distance du golfe de même nom, où *Saint-Raphaël* lui sert de port. — *La Seyne*, port. Grands chantiers de construction. 12 000 hab. — *Saint-Tropez*, etc.

Département des Alpes-Maritimes (227 000 hab.). — Chef-lieu : *Nice*, port de mer, célèbre par la douceur de son climat. 66 000 âmes.

Sous-préf. : *Grasse*, renommée par ses parfums, ses fruits et ses huiles. 12 000 hab. — *Puget-Théniers*, sur le Var.

Autres lieux : *Villefranche*, avec une magnifique rade, à l'est de Nice. — *Menton*, autre ville maritime, admirablement située, près de la petite principauté de *Monaco*. — *Antibes*, ville forte, sur la Méditerranée. — *Cannes*, petit port, près duquel Napoléon Ier débarqua, en 1815, à son retour de l'île d'Elbe ; très beau climat (19 000 hab.). En face, sont les deux îles de *Lérins* (*Sainte-Marguerite* et *Saint-Honorat*).

15° Ile de Corse

Département de la Corse (273 000 hab.). — Chef-lieu : *Ajaccio*, sur la côte occidentale ; place forte et beau port ; lieu de naissance de Napoléon Ier. 18 000 hab.

Sous-préf. : *Bastia*, place forte de première classe et bon port, sur la côte orientale. 20 000 hab. — *Corte*, place forte, au centre de l'île, sur le Tavignano. — *Calvi*, sur la côte N. O. — *Sartène*, dans le S.

Autres lieux : *Bonifacio*, beau port et place forte, à l'extrémité S. de l'île, sur les Bouches de Bonifacio. — *Porto-Vecchio*, dans le S. E., avec un vaste et beau port. — *Orezza*, qui a des eaux minérales.

Chemins de fer. — La France a aujourd'hui environ 25 000 kilomètres de chemins de fer en exploitation.

Paris est le centre de ces chemins. Six lignes principales en partent :

1° LE CHEMIN DU NORD, sur *Amiens, Arras, Douai, Lille*, et avec ses rameaux sur *Boulogne, Calais, Dunkerque*, vis-à-vis de l'Angleterre ; sur *Gand, Bruxelles, Liège* en Belgique ; sur *Cologne*, en Allemagne.

2° et 3° Les deux lignes des CHEMINS DE L'OUEST, ayant leurs points de départ à la *rive droite* et à la *rive gauche* de la Seine, à Paris, et se portant, d'une part, sur *Rouen* et le *Havre*, sur *Caen* et *Cherbourg* ; — de l'autre, sur *Versailles, Chartres, Le Mans, Rennes* et *Brest*.

4° Le CHEMIN D'ORLÉANS, qui, à *Orléans*, se sépare en deux grandes branches, qui elles-mêmes se subdivisent encore et se dirigent sur *Tours, Angers, Nantes, Poitiers, Bordeaux, Vierzon, Bourges, Châteauroux, Limoges, Périgueux*, etc.

5° Le CHEMIN DE PARIS A LYON, par deux directions : l'une, par *Dijon* et *Mâcon*, c'est-à-dire par la Bourgogne, avec des embranchements sur *Besançon, Neuchâtel*, en Suisse, *Genève, Chambéry, Turin* (par le tunnel des Alpes) ; — l'autre, par *Nevers, Moulins, Roanne*, et par *Tarare* ou par *Saint-Étienne;* c'est la ligne du *Bourbonnais,* avec continuation de *Moulins* à *Clermont, Brioude, Nîmes,* et des rameaux qui se rattachent à la ligne de Bourgogne et au chemin d'Orléans.

Le CHEMIN DE LYON A LA MÉDITERRANÉE est la continuation de la ligne de *Paris à Lyon,* et se rend à *Marseille* par Avignon; il dirige ses rameaux sur *Grenoble,* sur *Nîmes,* et *Montpellier,* sur *Toulon* et *Nice,* etc.

Les CHEMINS DU MIDI touchent, d'un côté, à la ligne de Lyon à la Méditerranée; de l'autre, à celle d'Orléans à Bordeaux. La ligne principale va de *Cette* à *Bordeaux,* en passant par *Narbonne, Carcassonne, Toulouse, Montauban, Agen,* et elle envoie des rameaux vers *Perpignan* et *Bayonne* (d'où la communication s'étend en Espagne).

6° Le CHEMIN DE L'EST, sur *Strasbourg,* par *Châlons-sur-Marne, Bar-le-Duc, Nancy,* avec embranchements sur *Troyes, Belfort, Mulhouse* et *Bâle,* sur *Reims* et les *Ardennes,* sur *Metz* et *Mayence* (en Allemagne).

Il faut ajouter à toutes ces voies le CHEMIN DE CEINTURE de Paris, reliant entre elles les lignes qui partent de cette ville.

La télégraphie électrique, établie généralement le long des chemins de fer et des routes, compte 75 000 kilomètres de lignes.

GÉOGRAPHIE ÉCONOMIQUE

Population, langues. — La France compte environ 37 672 000 habitants. Elle en avait 26 millions en 1790, 30 millions en 1820, 38 millions avant le désastreux traité de 1871. Il y a, en moyenne, 70 habitants par kilomètre carré sur le territoire français.

Outre le français, on parle: le flamand, dans une partie de la Flandre et de l'Artois; le bas-breton, dans l'ouest de la Bretagne; le provençal, dans le midi de la France; le basque, dans les Pyrénées occ., et l'italien, en Corse. Avant nos dernières pertes, on ajoutait à ces langues l'allemand, parlé dans une grande partie de l'Alsace et dans le N. E. de la Lorraine.

Gouvernement, administration générale. — Le gouvernement est une république. A la tête du gouvernement, sont : un Président de la république, un Sénat, une Chambre des députés et dix ministères : 1° le min. de la justice et des cultes ; 2° le min. des affaires étrangères ; 3° le min. des finances ; 4° le min. de l'intérieur ; 5° le min. de la guerre ; 6° le min. de la marine et des colonies ; 7° le min. de l'instruction publique et des beaux-arts ; 8° le min. de l'agriculture et du commerce ; 9° le min. des travaux publics ; 10° le min. des postes et des télégraphes.

Chaque dép. est **administré civilement**, sous la direction du ministère de l'intérieur, par un *préfet*, assisté d'un conseil de préfecture ; les arrond. sont administrés par un *sous-préfet*, excepté ceux qui ont pour chef-lieu le ch.-l. du dép. et qui sont sous la direction immédiate du préfet. Chaque arrond. comprend un certain nombre de divisions, moitié judiciaires, moitié civiles, nommées *cantons*, à la tête desquelles sont, pour la partie judiciaire, des juges de paix.

Chaque canton comprend plusieurs *communes*, dont chacune est dirigée par un *maire* et un *conseil municipal*. Un *conseil général* élu par les cantons siège au chef-lieu de départ. ; un *conseil d'arrondissement*, élu aussi par les cantons, siège au chef-lieu d'arrondissements.

Nous avons 362 arrondissements, 2863 cantons et 36 056 communes.

L'instruction publique compte (y compris l'Algérie) *dix-sept académies universitaires*, à la tête de chacune desquelles est un recteur, qui a la surveillance des cours publics, des lycées, des collèges, etc.

Le corps enseignant des dix-sept académies constitue l'*Université*. Il y a, en outre, plusieurs facultés libres. —

L'enseignement se divise en *supérieur, secondaire* et *primaire*.

L'enseignement supérieur se partage en cinq facultés : théologie, droit, médecine, sciences et lettres.

L'enseignement secondaire est donné par les lycées, les collèges, les grands et les petits séminaires ou établissements secondaires ecclésiastiques, et un grand nombre d'institutions particulières. — Il faut distinguer l'enseignement secondaire spécial, qui forme les élèves pour l'industrie, le commerce et l'agriculture.

L'enseignement primaire compte une multitude d'écoles entretenues par les communes, et d'écoles particulières. Les écoles normales primaires sont destinées à former des instituteurs. L'instruction primaire est sous la direction des préfets, pour tout ce qui concerne le personnel et le matériel ; mais le recteur a la haute surveillance de l'enseignement.

C'est l'est de la France qui l'emporte, et de beaucoup, pour l'instruction populaire : la Franche-Comté, la Lorraine, la Champagne, le N. E. de la Bourgogne, forment, sous ce rapport, une région d'honneur.

A la tête des sociétés savantes chargées de maintenir la pureté de la langue, de recueillir les découvertes, de perfectionner les arts et les sciences, se trouve l'*Institut de France*, qui se divise en cinq *Académies :* l'Académie française, l'Académie des inscriptions et belles-lettres, l'Académie des sciences, l'Académie des beaux-arts, et l'Académie des sciences morales et politiques.

La justice est rendue, dans chaque canton, par des juges de paix ; au-dessus, sont des tribunaux de première instance, aussi nombreux que les arrondissements. On appelle de ces tribunaux à des cours d'appel, au nombre de vingt-sept (y compris l'Algérie), établies à Agen, Aix, Alger, Amiens, Angers ; — Bastia, Besançon, Bordeaux, Bourges ; — Caen, Chambéry ; — Dijon, Douai ; — Grenoble ; — Limoges, Lyon ; — Montpellier ; — Nancy, Nîmes ; — Orléans ; — Paris, Pau, Poitiers ; — Rennes, Riom, Rouen ; — Toulouse.

Au-dessus de ces cours est celle de cassation, qui siège à Paris.

Dans chaque département, il y a une cour d'assises, tribunal correctionnel temporaire, qui se tient ordinairement au chef-lieu, et où les citoyens sont appelés à siéger comme jurés.

Enfin les tribunaux de commerce sont établis dans les principales villes commerçantes.

Religion. — La très grande majorité de la population française est catholique. Ce culte compte 36 millions d'âmes, et comprend, avec l'Algérie, 87 diocèses, dont 18 archevêchés et 69 évêchés (en n'y renfermant plus les évêchés de Metz et de Strasbourg).

Les luthériens (Église de la confession d'Augsbourg) sont beaucoup moins nombreux en France depuis la perte des départements de l'E.; la Franche-Comté et Paris en comptent cependant un assez grand nombre.

Les calvinistes (Église réformée) sont principalement répandus dans le Midi et dans quelques parties de l'O. et de l'E.: le Gard, l'Ardèche, la Drôme, la Lozère, Tarn-et-Garonne et les Deux-Sèvres en renferment le plus. Il y en a aussi beaucoup à Paris.

Les luthériens et les calvinistes forment ensemble les protestants, dont le nombre total actuel n'est pas de plus de 600 000.

Les israélites (environ 50 000) ont un consistoire central à Paris.

Sous le **rapport militaire**, la France est partagée (sans l'Algérie) en 18 régions de corps d'armée : 1re région, chef-lieu Lille ; — 2e, Amiens ; — 3e, Rouen ; — 4e, le Mans ; — 5e, Orléans ; — 6e, Châlons-sur-Marne ; — 7e, Besançon ; — 8e, Bourges ; — 9e, Tours ; — 10e, Rennes ; — 11e, Nantes ; — 12e, Limoges ; 13e, Clermont-Ferrand ; — 14e, Grenoble ; — 15e, Marseille ; — 16e, Montpellier ; — 17e, Toulouse ; — 18e, Bordeaux.

Pour l'administration de la **marine militaire**, il y a 5

Cathédrale d'Amiens.

préfectures maritimes, qui ont pour chefs-lieux les cinq grand ports maritimes de l'État : la 1re préfecture est Cherbourg ; la 2e, Brest ; la 3e, Lorient ; la 4e, Rochefort ; la 5e, Toulon.

Finances. — Le *revenu* de l'État est d'environ 3 milliards de francs ; les *dépenses* offrent à peu près le même chiffre. La *dette publique* et les *dotations* s'élèvent à plus de 24 milliards de capital.

La Cour des comptes vérifie et juge les comptes des services publics.

Parmi les administrations qui dépendent du ministère des finances, on remarque : celle de l'enregistrement et des domaines, qui est chargée d'établir et de percevoir les droits d'enregistrement sur les actes publics et sous seing privé, et d'administrer les propriétés de l'État ; — l'administration des contributions directes (impôt foncier, personnel, etc.) ; — l'administration des douanes et des contributions indirectes (droits sur les boissons, les cartes à jouer, le sucre indigène, etc.) ; — celle des tabacs ; — la commission des monnaies. (L'administration des forêts, autrefois réunie au ministère des finances, dépend aujourd'hui de celui de l'agriculture.)

La Banque de France est un établissement très important, fondé par actions, qui a le privilège d'émettre des billets à vue au porteur.

Industrie et commerce. — L'INDUSTRIE agricole est la principale des industries de la France ; elle s'exerce sur 25 à 26 millions d'hectares de terres labourables, consacrées aux céréales, aux racines et aux prairies artificielles, 2 millions d'hectares de vignes, 5 millions d'hectares de prairies naturelles, etc. : la valeur seule des céréales produites est d'environ 2 milliards de francs ; il y a 7 millions d'hectares de forêts.

L'industrie manufacturière a fait de grands progrès depuis un demi-siècle ; elle n'a de rivale que l'industrie anglaise, si merveilleusement favorisée par les bas prix des matières premières ; elle lui est même supérieure par les produits où l'art et le goût ont la principale part. On peut mentionner, parmi les ouvrages où elle excelle, les soieries, surtout celles de Lyon; les cachemires ; les draps de Sedan, de Louviers, d'Elbeuf et du Languedoc ; les basins, les toiles fines, les batistes et les gazes de Saint-Quentin, de Valenciennes, de Cambrai, etc. ; les tulles, les dentelles, les blondes; les tissus divers de coton, dont la Normandie, la Flandre et la Picardie sont les principaux centres (on pouvait y ajouter naguère les toiles peintes de Mulhouse et autres villes d'Alsace); ce qu'on appelle les *articles de Paris*, c'est-à-dire les bronzes, les plaqués, la bijouterie, l'orfèvrerie, l'horlogerie, surtout celle de précision, l'ébénisterie, la tabletterie, la librairie, les instruments de musique, de chirurgie et de mathématiques, la quincaillerie, l'ameublement, la passementerie, la carrosserie, les modes, les fleurs artificielles, la mercerie, la lingerie, etc.

Le COMMERCE de la France a pris, depuis un demi-siècle, un développement considérable. Il faut le distinguer en *commerce intérieur* et *commerce extérieur*. Le premier, qui s'exerce entre les différentes parties du pays lui-même, représente une valeur de 20 à 30 milliards ; le second a lieu avec l'étranger, et se partage encore en deux sections : le *commerce général* et le *commerce spécial*.

Le commerce général comprend, dans les importations, tout ce qui arrive par terre ou par mer, soit pour la consommation, soit pour l'entrepôt, soit pour la réexportation et le transit; dans les exportations, il embrasse tous les produits envoyés à l'étranger, sans distinction de leur origine française ou étrangère.

Le commerce spécial n'a rapport, pour l'importation, qu'aux marchandises destinées à entrer dans la consommation intérieure, et, pour l'exportation, qu'aux marchandises nationales.

La France est, après l'Angleterre, le pays d'Europe qui fait le commerce le plus considérable.

La valeur totale annuelle du commerce extérieur général était, dans la période de 1825 à 1830, de 1 milliard 200 millions de francs. Aujourd'hui elle est d'environ 8 milliards, dont 4 milliards pour l'exportation et 4 milliards pour l'importation. Le commerce spécial offre, à l'exportation, 3 milliards et demi, et à l'importation, une valeur à peu près égale.

Les principaux articles d'exportation sont : les vins, les eaux-de-vie, les céréales, l'huile, le vinaigre, les fruits, les œufs, le savon, le sel, les étoffes de soie et de laine, la lingerie, les peaux préparées, la bonneterie, la tapisserie, les toiles de lin, de chanvre et de coton, les dentelles, le papier, les caractères d'imprimerie, les livres, l'horlogerie, la bijouterie, l'ébénisterie, les objets de modes, la mercerie, la tabletterie, les bronzes, les sucres raffinés, etc. — Les importations se composent principalement : de coton, de métaux, de houille, de bois de construction et d'ébénisterie, de chevaux, de moutons, de gros bétail, d'huile pour fabriques, d'indigo, de laine, de soies grèges, de peaux, de fourrures, de sucre, de café. — Les pays avec lesquels les relations commerciales de la France ont le plus d'activité sont l'Angleterre, les États-Unis, la Belgique, la Suisse, l'Italie, l'Espagne, l'Allemagne, l'Algérie, la Russie, la Turquie, les Pays-Bas, le Brésil, les colonies françaises, l'Amérique ci-devant espagnole, les Antilles espagnoles.

La marine commerciale française offre, pour le commerce extérieur, un mouvement de 20 000 navires environ (c'est-à-dire 20 000 entrées et sorties), jaugeant 3 millions et demi de tonneaux, sur 50 000 navires (jaugeant 10 millions de tonneaux) qui composent le mouvement total de la navigation au long cours ; la marine à vapeur française y entre pour 4000 à 5000 voyages et un million et demi de tonneaux, représentés par environ 400 bâtiments. L'effectif de toute la marine marchande française est de 15 000 navires. Le cabotage, c'est-à-dire la navigation côtière, qui rentre dans le commerce intérieur, compte 80 000 navires, jaugeant 3 millions de tonneaux et montés par plus de 300 000 marins. La grande pêche, celle de la morue et d'autres poissons qu'on va chercher au loin, occupe de 1300 à 1400 navires.

Le nombre total des ports maritimes de France est de 400.

Possessions extérieures de la France. — La France possède, hors de l'Europe :

1° Le **gouvernement général d'Algérie**, situé dans le nord de l'Afrique, et qui est divisé en trois départements : ceux d'*Alger*, de *Constantine* et d'*Oran*. Il a une étendue à peu près comparable à celle du territoire français et une population de 3 millions d'habitants. On comprend sans peine l'importance militaire d'une contrée si considérable, qui est aux portes de la France, et qui commande une grande partie de la Méditerranée et du continent africain.

2° Les **colonies africaines :** le *Sénégal et Gorée*, dans l'O. de l'Afrique ; l'établissement de *Gabon*, aussi dans l'O. de l'Afrique ; l'île de la *Réunion*, celle de *Sainte-Marie*, de *Mayotte* et quelques autres, au S. E. de cette partie du monde ; le port d'*Obokh* et quelques autres points de la côte E.

3° Les **colonies asiatiques :** les établissements de l'*Hindoustan*, dont le chef-lieu est *Pondichéry* ; — la *Basse-Cochinchine*, dont le chef-lieu est *Saigon* : c'est une importante possession, de près d'un million et demi d'hab., qui, située dans l'Indo-Chine, à l'extrémité S. E. de l'Asie, sur la route de l'Europe et de l'Hindoustan à la Chine et au Japon, et près des riches parties de l'Océanie, permet à la France de surveiller ses intérêts dans l'extrême Orient, à côté des progrès considérables qu'y font l'Angleterre et la Russie.

4° Les **colonies américaines :** plusieurs des îles Antilles, particulièrement la *Guadeloupe* et la *Martinique* ; — la *Guyane française*, dans le N. E. de l'Amérique méridionale ; les îles *Saint-Pierre* et *Miquelon*, près de la côte de Terre-Neuve.

5° Les **colonies océaniennes :** la *Nouvelle-Calédonie*, les îles *Marquises* ou *Mendana*, les îles *Tahiti*, les îles *Gambier*, et quelques autres îles voisines.

La population totale des possessions de la France hors de l'Europe est de plus de 5 millions d'habitants, ce qui porte la population de toute la domination française à 41 millions et demi.

ILES BRITANNIQUES

GÉOGRAPHIE PHYSIQUE

Les ILES BRITANNIQUES, qu'on appelle également *Royaume Uni de Grande-Bretagne et d'Irlande*, ou royaume de *Grande-Bretagne*, d'après la plus étendue de ces îles, sont situées au N. O. de la France, dont elles sont séparées par la *Manche* et par le *Pas de Calais*. L'océan Atlantique les baigne à l'O. et au N., et il forme à l'E., entre ces îles et le Danemark, la mer du *Nord* ou d'*Allemagne*. Elles sont comprises entre 50° et 61° de latitude N.

Les deux principales îles Britanniques sont la *Grande-Bretagne*, à l'E., et l'*Irlande*, à l'O. Elles sont séparées l'une de l'autre par la mer d'*Irlande* et par les détroits assez larges le *Canal Saint-George* et le *Canal du Nord*.

Les petites îles de l'archipel Britannique sont les îles *Hébrides*, les *Orcades*, les îles *Shetland*, l'île de *Man*, l'île d'*Anglesey*, celle de *Wight*, et, près de la France, les îles *Anglo-Normandes (Jersey, Guernesey, Aurigny)*.

L'île de la **Grande-Bretagne** comprend trois pays : l'*Angleterre (England)*, l'*Écosse (Scotland)* et le *pays de Galles (Wales)*. Elle s'allonge du nord au sud, sur un espace de 900 kilomètres, et va en s'élargissant vers le midi. Montagneuse dans le nord et à l'ouest, légèrement accidentée dans la partie moyenne, elle est presque plate au S. Ses montagnes principales sont les monts *Grampiens*, en Écosse ; les monts *Cheviot*, sur la limite de l'Écosse et de l'Angleterre ; les monts *Moorlands* et *Cumbriens* et ceux du *Pic*, en Angleterre ; les monts *Cambriens*, dans le pays de Galles.

Les cours d'eau de l'île, quoique de peu d'étendue, sont profonds ; ils ont une embouchure généralement large et favorable à la navigation. Les principaux sont : en Angleterre, la *Tamise (Thames)*, l'*Humber*, la *Mersey*, la *Severn* ; en Écosse, le *Forth*, le *Tay* et la *Clyde*.

Configuration. Estuaires formant de grands ports

naturels. — Mieux que toute autre contrée, les îles Britanniques étaient préparées à devenir une puissance maritime et industrielle. Le grand développement (7000 kilomètres) de leurs côtes extrêmement sinueuses, les nombreux abris qu'elles offrent à la navigation, les vastes estuaires qui s'ouvrent de tous côtés et qui forment de grands ports naturels, semblaient inviter les Anglais à jeter partout les fondements d'établissements commerciaux, d'entrepôts et de centres qui les mettraient en communication facile avec l'étranger. Aussi une multitude de navires britanniques couvrent-ils la surface des mers. Très heureusement située à l'occident de l'Europe; dernière étape de notre vieux monde sur la grande voie de l'Amérique; indépendante parce qu'elle est isolée; maîtresse de la plupart des îles du globe; tenant, pour ainsi dire, la clef de tous les détroits et de l'entrée de toutes les mers; à la tête de la navigation du globe entier, la Grande-Bretagne, également favorisée par le génie entreprenant, audacieux et persévérant de ses habitants, occupe le premier rang parmi les États qui font consister la puissance dans le grand nombre des établissements manufacturiers, des cités commerçantes et des possessions extérieures.

Examinons rapidement les découpures des côtes des îles Britanniques. Celles de la région occidentale, sont marquées par des golfes profonds, des promontoires escarpés. On voit d'abord s'allonger au S. O. la péninsule de *Cornouaille* (*Cornwall*), terminée par le cap *Land's End* ou *Finisterre;* au nord de cette presqu'île, s'ouvre le grand golfe qu'on appelle *canal de Bristol;* puis, entre ce canal et la mer d'Irlande, est la presqu'île du pays de *Galles*, échancrée à l'O. par la baie de *Cardigan.* La mer d'Irlande fait pénétrer dans la Grande-Bretagne trois enfoncements remarquables: la baie de *Morecambe,* le golfe de *Solway* et le golfe de *Clyde,* qui est fermé à l'ouest par la longue et mince presqu'île de *Cantyre.*

Les côtes orientales de la Grande-Bretagne sont généralement assez basses, particulièrement en Angleterre; les enfoncements principaux y sont l'estuaire de la *Tamise,* le golfe de *Wash,* l'estuaire de l'*Humber,* le

golfe de *Forth*, le golfe de *Tay* et le golfe de **Murray**.
La côte du sud n'a pas de golfes importants.

L'Irlande a une côte occidentale déchirée et escarpée, comme celle de la Grande-Bretagne : on distingue les grandes baies de *Galway* et de *Donegal*. A l'est, la côte est moins élevée, et il y a peu d'enfoncements ; néanmoins on y remarque la baie de *Dublin* et celle de *Belfast*.

GÉOGRAPHIE POLITIQUE

Villes principales. — La capitale est **Londres** (*London*), la ville la plus peuplée du globe (4 millions d'habitants). Elle est traversée par la Tamise, et se trouve à 75 kilom. de la mer ; mais la marée en fait une place maritime. C'est à la gauche du fleuve, dans la partie orientale, que se trouve la *Cité*, le quartier du négoce.

La Tamise y forme un port étendu d'environ 8 kilom., constamment rempli de navires. L'absence de quais facilite l'emmagasinage. Les *docks* se remplissent de produits venus de toutes les parties du monde. Londres est avant tout une ville de commerce. Son industrie n'occupe que le second rang. Aucune ville ne peut rivaliser avec cette capitale pour l'animation du port et les immenses affaires.

Au N., **Newcastle** (150 000 h.), au centre d'un très riche bassin houiller ; — *York*, très ancienne cité ; — **Hull** (155 000 h.), port très commerçant, à l'embouchure de l'Humber ; — **Sheffield** (300 000 h.), coutellerie estimée ; — **Leeds** (310 000 h.), à la tête d'un grand commerce de laines, de draps, de couvertures, etc.

Manchester (535 000 h. en y comprenant *Salford*) est fameuse par ses nombreuses manufactures : c'est le centre d'une immense fabrication de mousselines, de basins, de percales, de velours, de soieries, et la métropole de l'industrie cotonnière ; cette ville possède plus de 200 filatures. Un canal et un chemin de fer font communiquer Manchester à Liverpool, port célèbre à l'embouchure de la Mersey.

Liverpool (550 000 h.), dans le comté de Lancastre, est la reine maritime de l'Angleterre, après Londres. Liverpool

Londres. — Vue prise devant la Banque.

et Manchester se complètent l'une l'autre. Liverpool reçoit de l'extérieur les matières premières, le coton particulièrement, et les adresse à Manchester qui, plus tard, les lui renvoie fabriquées ; Liverpool se charge alors de les expédier dans toutes les parties du monde. C'est le port européen qui a le plus de relations avec les États-Unis. Les affaires qui se nouent entre cette ville et la république américaine, — New-York particulièrement, — sont gigantesques.

Au milieu, **Birmingham** (400 000 h.), renommée par ses manufactures d'armes ; — *Nottingham, Leicester, Norwich,* bien connues par leurs tissus ; — **Cambridge**, avec des universités célèbres.

A peu de distance de Londres, sur la Tamise, **Woolwich**, avec un arsenal militaire, et **Greenwich**, avec un observatoire important où les Anglais font passer le premier méridien ; *Douvres*, sur le Pas de Calais, en face de la ville française de Calais ; *Hastings, New-Haven, Brighton*, sur la Manche ; **Portsmouth, Southampton** et **Plymouth**, ports de mer fameux, aussi sur la Manche ; *Exeter*, près de la même mer ; **Bristol** (206 000 h.), port riche par son commerce, vers le golfe de ce nom ; *Bath*, endroit délicieusement placé, l'une des plus jolies villes de l'Angleterre, avec des eaux minérales célèbres.

Le pays de **Galles** (*Wales*), à l'O. de l'Angleterre, est couvert de montagnes (monts *Cambriens*) et peu fertile. Il se divise en *Galles du Nord* et *Galles du Sud;* ses plus grandes villes sont **Merthyr-Tydvil**, au milieu de riches mines de houille et de fer, **Cardiff** et *Swansea*.

L'**Écosse** (*Scotland*) occupe le nord de la Grande-Bretagne. Elle a, au centre et au N., des montagnes arides et sauvages, dont les plus remarquables sont les monts *Grampiens;* au S., elle présente des plaines et des vallées agréables et fertiles, séparées de l'Angleterre par les monts *Cheviot*, et arrosées à l'E. par le *Forth*, à l'O. par la *Clyde*. Elle est parsemée de lacs, dont le plus important est le lac *Lomond*, à l'O. — Les villes principales sont : **Édimbourg** (en anglais *Edinburgh*), capitale de l'Écosse (230 000 h.);

Leith, qui lui sert de port ; **Glasgow**, la ville la plus peuplée de ce pays (515 000 habitants) et la plus importante par ses manufactures. Cette grande cité, sur la Clyde, est la première ville industrielle et manufacturière de l'Écosse. Le coton contribue pour une large part à son opulence, elle compte plus de 40 000 ouvriers exclusivement employés dans les filatures de ce textile. Glasgow produit aussi du fer, de la fonte, de la porcelaine, etc. Une des gloires de cette ville, c'est qu'elle fut le premier théâtre de l'application des machines à vapeur à l'industrie, par James Watt, en 1764 ; *Dundee* et *Aberdeen*, deux ports de la côte orientale. Signalons encore *Greenock*, port de la côte occidentale ; *Paisley*, aussi à l'O., ville manufacturière.

L'**Irlande** (*Ireland*) a un climat humide et un sol fertile, mais marécageux sur plusieurs points, et entrecoupé de lacs, dont les plus remarquables sont les lacs *Erne* et *Neagh*, au N., et ceux de *Killarney*, au S. O. Elle est traversée par le *Shannon*, qui forme beaucoup de lacs et se jette dans l'Atlantique, sur la côte O. de l'île, par un large estuaire.

L'île est partagée en quatre provinces : au N., l'**Ulster**, où se trouvent la ville de *Londonderry* et celle de **Belfast**, port très florissant (175 000 h.) ; — à l'E., le **Leinster**, où l'on voit **Dublin** (340 000 hab.), capitale de l'Irlande, dans une magnifique position, au fond d'une vaste baie, et *Kilkenny*, très jolie ville ; — au S., le **Munster**, où sont **Cork**, remarquable par son port et son commerce, particulièrement celui des céréales ; **Limerick**, port vers l'embouchure du Shannon, et *Waterford*, autre port sur la Suir ; — enfin, à l'O., le **Connaught**, dont la plus grande ville est *Galway*, sur une baie de même nom.

Les plus remarquables des îles voisines de la Grande-Bretagne sont les **Orcades** ou **Orkney**, situées près et au N. de l'Écosse, sous un climat humide ; — les îles **Shetland**, rocailleuses et stériles, au N. E. des Orcades ; — les **Hébrides**, montagneuses et d'un aspect sauvage, à l'O. de l'Écosse ; — l'île de **Man**, au centre de la mer d'Irlande ; **Anglesey**, fertile et agréable, au N. O. du pays de Galles ;

— les îles **Sorlingues** ou **Scilly**, vers le cap *Land's End* (c'est-à-dire fin de la terre), qui forme l'extrémité S. O. de l'Angleterre; — l'île de **Wight**, située dans la Manche, et que son climat très doux et son bel aspect ont fait surnommer le *Jardin* de l'Angleterre.

Les îles **Anglo-Normandes**, d'un climat très doux aussi, dans la Manche, près des côtes de France, appartiennent également au royaume des îles Britanniques. Les principales sont *Jersey*, *Guernesey* et *Aurigny*.

GÉOGRAPHIE ÉCONOMIQUE

Nature du sol. Abondance des mines de houille, de fer, de cuivre, de plomb et d'étain. — La Grande-Bretagne est d'une constitution géologique remarquable : elle renferme des roches de tous les âges. Parmi ses productions minérales, la **houille**, le *diamant noir*, comme on l'appelle parfois, figure au premier rang; les Anglais ont surnommé avec orgueil leur pays, à cause de cette richesse, les *Indes noires* (*black Indies*). C'est la cause la plus puissante de l'état florissant de l'industrie britannique.

Les grands dépôts houillers peuvent se diviser en trois groupes : celui du Nord, celui du Centre et celui de l'Ouest.

De tous les bassins qu'ils renferment, les deux plus célèbres sont ceux de *Newcastle* et de *Cardiff*. Ils occupent l'un et l'autre une position littorale. C'est un avantage immense pour l'exploitation : ainsi les wagons sortis de la mine même peuvent se vider dans les bateaux des canaux ou des ports de mer.

L'ensemble des 3900 houillères de la Grande-Bretagne peut rapporter plus de 134 millions de tonnes.

En ce qui concerne les métaux, l'Angleterre est également souveraine; l'exportation atteint une valeur de près d'un milliard.

Le **fer** occupe une des premières places dans les productions anglaises. Si la Grande-Bretagne le livre peut-être de qualité inférieure au nôtre, elle parvient à le vendre meilleur marché que tous les autres États. De toutes les exploitations, les plus florissantes sont celles du *Yorkshire* et de *Merthyr-Tydvil*, dans le pays de Galles.

L'**acier** est généralement bien trempé, principalement à *Sheffield* et à *Birmingham*. Le Royaume-Uni ne fabrique pas d'aciers de forge, mais exporte des quantités immenses d'acier fondu.

Le **cuivre** anglais est presque sans rival sur le marché européen. Les mines les plus riches sont celles du pays de *Galles*, d'*Anglesey*, du *Cornouaille*, du *Devonshire* et de l'*Irlande*. La production représente une valeur d'environ 50 millions de francs par an. Les principales fonderies sont celles de *Swansea*, de *Liverpool* et de *Birmingham*. La plupart de nos usines sont alimentées par l'Angleterre.

Les mines de **plomb** (généralement argentifère) représentent annuellement une valeur approximative de 40 millions de francs. Les pays producteurs sont les comtés de *Cumberland*, d'*York*, de *Derby*, l'*Écosse*, le pays de *Galles* et l'*Irlande*.

L'**étain** est une des plus anciennes richesses minérales exploitées de la Grande-Bretagne, puisqu'il est à peu près avéré que des navigateurs phéniciens et carthaginois venaient le chercher dans les îles Cassitérides. Après la destruction de Carthage, le commerce de l'étain tomba entre les mains des Phocéens de Marseille, qui firent de Narbonne leur principal entrepôt. Les comtés de *Cornouaille* et de *Devon* en fournissent principalement.

On trouve, en outre, du zinc, du cobalt, des salines, particulièrement à Northwich (dans le comté de Chester); des granits excellents en Écosse et dans le Cornouaille; de belles pierres de construction à Portland (Dorsetshire) et ailleurs; des ardoises dans le Westmoreland et dans le pays de Galles; du kaolin dans le Cornouaille, etc.

On évalue à près de deux milliards le revenu acquis par l'exploitation des métaux et de la houille.

Voies de communication. Canaux. — On a réuni

par d'innombrables canaux les cours d'eau de la Grande-Bretagne, surtout en Angleterre. C'est un spectacle merveilleux que ce réseau de lignes navigables qui coupent partout le pays.

Remarquons d'abord les deux lignes qui unissent la *Tamise* au *Trent* : la plus orientale est formée par les canaux de *Grand-Junction*, de *Grand-Union*, d'*Union* et de *Leicester*; l'autre comprend les canaux d'*Oxford* et de *Coventry*. — Distinguons aussi le canal du *Grand-Trunk*, qui joint le Trent à la Mersey ; — le canal de *Tamise-et-Severn*, entre les deux fleuves dont il porte les noms.

L'Écosse possède deux canaux importants : l'un est le canal de *Forth-et-Clyde*, ainsi nommé des deux fleuves qu'il réunit ; l'autre, le canal *Calédonien*, qui passe par le Loch Ness et va du golfe Murray à l'océan Atlantique.

Chemins de fer. Télégraphie. Routes. — De tous les pays d'Europe, l'Angleterre est celui qui a le plus de chemins de fer. Londres est le centre des principaux. Il en part huit lignes très importantes, sans compter celles qui ne conduisent qu'à des lieux voisins.

Les chiffres suivants donneront l'idée de l'extension rapide des voies ferrées dans la Grande-Bretagne : en 1851, les chemins de fer ne s'étendaient que sur un parcours de 11 000 kilomètres ; aujourd'hui ils forment un développement de 29 000 kilomètres.

Des télégraphes électriques sous-marins mettent en communication *Douvres* avec *Calais* et avec *Ostende*, *Folkestone* avec *Boulogne*, *Newhaven* avec *Dieppe*, etc., l'Écosse avec *Belfast*, le pays de *Galles du Sud* avec *Wexford* (Irlande), la côte orientale de l'Angleterre avec les *Pays-Bas*, avec le *Hanovre*, avec la péninsule *Cimbrique*, par *Helgoland*; l'île *Valencia* (en Irlande) avec *Terre-Neuve* (en Amérique).

Climat. Agriculture. — Le climat des îles Britanniques est nébuleux, humide, très variable. Les pluies et les brouillards sont fréquents, surtout sur le littoral. Cependant l'atmosphère n'est pas malsaine. Les gelées sont de courte durée. Les brises de l'Océan tempèrent les rigueurs de l'hiver et rafraîchissent pendant l'été. Les vents les plus constants sont ceux de l'ouest. A latitude égale, la température est plus douce que celle de la Russie et du centre de l'Asie.

Le sol de l'Angleterre n'est pas très riche naturellement, mais est rendu fertile par une culture éclairée. Peu de pays possèdent des pâturages meilleurs, mieux arrosés, et des bestiaux plus beaux. La température humide est favorable à l'élevage du grand bétail. Les bras étant employés par les fabriques, par la marine, par le commerce, il reste peu d'hommes pour la culture de la terre ; aussi les produits du sol ne suffisent-ils pas à la consommation. Seule, l'Irlande est demeurée agricole. Elle récolte beaucoup de pommes de terre, de lin et de chanvre.

Les deux septièmes seulement des agriculteurs de l'Angleterre possèdent le sol qu'ils cultivent : les fermages sont l'habitude générale. Les propriétés sont beaucoup plus divisées dans l'ouest que dans l'est. L'ouest fournit beaucoup de beurre, de fromage et de cidre. Dans le sud, on entretient des races particulières de bêtes à laine. Plusieurs comtés se livrent activement à la culture de la pomme de terre et du houblon. Dans le sud et le sud-ouest, presque chaque cultivateur a son verger destiné à faire du cidre.

L'humidité du sol et le goût des habitants pour la viande de boucherie font que plus de la moitié des terres cultivables sont réservées aux pâturages et servent au bétail.

Les bœufs dits de Durham sont appréciés par l'abondance et la bonne qualité de leur chair. On vante aussi les bœufs d'Ayr, de Hereford, d'Angus (race sans cornes), de Devon, des Highlands, et ceux de l'Irlande. Les vaches donnent un lait excellent. On connaît les fromages de Chester (Angleterre) et de Duniop (Écosse). — Les moutons anglais sont renommés, les uns par leur chair, les autres par leur laine. On distingue particulièrement les races de New-Kent, Dishley, Southdown, Cotswold, qui tirent leurs noms de divers points de l'Angleterre méridionale et sud-ouest. La laine des moutons anglais ne suffit pas à la consommation ; les fabriques s'alimentent de laine australienne.

Les chevaux anglais proviennent du croisement de la race arabe avec la race anglaise pure, qui est elle-même d'origine normande. On estime surtout les chevaux des comtés d'York et de Lincoln.

La race porcine anglaise, aux jambes courtes, s'engraisse facilement et donne d'excellents produits. Les variétés New-Leicester, Hampshire, Middlesex et Berkshire sont particulièrement renommées. Les jambons d'York sont estimés.

L'espèce galline est peu abondante dans la Grande-Bretagne proprement dite, qui tire de France la plus grande partie des œufs qu'elle consomme; mais l'Irlande est assez riche en volailles.

Industrie. Commerce. — La race anglaise porte avec elle son cachet indélébile. Tout ce qu'elle fonde a un caractère de force et de grandeur. Le génie saxon se complaît dans les difficultés vaincues. L'Anglais est à la fois entreprenant et tenace.

Non seulement les manufactures se sont développées chez lui plus que partout ailleurs, mais l'initiative de l'industrie lui appartient. La moitié de la population britannique vit du travail des fabriques.

Du N. au S., si nous pénétrons dans les villes manufacturières ou dans les ports, c'est toujours la même animation, la même activité raisonnée, la même opiniâtreté dans le travail. Les chemins de fer, les canaux, se croisent; partout apparaît la fumée des manufactures, partout siffle la vapeur des usines et des locomotives. C'est enfin le pays de l'industrie par excellence.

Une des bases de la prospérité anglaise est le **coton**.

L'Angleterre possède plus de 3000 filatures de ce textile. Les villes qui sont à la tête de l'industrie cotonnière sont en première ligne *Manchester* et *Glasgow*.

Population. — Les îles Britanniques renferment 35 millions d'habitants. Tout l'empire, avec les grandes possessions qu'il a hors d'Europe, en comprend plus de 240 millions.

La population du Royaume-Uni se partage en *Anglais, Gallois, Écossais* et *Irlandais.*

Le fond de la langue anglaise est le *saxon.* Des restes remarquables de la langue celtique se retrouvent encore dans le pays de Galles, dans la Haute-Écosse et en Irlande.

La nation anglaise est généralement grande et robuste. L'Écossais est hospitalier, religieux et fier. Son caractère est moins grave que celui de l'Anglais. Il se passionne aisément. L'Irlandais est intelligent, mais inconstant, brillant, souvent gai, mais trop souvent vaniteux et mobile.

Religion. — La religion dominante en Angleterre est la *religion anglicane,* qui est une division du protestantisme ; elle considère le souverain comme chef suprême de l'Église, et a des archevêques (à Cantorbery, à York) et des évêques. En Écosse règne la religion *presbytérienne,* qui n'admet ni chef de l'Église, ni évêques. Enfin les Irlandais sont la plupart catholiques.

Gouvernement. — Les îles Britanniques ont un gouvernement monarchique : le pouvoir du *roi* ou de la *reine* (car les reines peuvent régner dans cet État) est limité par le *Parlement* qui se compose de deux assemblées : l'une est la *Chambre des pairs* ou des *lords,* dont les membres sont choisis par le souverain ; l'autre est la *Chambre des communes,* dont les membres sont élus par le peuple.

Émigration. — Les îles Britanniques et l'Allemagne sont, en Europe, les deux pays qui fournissent à l'émigration le contingent le plus considérable.

L'Angleterre, l'Écosse et l'Irlande envoient loin de notre continent de 3 à 400 000 individus par an.

La source principale d'où s'écoule ce flot d'émigration a été généralement l'Irlande. Les Irlandais émigrent surtout aux États-Unis ; les autres se rendent en Australie, au Canada, etc.

Colonies et possessions extérieures. — Outre les îles

Britanniques, la Grande-Bretagne possède en Europe, *Gibraltar*, les trois îles de *Malte* et l'île de *Helgoland*. — En Asie, elle a la plus grande partie de l'*Hindoustan*, *Ceylan*, une partie de l'*Indo-Chine*, avec les îles *Andaman*, *Nicobar*, de *Poulo-Pinang*, de *Singapour*; l'île de *Hong-Kong*, en Chine ; *Aden* et l'île de *Périm*, dans l'Arabie. — En Afrique, les colonies du *Cap* et de *Natal*, le *Transvaal*, l'île *Maurice*, les *Séchelles*, *Sainte-Hélène*, l'*Ascension*; la côte de *Sierra Leone*, *cap Corse-Elmina* et d'autres points de la Guinée supérieure; la colonie de la *Gambie*. — En Amérique, le *Canada*, la *Nouvelle-Écosse*, le *Nouveau-Brunswick* et d'autres régions des parties boréales de l'Amérique du Nord ; *Terre-Neuve* et d'autres îles du golfe de *Saint-Laurent;* la *Guyane anglaise*, le *Yucatan anglais*, les îles *Bermudes*, la *Jamaïque*, les *Lucayes* et plusieurs des *Petites Antilles* (la *Dominique*, *Sainte-Lucie*, la *Barbade*, la *Trinité*, etc.). — Dans l'Océanie, l'Australie (divisée en *Nouvelles-Galles méridionale*, *Victoria*, etc.), la *Tasmanie*, la *Nouvelle-Zélande* et plusieurs autres îles du Grand Océan. (Ces terres océaniennes forment ce que les Anglais appellent leurs possessions d'*Australasie*.)

PRINCIPALES MONNAIES

Or.

Souverain (livre sterling ou guinée)....	25 fr.	12
1/2 souverain........................	12	56

Argent.

Couronne...........................	5	75
Florin..............................	2	24
Shilling (12 pence).................	1	15
1/2 shilling........................	»	57

Cuivre.

1 penny............................	»	10

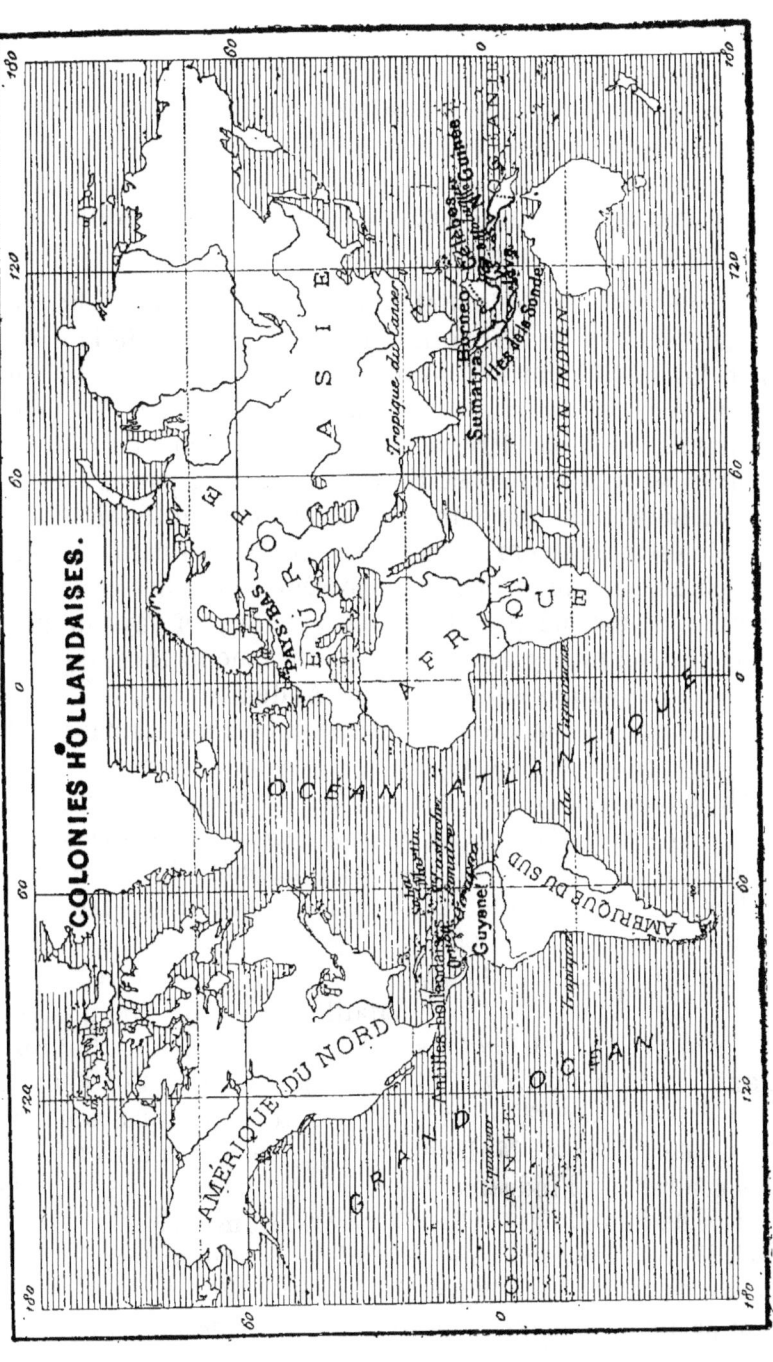

BELGIQUE

GÉOGRAPHIE PHYSIQUE, POLITIQUE ET ÉCONOMIQUE

Le petit royaume de Belgique, compris dans les bassins de la *Meuse* et de l'*Escaut*, a été formé en 1832 de la partie méridionale de l'ancien royaume des Pays-Bas ; il est borné au N. par le royaume des Pays-Bas ; à l'E., par le même royaume, par la Prusse et le grand-duché de Luxembourg ; au S. O., par la France, et à l'O., par la mer du Nord. La latitude moyenne est au 50e degré et demi.

Elle est agréablement parsemée de champs bien cultivés, de pâturages, de forêts. Elle possède de riches mines de houille, de fer, de zinc. C'est, en général, un pays de plaines ; cependant il y a au S. E. quelques montagnes, dont les plus remarquables sont celles des **Ardennes.**

L'**Escaut**, en flamand *Schelde*, est l'artère principale de la Belgique. C'est la grande voie navigable du pays.

On y trouve neuf provinces : *Flandre occidentale, Flandre orientale, Anvers, Brabant méridional, Limbourg belge, Liège, Namur, Hainaut* et *Luxembourg belge.*

Les villes les plus importantes sont : **Bruxelles**, en flamand *Brusse* ; (162000 hab. et près de 400 000 hab., avec les annexes), capitale du royaume (près de là est le village de *Waterloo*, fameux par une bataille en 1815) ; **Bruges**, en flamand *Brugge* ; *Ostende*, si célèbre par son banc d'huîtres ; **Gand**, en flamand *Gent* (130 000 h.) ; **Anvers** (170 000 h.), port célèbre sur l'Escaut, une des villes les plus commerçantes de l'Europe ; **Malines**, **Liège**, en flamand *Luik*, un des centres de l'industrie houillère, grandes usines pour le travail de la fonte et du fer ; *Verviers*, **Namur**, **Mons**, *Tournai*. Dans le voisinage de ces trois dernières villes, on voit plusieurs lieux illustrés par des victoires des Français : ce sont particulièrement *Fleurus, Fontenoy, Jemmapes.*

Agriculture. Sol. — Le sol de la Belgique n'est pas partout riche. Il présente une transition entre le territoire néerlandais et le territoire français : au nord, se déroulent des plaines basses, parmi lesquelles est un véritable désert, la *Campine*, et les marais du Limbourg se confondent avec ceux des Pays-Bas.

On peut diviser le pays en deux zones : la Belgique *agricole* et la Belgique *minière*.

La Belgique *agricole* comprend les deux Flandres, le Brabant, le Limbourg, la province d'Anvers et une partie des provinces de Liège et de Hainaut. L'agriculture y est parfaitement entendue et occupe la majorité des habitants.

La Belgique *minière* comprend la province de Namur, le Luxembourg et une grande partie des provinces de Liège et du Hainaut.

Mines et industrie. — Les mines de houille coupent pour ainsi dire en deux la Belgique, et s'étendent depuis Mons jusqu'aux environs de Liège, formant une bande de plusieurs kilomètres de largeur. La tourbe abonde sur plusieurs points.

Les matières minérales, objet d'une exploitation importante sont, au premier rang, la *houille*, ensuite le *fer*, le *zinc*, le *cuivre*, le *plomb*, le *nickel*, les *ardoises*, les *marbres*, etc.

La Belgique est, avec la Grande-Bretagne, l'État européen qui produit proportionnellement le plus de **houille**. Ses grands centres d'exploitation sont *Mons*, *Charleroi*, le bassin de *Liège*.

La Belgique a une industrie active. On y rencontre un grand nombre de hauts fourneaux, de forges, d'usines, de fabriques de glaces, etc. Le coton est l'objet d'un travail considérable à Gand. Les tissus de laine viennent principalement de la province de Liège, surtout de Verviers. A Liège, il y a une manufacture d'armes importante.

Commerce. — La France est l'État qui a le plus de relations avec la Belgique. Nous lui adressons des tissus, des grains, des farines, etc., elle nous livre de la houille, du zinc, du houblon, etc.

Voies de communications. — Nous avons dit déjà que l'*Escaut* était l'artère vitale d'une grande partie du commerce. Anvers en est la reine. Des canaux relient la plupart des rivières belges entre elles.

Gouvernement. — Le gouvernement est une monarchie constitutionnelle et héréditaire. Le pouvoir s'exerce par le roi, la Chambre des représentants et le Sénat.

Population. Langue. Religion, etc. — La population est de 5 500 000 âmes. C'est la plus dense de l'Europe. En moyenne il y a 184 individus par kilomètre carré, tandis qu'en France on n'en compte que 71. Les provinces belges où se pressent le plus d'habitants sont celles de la région occidentale et du centre, les Flandres et le Brabant.

Les Belges se livrent principalement à l'industrie manufacturière et agricole.

Le français est la langue de la partie éclairée de la population. Le flamand se parle au N. O. Le wallon, qui est une sorte de patois français, est adopté dans le S. E.

La très grande majorité est catholique.

Il y a en Belgique 4200 kilomètres de chemins de fer; les deux principaux centres des voies ferrées sont Malines et Bruxelles. La longueur des lignes télégraphiques est de 5500 kil. Les monnaies, poids et mesures sont les mêmes qu'en France.

PAYS-BAS

GÉOGRAPHIE PHYSIQUE, POLITIQUE ET ÉCONOMIQUE

Le royaume des PAYS-BAS, appelé aussi NÉDERLANDE ou NÉERLANDE, que souvent aussi on nomme *Hollande*, de sa principale province, est borné au N. et à l'O. par la mer du Nord, à l'E. par l'Allemagne, au S. par la Belgique. La latitude moyenne est au 52° degré.

Le sol est bas, humide, exposé aux inondations de la mer et des fleuves, et entrecoupé de canaux et de digues innombrables. Cette contrée renferme le profond golfe de *Zuiderzée*, qui s'est formé au treizième siècle. Le *Rhin* et la *Meuse* la parcourent de l'E. à l'O., et s'y divisent en plusieurs branches. L'*Escaut* s'y jette dans la mer, au S. O., par deux larges embouchures.

Les Pays-Bas ont formé pendant longtemps une république sous le nom de *Provinces-Unies*, et ensuite sous celui de *république Batave*. Ils comprennent onze provinces : *Hollande septentrionale, Hollande méridionale, Utrecht, Zélande, Brabant septentrional, Gueldre, Over-Yssel, Frise, Drenthe, Groningue, Limbourg hollandais*.

On remarque, dans ce royaume, de nombreuses villes florissantes :

Amsterdam (330 000 h.), capitale des Pays-Bas, située sur l'Y, bras du Zuider-zée, le plus grand port marchand du royaume. Industrie variée, chantiers de construction, fabrique de toiles à voiles et de cordages, manufactures de tabac, de savons, d'articles d'orfèvrerie, port spacieux et sûr, docks nombreux. Un des premiers comptoirs du monde.

Harlem, près de l'emplacement d'un lac du même nom, qui a été desséché ; **Leyde**, connue pour ses draps ; **La Haye** (125 000 h.), belle ville agréablement située, résidence du roi et qui est comme la seconde capitale du royaume ; **Rotterdam** (150 000 h.), port très commerçant sur la Meuse, un des grands entrepôts des denrées coloniales ; **Utrecht**, si connue par ses fabriques de draps et de velours ; *Bois-le-Duc, Nimègue* (traité de 1678-1679), *Groningue, Maestricht*, célèbre place forte, etc.

Agriculture. Industrie. Productions. — Le terrain des

Pays-Bas, terrain d'alluvions, était merveilleusement préparé pour la culture. Il en est peu de plus riches. Les *polders* sont des terrains très bas, garantis par des digues. De grandes prairies s'étendent dans les contrées voisines du Zuider-zée. Le reste de la contrée est livré à l'agriculture. Les principaux produits sont le froment, le seigle, l'orge, les pommes de terre, le lin, le tabac, etc. Les fleurs, surtout les plantes bulbeuses, sont l'objet d'une importante culture.

La Hollande a d'excellentes espèces de chevaux et des bestiaux très estimés.

L'origine de la fortune des Hollandais a sa base dans la pêche, principalement celle de la morue et des harengs.

L'industrie manufacturière est très active. Elle confectionne des toiles, des draps, des velours estimés, des papiers, etc. Les principaux articles manufacturiers sont les lainages d'Utrecht, de Harlem, d'Amsterdam, etc.

La typographie a été au dix-septième et au dix-huitième siècle plus savamment comprise en Hollande que partout ailleurs. Les Elzévirs sont restés célèbres en bibliographie. Aujourd'hui, c'est encore une branche importante.

Commerce. — Les importations consistent principalement dans la houille, le fer, le cuivre et autres métaux (les Pays-Bas n'ont pas une seule mine); dans les denrées coloniales, le coton, le lin, le chanvre, les graines oléagineuses, les bois de construction, les vins, etc.

Les exportations qui s'élèvent à plus d'un milliard de francs comprennent la garance, le tabac, les liqueurs, le beurre, le fromage, les bestiaux, le genièvre, etc.

Les Pays-Bas entretiennent surtout des relations avec l'Allemagne, la Grande-Bretagne, la Belgique, la France, la Russie, etc.

Les Hollandais nous livrent principalement des produits naturels de l'archipel de la Sonde, tandis que nous leur faisons parvenir surtout des produits manufacturiers.

Voies de communication. Fleuves et canaux. — Dans les

Rotterdam. — Le Port.

Pays-Bas, les canaux, les fleuves sont de véritables routes de grande communication. Il y a 2000 kilomètres de chemins de fer. Ces lignes unissent toutes les localités importantes.

Gouvernement. — Le gouvernement est monarchique. Le pouvoir du roi est limité par deux Chambres, qui prennent le nom d'États-Généraux.

Population. — Les habitants se rattachent à la race germanique. La langue hollandaise dérive de l'allemand. Les Hollandais sont patients, constants dans leurs projets, amis de la paix. L'énergique persévérance des Hollandais se révèle surtout dans les travaux incessants auxquels ils se livrent pour arrêter les inondations de la mer, pour construire des digues.

Les Hollandais sont au nombre d'environ 4 millions; ils professent le *calvinisme*, une des branches de la religion protestante, et la religion *catholique*. Il y a environ 2 500 000 protestants et 1 500 000 catholiques.

Colonies néerlandaises. — Les Pays-Bas ont d'importantes colonies hors de l'Europe. Les principales sont : en Amérique, la *Guyane hollandaise*, *Saint-Eustache*, *Curaçao* et quelques autres Antilles; dans l'Océanie : *Java*, plusieurs îles de la Sonde (entre autres une partie de *Sumatra*), de grandes parties de *Bornéo*, de *Célèbes*, des *Moluques*. Les possessions océaniennes sont de beaucoup les plus importantes.

La population de toutes les colonies néerlandaises est de 25 millions d'habitants.

GRAND-DUCHÉ DE LUXEMBOURG

Le grand-duché de Luxembourg, qui est sous la souveraineté du roi des Pays-Bas (sans faire partie du royaume

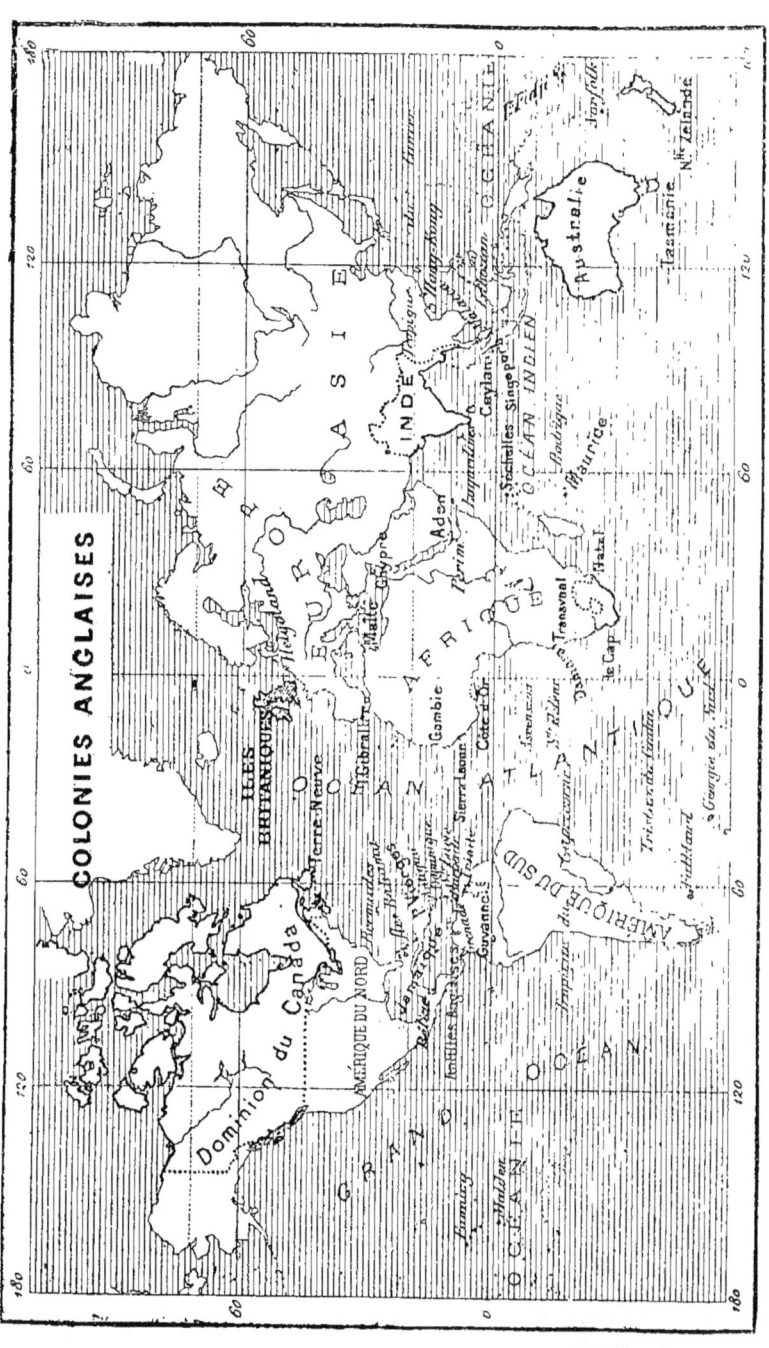

des Pays-Bas), forme un pays neutre entre la Belgique, la France et la Prusse.

Les montagnes des *Ardennes*, couvertes de forêts, occupent une grande partie du territoire du grand-duché. La *Moselle* en forme la limite orientale.

La population est de 200 000 habitants. Elle parle généralement le français et l'allemand.

La capitale est *Luxembourg*.

MONARCHIE SCANDINAVE

ou

SUÈDE ET NORVÈGE

GÉOGRAPHIE PHYSIQUE

La Suède et la Norvège sont deux royaumes réunis sous *un seul monarque*, et sont comprises dans la vaste presqu'île de la *Scandinavie*, qui est la partie la plus septentrionale de l'Europe continentale (entre 54° et 71° de latitude). Cette presqu'île est baignée : au N., par l'océan Glacial arctique ; à l'O., par l'océan Atlantique ; au S. O., par le Skager-Rack, le Cattégat et le Sund ; à l'E. et au S., par la mer Baltique. Au N. E., elle tient à la Russie, vers laquelle elle a pour limite le fleuve *Tornéå*.

La Suède et la Norvège sont séparées l'une de l'autre par la chaîne des monts *Dofrines* ou *Alpes Scandinaves*. Le *Dal-elf*, qui coule à l'E. et se jette dans le golfe de Botnie, est le plus long fleuve de la presqu'île. Le *Luleå*, autre tributaire de ce golfe, forme une magnifique cataracte.

Le *Gulf-stream* longe les côtes occidentales et adoucit considérablement la température ; s'il fait moins froid dans l'intérieur de la Suède que dans celui de la Norvège, cela tient à l'élévation de ce dernier pays, dont l'altitude moyenne est à 600 mètres. La ligne isotherme de 5° au-dessus de zéro coupe le pays vers le milieu, en passant à Christiania et à Stockholm ; celle de 0° touche l'extrémité N. de la Norvège. En Scandinavie, les étés sont courts, mais souvent très chauds, à cause de la grande longueur des jours. La végétation croît en quelques semaines avec une rapidité prodigieuse. Partout l'atmosphère est salubre.

GÉOGRAPHIE POLITIQUE

La **Suède**, en suédois *Sverige*, est divisée en trois parties : le *Nordland*, le *Svealand* ou *Suède moyenne*, et le *Gœtland* ou *Gothie*. Ces divisions se partagent en 24 *læn* ou préfectures. Cette contrée est assez fertile au S., mais stérile au N. ; elle est pleine de lacs et entrecoupée de nombreuses rivières.

Dans une assez vaste portion du Nordland se déroulent quelques territoires habités par des Lapons. La Suède contient encore, vers le N., une partie de la *Botnie* dont la Russie occupe le reste.

Au milieu, la Suède propre comprend l'ancienne province de *Dalécarlie*, célèbre par ses mines de cuivre.

La capitale du royaume est **Stockholm** (170 000 h.), agréablement située dans le lac *Mælar*, près de la Baltique, un des grands ports de commerce du nord ; — la ville d'**Upsal**, en suédois, *Upsala*, est connue par son université.

Au S., s'étend la grande province de *Gothie* baignée par les lacs *Vener* et *Vetter*. On y voit *Gothembourg*, en suédois *Gœtheborg* (70 000 h.), grand port, la grande place d'importation du royaume.

Dans la mer Baltique, à l'E. de la Gothie, on trouve les îles de **Gottland** ou d'**Œland**, qui ont des forêts et des prairies.

La **Norvège** (en danois *Norge*), partout hérissée de montagnes, généralement revêtue de grandes forêts, est parsemée de lacs et traversée par de nombreuses rivières qui forment de belles cascades. La **Laponie** s'étend au N.

La capitale de la Norvège est **Christiania** (75 000 h.), dans le S., au fond d'un golfe du même nom. Ce port est d'un difficile accès; aussi les navires s'arrêtent-ils souvent à *Drammen* pour charger les bois et les goudrons, et déposer les produits manufacturés. La seconde ville du royaume est **Bergen**, port, grand entrepôt des pêcheries du N., commerce actif de bois de construction, de cuirs, de poissons salés (morue, hareng). On remarque aussi **Trondhiem**.

Près et au N. de la Norvège, on voit les nombreuses îles *Lofoden*, rocailleuses et stériles. Au N. E., le cap *Nord* (à 71° de latitude) forme l'extrémité N. de la Norvège et de l'Europe. *Hammerfest* est la ville la plus septentrionale.

GÉOGRAPHIE ÉCONOMIQUE

Agriculture. Productions. — La Scandinavie, formée de terrains granitiques et peu fertiles, n'est pas un pays essentiellement agricole. Le sol est à moitié couvert de forêts de pins et de sapins, les deux essences dominantes du pays. On y rencontre aussi un grand nombre de chênes, de hêtres et de bouleaux. La Norvège exporte ses bois en France, en Angleterre, dans les Pays-Bas, etc.

De tous les arbres de la Norvège, le bouleau est celui qui supporte le mieux les climats les plus rigoureux. On le trouve jusqu'au 66ᵉ degré de latitude. Les chênes, les hêtres, les tilleuls vont jusqu'à 62 degrés. Certains arbres fruitiers (pommiers, cerisiers, etc.) croissent encore entre le 64e et le 65ᵉ degré.

Les landes sont nombreuses. Le pays n'a pas assez de céréales pour sa consommation. Les pommes de terre sont cultivées sur une grande échelle. Les parties les plus septentrionales, où les arbres ne viennent plus, ne sont pourtant pas dépourvues de plantes utiles : les mousses, les lichens, propres à la nourriture de l'homme, à celle des rennes, à la teinture et à divers autres usages, y tapissent le sol et les rochers.

Animaux. — On élève de nombreux troupeaux de moutons et de chèvres, de bêtes à cornes et de chevaux.

On remarque dans le N. un animal bien précieux, le **renne**, espèce de cerf dont le lait et la chair servent d'aliments, et qui attelé aux traîneaux franchit les distances avec une rapidité extraordinaire. On y rencontre beaucoup d'animaux à fourrures (renards, lynx, martres, etc.), des eiders, sorte de canards qui donnent un duvet recherché, etc.

Dans la mer on trouve les narvals dont la défense est un bel ivoire, des morses, des phoques, dont les peaux font un objet important de commerce. — Le poisson est très abondant sur les côtes scandinaves. La pêche rapporte 50 millions et occupe 100 000 individus.

Minéraux. — Les métaux sont communs. Le **fer** y abonde et est excellent. Les autres métaux sont l'**argent**, le **cuivre**. Les sources minérales sont nombreuses.

Industrie. — Les objets principaux de fabrication sont les étoffes de coton, le drap, le sucre, les eaux-de-vie. Les scieries occupent en Norvège plus de 8000 ouvriers.

Les paysans, ne pouvant trouver d'occupation lucrative au dehors, travaillent chez eux et confectionnent, avec une habileté parfois remarquable, des meubles, des horloges de bois, des armes, etc. D'autres sont tisserands.

La construction des navires pour le compte des autres peuples est une industrie particulière aux Suédois et aux Norvégiens.

La pêche en Norvège. — Un pays comme la Norvège, coupé de *fiords*, est merveilleusement préparé pour la **pêche**.

La **morue** donne lieu à la pêche la plus importante. Les armements s'effectuent vers la fin de décembre et au commencement de janvier. Chacun s'intéresse au départ des navires. Les femmes disposent les vivres, c'est-à-dire du pain d'avoine et de seigle, de la farine d'orge, du beurre, du fromage, de la viande séchée, etc.

Pendant les semaines que la Norvège septentrionale consacre à la pêche de la morue, la Norvège méridionale se prépare à celle du hareng. Plus de 6000 bateaux sont destinés à cette pêche, à laquelle s'adonnent 30 000 hommes.

Le produit total de la pêche en Norvège est d'environ 40 millions de francs.

Voies de communication. — C'est la mer qui est la grande voie de communication de ce pays; malheureusement les glaces l'obstruent pendant une partie de l'année; le golfe de Botnie est gelé tout entier pendant quelques mois au point d'être franchi facilement par des chariots pesants. La navigation ne peut commencer qu'en juin dans ce golfe. Les fleuves sont trop souvent embarrassés de rochers et de cataractes et couverts de glace une grande partie de l'année. Les lacs Vener, Vetter, Mælar et Hielmar sont, en été, le théâtre d'une active navigation. — La plus importante communication intérieure est la voie formée par le long et profond canal de *Gotha*, qui unit les lacs Vener et Vetter; par la rivière *Gotha*, et la canalisation qui la rectifie entre le Vener et le Cattégat; enfin par la rivière *Motala*, également rectifiée, entre le lac Vetter et la Baltique. De nombreux bâtiments de commerce et même des bâtiments de guerre, passent par cette belle ligne de navigation, longue de plus de 380 kilomètres. Les chemins de fer progressent rapidement, surtout dans la Suède méridionale.

Commerce. Importations. Exportations. — Les articles d'importation consistent en coton, sucre, café, tabac, tissus, céréales (surtout pour la Norvège).

Les principaux articles exportés sont le bois, le goudron, le fer, les poissons, les peaux.

La Scandinavie entretient surtout des relations commerciales avec la Grande-Bretagne, le Danemark, l'Allemagne, la France, la Russie, les États-Unis.

Population. — Quoique beaucoup plus grande que la France, la Scandinavie ne renferme que 6 millions d'habitants : 4 500 000 pour la Suède. 1 800 000 pour la Norvège divisés en **Suédois**, **Norvégiens**, **Finnois** et **Lapons.**

Les *Suédois* appartiennent à la souche germanique; ils

sont robustes, accoutumés à une vie frugale et simple. Ils sont braves, patients, calmes, persévérants.

Les *Norvégiens* sont francs, affables, hospitaliers; ce sont des marins habiles et hardis. Ils descendent de ces Normands entreprenants et audacieux qui étonnèrent, au moyen âge, par leurs incursions. Leur marine est considérable. C'est une des plus nombreuses de l'Europe.

Les *Lapons* ou Sam forment un peuple à part, d'origine mongolique. La plupart sont nomades. Ils se nourrissent du produit de leur pêche et de la chair et du lait des rennes. Chaque famille laponne possède au moins deux ou trois cents de ces animaux.

Le culte dominant en Scandinavie est la religion *luthérienne*.

L'instruction est très répandue. La plupart des paysans savent lire et connaissent les lois. L'enseignement agricole et industriel est généralement l'objet d'études toutes spéciales.

Gouvernement. — L'autorité du roi est limitée par des *diètes* (assemblées), deux pour la Suède, une pour la Norvège.

DANEMARK

Le **Danemark** (en danois *Danmark*) est composé de deux parties distinctes : *l'archipel Danois* et le nord de la péninsule *Cimbrique*.

Les principales îles de l'archipel se trouvent entre la Baltique au S., et le Cattégat au N. Les deux plus grandes sont **Seeland**, agréable, fertile et séparée de la Suède, à l'E., par le *Sund*, et **Fionie** qui se trouve entre le détroit du *Grand-Belt* et du *Petit-Belt*. Citons aussi les îles de *Laaland*, de *Falster*, de *Langeland*, de *Bornholm*.

La partie danoise de la péninsule cimbrique comprend le **Jutland**.

Le Danemark est un pays plat, sans cours d'eau important.

L'île de Seeland en est le territoire le plus riche. Le climat, généralement salubre, n'est pas froid pour la latitude (terme moyen, au 55ᵉ degré).

Il n'y a qu'une grande ville, c'est la capitale **Copenhague** (en danois *Kiœbenhavn*), 270 000 habitants. C'est un centre animé, commerçant, littéraire. — On y remarque plusieurs grandes manufactures (porcelaines, etc.). — Ce port exporte des céréales, du poisson ; il reçoit de l'Angleterre, de la France, de l'Allemagne et d'autres pays, du café, du sucre, du sel, du riz, des vins, etc.

Dans Seeland on voit encore **Elseneur** (en danois *Helsingœr*), port commerçant sur le Sund. Grands chantiers pour la réparation des navires.

Dans Fionie, **Odense**, avec de grandes tanneries, des mégisseries, des fabriques de ganterie.

Le Jutland possède entre autres **Aarhuus** (25 000 hab.), remarquable par son commerce de céréales et de bestiaux ; *Viborg* et *Aalborg*, port de pêche et de commerce.

Agriculture. Productions. — Les travaux agricoles sont parfaitement compris en Danemark. La terre est presque partout basse, humide et riche. Le Jutland seul renferme des landes. — On cultive surtout le blé, l'avoine, l'orge, le sarrasin, les pommes de terre. L'exportation des céréales est assez importante. L'agriculture est parfaitement comprise. Les **classes rurales sont, en général, instruites et dans l'aisance.**

Les **pâturages** sont de qualité supérieure. On élève plus d'un million de bêtes à cornes. Il y a de magnifiques bœufs, de belles races laitières et de beaux chevaux.

Industrie. Pêche. — Les populations du littoral se livrent à la fabrication des objets de pêche ; celles des campagnes intérieures font elles-mêmes de la toile, des lainages, de la bonneterie. Les villes possèdent quelques manufactures importantes de draps et de toiles, des raffineries, etc. Il n'y a pas de métaux dans le pays, mais on sait y transformer en bons ustensiles les fers, l'acier venus de l'étranger.

La **construction des navires** et la **pêche** sont en résumé

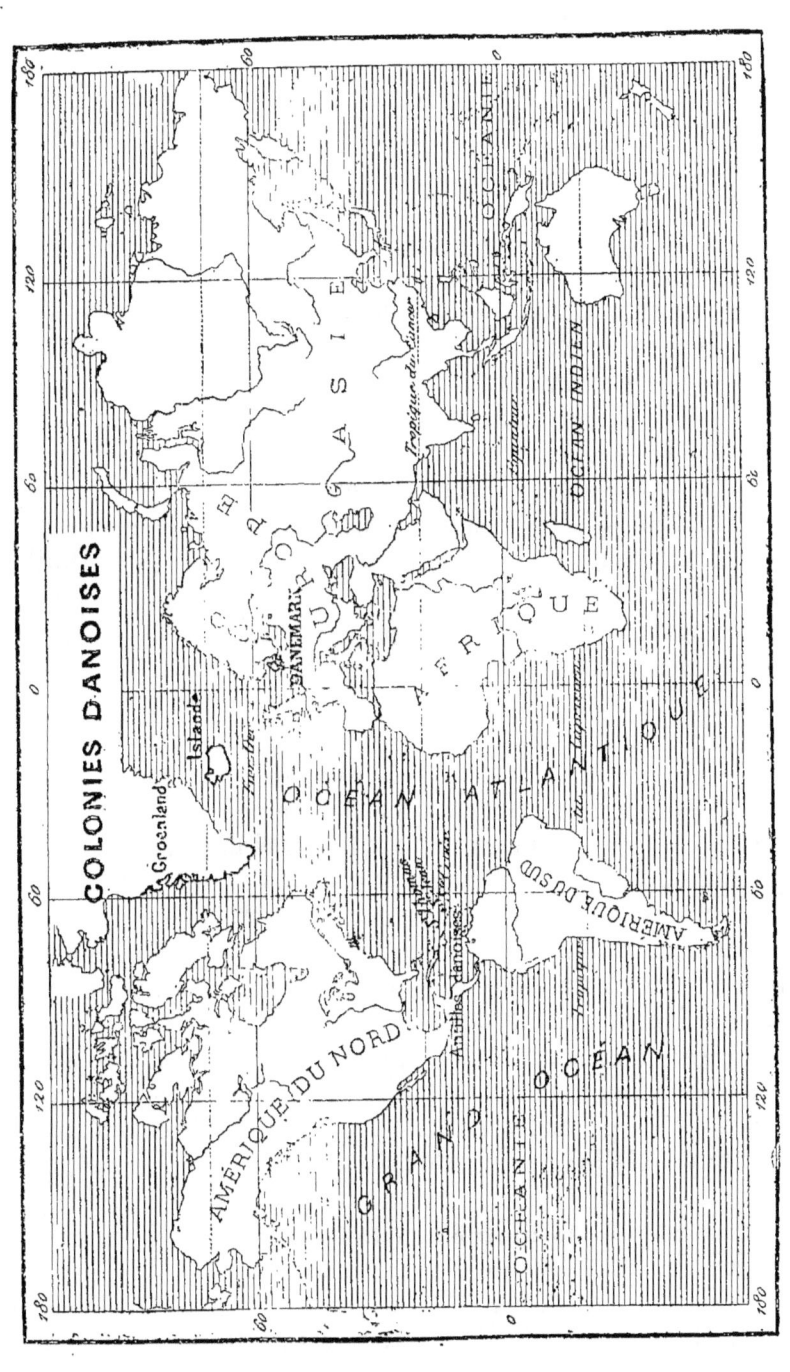

les seules branches d'industrie importantes du Danemark. Un grand nombre de navires partent pour la pêche de la morue dans les parages de Terre-Neuve et de l'Islande, pour celle des harengs et de la baleine dans d'autres parties des mers du nord.

Commerce. Importations. Exportations. — Le commerce du Danemark a beaucoup baissé depuis la guerre désastreuse de 1864, suivie de la perte des ports de Kiel, d'Altona, de Flensbourg, etc.

Les importations sont de beaucoup supérieures aux exportations. Le Danemark reçoit de l'étranger les matières premières, la houille, les métaux, les bois de construction, les denrées coloniales, les soieries, etc.)

Les objets d'exportation sont presque uniquement les produits de la **pêche** et de l'agriculture (poissons salés, huiles de poisson, bestiaux, etc.

L'Angleterre est le pays qui commerce le plus avec le Danemark ; viennent ensuite la Suède, la Norvège, la Prusse, la Hollande, etc.

Population. — Les Danois, rameau scandinave, se font remarquer par leur probité, par leur amour du travail et de l'ordre, par leur énergie et leur habileté dans la marine. Le paysan semble jouir d'une aisance plus grande que dans la plupart des autres États européens. L'instruction primaire y est plus répandue que partout ailleurs. Tout le monde sait lire et écrire. La population est assez dense. Elle est d'environ 2 millions d'habitants.

Le *luthéranisme* est la religion dominante. Grâce à leur intelligence, à leur activité, les Danois ont su conquérir une place d'élite parmi les nations européennes. Ils ont été autrefois le peuple le plus puissant du nord.

Possessions lointaines : Islande, etc. — L'Islande, en danois *Island* (terre de glace), située au N. O. des îles Britanniques, dans l'océan Atlantique et un peu dans l'océan Glacial, bien loin du Danemark, fait partie de ce royaume.

Elle est couverte de montagnes escarpées, stériles, continuellement revêtues de neige et de glace, et dont plusieurs sont des volcans. La plus célèbre de ces montagnes est l'*Hékla*.

Au S. E. de l'Islande est le groupe des îles *Færœer*, qui dépend aussi du Danemark.

Le **Groenland**, en Amérique, appartient également à ce royaume, de même que les îles *Sainte-Croix*, *Saint-Thomas* et *Saint-Jean*, dans les *Petites Antilles*.

Gouvernement. — Le gouvernement est une monarchie. Le pouvoir du roi est limité par le Parlement (*Rigsdag*).

ALLEMAGNE

GÉOGRAPHIE PHYSIQUE

L'**Allemagne** (en allemand *Deutschland*) est une vaste contrée située au centre de l'Europe, à l'E. de la France, de la Belgique et des Pays-Bas, au N. de la Suisse et de l'Italie, à l'O. de l'empire Austro-Hongrois et de l'empire Russe.

Elle est baignée au N. par la mer du Nord et la mer Baltique. Ailleurs, ses frontières naturelles sont : à l'O., les Vosges, du côté de la France; au S., le Rhin, du côté de la Suisse, et des rameaux des Alpes, vers l'empire Austro-Hongrois; à l'E., l'Inn, les monts du Bœhmer-wald, de l'Erz-Gebirge, du Riesen-Gebirge, vers le même empire ; ensuite les limites orientales, vers l'empire Russe, passent vaguement à travers des plaines. — Latitude : de 47° à 55° N.

L'Allemagne est, vers le S., couverte par les *Alpes*; — au S. O., par les montagnes de la *Forêt-Noire*; — au centre, par les montagnes des *Pins* (*Fichtel-Gebirge*) et celles de la *Thuringe* (*Thüringer-Wald*); à l'E., par les montagnes du *Bœhmer-Wald* (*Forêt de Bohême*), par celles de l'*Erz-Gebirge* (*montagne des mines*) et par le *Riesen-Gebirge* (*monts des Géants*) ; — à l'O., par les *Vosges* et les monts *Eifel*.

Au N., elle renferme les montagnes du *Harz*, renommées par leurs mines ; mais elle offre aussi, dans cette partie, de vastes plaines marécageuses et froides.

De grands fleuves tributaires de la mer du Nord, arrosent l'O. et le centre de l'Allemagne. Ce sont : le *Rhin*, qui s'y grossit du *Necker*, du *Main*, de la *Moselle*, de la *Lahn* et de la *Lippe* ; — l'*Ems*, qui a son embouchure dans la baie de *Dollart* ; — l'*Iahde*, qui se jette dans la baie de même nom ; — le *Weser*, qui se forme par la réunion de la *Werra* et de la *Fulde*, et qui a un large estuaire ; — l'*Elbe*, qui reçoit la *Mulde* et la *Saale*, et a aussi une large embouchure.

Au N. E., cette contrée est traversée par l'*Oder*, qui se rend dans la mer Baltique, en s'épanchant dans un golfe intérieur nommé *Pommersche-Haff* ; — par la *Vistule* et le *Niémen*, aux embouchures desquels sont les lagunes appelées *Frische-Haff* et *Curische-Haff*.

Au S., coule le *Danube*, qui s'augmente de l'*Isar* et de l'*Inn* et qui va, bien loin de l'Allemagne, se jeter dans la mer Noire.

GÉOGRAPHIE POLITIQUE

L'Allemagne a formé la *confédération Germanique*, de 1815 à 1866. Elle a constitué, après cette dernière époque, deux parties distinctes : la *confédération de l'Allemagne du Nord*, ayant pour État principal la Prusse ; et les *États de l'Allemagne du Sud* (Bavière, Wurtemberg, etc.). — En 1871, ces deux parties se sont fondues en un seul ensemble, qui a pris le nom d'*empire d'Allemagne*, et a reconnu le roi de Prusse pour empereur. Un parlement (Reichstag), siégeant à Berlin, représente toute la nation allemande. — Nous allons examiner séparément les divers États de cet empire.

La Prusse, qui s'est composée longtemps de deux parties

séparées par divers États de l'Allemagne, forme depuis 1866 un territoire compact et ininterrompu, qui s'étend de l'E. à l'O. depuis la Russie jusqu'à la France, et du N. au S., depuis la mer Baltique et la mer du Nord jusqu'aux monts des Géants, du côté de l'Autriche, et au Main du côté de la Bavière et du grand-duché de Hesse.

On peut la partager en deux divisions générales : les *anciennes provinces* et les *provinces nouvellement annexées*.

Les ANCIENNES PROVINCES sont au nombre de huit, dont deux à l'E., vers la Russie, ne sont pas réellement allemandes, mais slaves et lettones : l'une est la province de *Prusse* (divisée en *Prusse orientale* et *Prusse occidentale*) : l'autre, la province de *Posen*. Elles sont basses, marécageuses et parsemées de lacs, dont les plus grands sont le *Curische-Haff* et le *Frische-Haff*, près de la Baltique ; on y voit couler le *Niémen* et la *Vistule*.

Au milieu, on trouve les provinces de *Poméranie*, de *Brandebourg*, de *Saxe*, de *Silésie*, qui sont allemandes de langue généralement, et slaves sur quelques points. Les deux premières sont plates, humides et entrecoupées d'un grand nombre de lacs ; les autres présentent quelques montagnes, abondent en gras pâturages, et sont riches en minéraux. L'*Oder* (qui reçoit la *Warthe*) et l'*Elbe* (qui se grossit du *Havel*, augmenté lui-même de la *Sprée*) arrosent cette partie du royaume de Prusse.

A l'O., s'étendent les provinces de *Westphalie* et du *Rhin* qui sont allemandes en général et wallonnes sur une petite étendue. Elles touchent aux Pays-Bas, à la Belgique et à la France ; leur sol est agréablement varié de collines et de vallées fertiles ; elles sont arrosées par le *Weser*, le *Rhin* et la *Moselle*.

Les plus grandes villes des anciennes provinces sont :

A l'E., **Kœnigsberg** (140 000 h.), sur le Prégel, près de l'extrémité orientale de Frische-Haff avec un port pour les petits bâtiments. Les plus gros s'arrêtent à *Pillau*. Les principaux objets de commerce sont le thé, les céréales, les matières textiles.

Dantzick ou **Danzig** (110 000 h.), sur un golfe du même nom, vers l'embouchure de la Vistule, avec un port très fréquenté. Grand entrepôt de céréales et de bois de construction.

Au milieu, **Berlin**, capitale de la Prusse et de toute l'Allemagne, sur la Sprée, avec plus d'un million d'habitants; centre d'une industrie variée : machines, quincaillerie, bijouterie, porcelaine, produits chimiques, etc.; — **Potsdam**, dans une position agréable, sur le Havel, avec de célèbres châteaux royaux ; — **Brandebourg**, ville industrielle, qui a donné son nom à la province située au cœur du royaume ; — *Francfort-sur-l'Oder*, qui a des foires renommées ; — **Magdebourg** (98 000 h.), place forte sur l'Elbe; *Halle*, fameuse par son université; — **Breslau**, 2e ville du royaume par sa population (280 000 h.), sur l'Oder, grand commerce de laines; — **Stettin**, le port le plus commerçant de la Prusse, aussi sur l'Oder, grand mouvement d'affaires. Raffineries de sucre, moulins à farines. Commerce de céréales. — *Stralsund*, sur la Baltique, en face de l'île de Rügen.

A l'O., *Münster*, connu par le traité de 1648; — **Cologne**, en allemand *Kœln* (155 000 h.), sur le Rhin, remarquable par son antiquité, son agréable situation, son grand commerce; — *Düsseldorf*, belle ville, sur le Rhin; — *Elberfeld, Barmen, Essen*, fameuses par leur industrie; — **Aix-la-Chapelle**, en allemand *Aachen*, célèbre par ses eaux thermales, et surtout parce qu'elle fut la résidence de Charlemagne; ville industrieuse; — **Coblentz**, au confluent de la Moselle et du Rhin; — *Trèves*, très ancienne ville sur la Moselle.

Parmi les anciennes possessions, il faut encore nommer le pays de *Hohenzollern*, dans le S. de l'Allemagne, et le petit territoire de l'*Iahde*, enclavé dans l'Oldenbourg.

Les PROVINCES NOUVELLEMENT ANNEXÉES sont :

La province *Slesvig-Holstein*, formée d'anciens duchés, qui appartenaient au Danemark, dont ils ont été détachés en 1864.

Berlin. — La place des Gendarmes.

La province de *Hanovre* (formée de l'ancien royaume du même nom), et celle de *Hesse-Nassau* (formée surtout des anciens États de Hesse Électorale de Nassau).

Il faut y ajouter le duché de *Lauenbourg*, sur la rive droite de l'Elbe, enlevé au Danemark, et qui forme une division administrative séparée.

On remarque, dans ces provinces, comme villes principales :

Slesvig, Flensbourg, Kiel, **Altona,** *Rendsbourg,* dans la province de Slesvig-Holstein.

Hanovre, en allemand *Hannover* (120 000 h.). Grande fabrication de savon, de tabac, de fleurs artificielles, de caoutchouc, etc. ; — *Gœttingue*, fameuse par son université ; — *Osnabruck*, par le traité de 1648, et *Emden*, par son port, dans la province de Hanovre.

Cassel, commerçante en bois de construction, chanvre, joaillerie, et *Wiesbaden*, **Francfort-sur-le-Main**, en allemand *Frankfurt-am-Main* (136 000 h.), ancienne ville libre, importante par son grand commerce et par ses foires, dans la province de Hesse-Nassau.

La population de la Prusse est d'environ 27 millions d'habitants.

La religion protestante dite évangélique (calvinisme et luthéranisme confondus) est professée par la majorité : il y a aussi des catholiques, surtout à l'O. La langue allemande est parlée presque partout dans le royaume de Prusse ; cependant les langues polonaise et lettone sont fort répandues dans les provinces les plus orientales, et la langue wende (une des langues slaves) dans la partie moyenne.

ROYAUME DE SAXE, DUCHÉS DE SAXE ET AUTRES ÉTATS DE THURINGE, ANHALT, GRANDS-DUCHÉS DE MECKLEMBOURG, VILLES LIBRES, BRUNSWICK, WALDECK, LIPPE, OLDENBOURG

Les États groupés autour de la Prusse dans le N. de l'Allemagne sont, en s'avançant de l'E. à l'O. : 1° le royaume de Saxe, arrosé par l'Elbe, et peuplé de 2 900 000 h.; — 2° les États de Thuringe, c'est-à-dire : les quatre duchés de *Saxe* (*Saxe-Weimar*, grand-duché; *Saxe-Cobourg-Gotha, Saxe-Meiningen, Saxe-Altenbourg*); — 3° les deux principautés de *Reuss;* — les deux principautés de *Schwarzbourg;* — 4° le duché d'Anhalt; — 5° les deux grands-duchés de Mecklenbourg; les villes libres de Hambourg, de Lubeck et de Brême; — 6° le duché de Brunswick; — 7° la principauté de Waldeck; — 8° les deux principautés de Lippe; — 9° le grand-duché d'Oldenbourg.

Voici les villes principales qu'on y remarque :

Dresde (220 000 h.), capitale du royaume de Saxe, grande et belle ville, sur l'Elbe; — **Leipzig** (150 000 h.), dans le même royaume, célèbre par son université, ses foires, son commerce de livres et une bataille en 1813; — **Chemnitz**, ville industrielle, cotons, lainages, fils, etc.

Weimar, centre littéraire et scientifique; Gotha, nombreux établissements scientifiques et librairies, et *Altenbourg*, les trois plus grandes villes des duchés de Saxe; — *Iéna* (dans le grand-duché de Saxe-Weimar), fameuse par son université et par une victoire des Français en 1806. — (Presque toutes les villes des duchés de Saxe se distinguent par une culture très avancée des lettres et des sciences.)

Dessau, capitale du duché d'Anhalt.

Schwerin, capitale du grand-duché de Mecklenbourg-Schwerin.

Hambourg (290 000 h.), port très fréquenté, sur l'Elbe, et, après Berlin, la plus grande ville de l'Allemagne; immenses entrepôts de marchandises. Relations avec tous les ports du globe. Importation et exportation embrassant un capital de plus de 2 milliards de francs; — **Lübeck**, port sur la Baltique, et **Brême**, en allemand *Bremen* (112 000 h.), port sur le Weser, deux autres villes très commerçantes, et désignées, avec Hambourg, sous le titre de villes *hanséatiques* (c'est-à-dire alliées pour le commerce).

Brunswick, Oldenbourg, capitales des duchés de même nom.

BAVIÈRE, WURTEMBERG, BADE, GRAND-DUCHÉ DE HESSE, ALSACE-LORRAINE

La **Bavière** est un royaume assez considérable, situé vers la partie la plus méridionale de l'Allemagne. Deux parties séparées composent cet État : la plus grande, à l'E., dans les bassins du Danube et du Main, comprend la *Bavière propre*, la *Franconie*, la *Souabe*, le *Haut-Palatinat* et les villes suivantes :

Munich, en allemand *München*, très belle ville (230 000 habitants), capitale de la Bavière, sur l'Isar; — **Augsbourg** (61 000 h.), une des places les plus commerçantes de l'Allemagne; — **Nuremberg**, en allemand *Nürnberg*, où l'on a inventé les montres et les pendules, et où l'on fabrique beaucoup de mercerie, d'instruments de musique et de mathématiques, de jouets d'enfants, etc.; — *Würzbourg*, sur le Main ; — *Bamberg;* — *Ratisbonne*, sur le Danube.

L'autre partie, à l'O., est le *cercle du Rhin*, la *Bavière rhénane* ou le *Bas-Palatinat*, avec les villes de *Spire*, sur le Rhin, des *Deux-Ponts* ou *Zweibrücken* et de *Landau*.

La Bavière possède 5 300 000 habitants.

Le **Wurtemberg** est un joli royaume, très bien cultivé et très peuplé, sur le versant oriental de la Forêt-Noire, dans les bassins du Danube et du Necker. — **Stuttgart**, capitale, centre d'une industrie assez active ; — *Louisbourg*, qui est souvent la résidence du roi ; — *Ulm*, sur le Danube, fameuse par la prise qu'en firent les Français en 1805, en sont les villes principales. — Le royaume a 1 900 000 habitants.

Le grand-duché de **Bade** (1 500 000 h.) est renfermé entre la Forêt-Noire et le Rhin; il touche, au S. E., au lac de Constance; — **Carlsruhe**, très jolie ville industrieuse, est la capitale. — Autres villes : **Bade** (*Baden-Baden*), renommée par ses eaux minérales; — *Manheim*, au confluent du Necker et du Rhin; — **Fribourg en Brisgau**,

Heidelberg, célèbres par leurs universités ; — *Constance*, vers l'endroit où le Rhin sort du lac de ce nom.

Le grand-duché de **Hesse** (900 000 h.) est partagé en deux parties : la plus considérable est au S. du Main et sur le Rhin, et renferme : **Darmstadt**, capitale ; — **Mayence**, ville forte, dans un pays fertile en vins renommés, au confluent du Rhin et du Main.

L'autre partie, au N. du Main, a pour ville principale *Giessen*.

Le gouvernement d'ALSACE-LORRAINE (1 560 000 h.), formé de territoires que la France a eu la douleur de perdre après une guerre contre l'Allemagne et qu'elle a cédés par le traité de 1871, comprend les anciens départements du Haut-Rhin (sauf le territoire de Belfort) et du Bas-Rhin, la plus grande partie de l'ancien département de la Moselle et environ le tiers de celui de la Meurthe. — **Strasbourg** (105 000 h.) en est la capitale ; **Metz** (53 000 h.), **Mulhouse** et les environs (68 000 h.), filatures, etc., et *Colmar*, en sont ensuite les plus grandes villes.

Chemins de fer de l'Allemagne : 33 000 kil.

GÉOGRAPHIE ÉCONOMIQUE

Productions minérales. — L'Allemagne est riche en mines : il y a de l'**or**, de l'**argent**, du **cuivre**, du **fer**, du **plomb**, du **zinc**, de l'étain, du mercure, du manganèse, du cobalt, de l'arsenic, du sel gemme, de la **houille**, des pierres précieuses. — L'exploitation minière a surtout beaucoup d'activité dans les montagnes du Harz.

Productions agricoles. Végétaux. Animaux. — Le sol est généralement fertile et bien cultivé. Les céréales, les pommes de terre, le chanvre, le lin, les plantes oléagineuses, le houblon, la garance, le pastel, le tabac, la vigne (qui est cultivée jusqu'au 51ᵉ parallèle), la betterave à sucre, sont les principaux produits végétaux.

Les bœufs, les moutons, les chevaux, les porcs sont nombreux et estimés.

Industrie et commerce. — L'industrie de l'Allemagne offre un grand développement : elle consiste en tissus de lin et de coton, drap, blondes, dentelles, soieries, ouvrages en fer et en acier de la Saxe et de la Prusse; ouvrages en or et en argent de la Bavière et de la Hesse; pendules en bois de la Forêt-Noire; ouvrages en bois et autres articles de Nuremberg, orfèvrerie, quincaillerie, glaces, cuirs, porcelaine de Saxe, etc.

Le commerce a été pendant longtemps entravé par la multiplicité des petits États qui avaient chacun leurs douanes particulières; mais depuis 1833 il s'est formé, sous l'influence de la Prusse, une association commerçante appelée **Zollverein** (union douanière), avec une frontière générale de douanes, de sorte que tous les États de l'association ont été enfermés dans l'uniformité d'un même tarif. Hambourg, Altona et quelques autres points ne font pas partie du *Zollverein*. Le grand-duché de Luxembourg est compris dans cette union, qui a puissamment contribué à préparer l'empire d'Allemagne en 1871.

Population de l'Allemagne en général. Religions, etc.
— On compte 45 millions d'habitants dans l'Allemagne. La population appartient à six familles principales : 1° les *Allemands proprement dits* (en allemand *Deutsch* ou *Teutsch*, d'où le mot français *Tudesques*); — 2° les *Slaves*, dont les *Wendes* et les *Polonais* sont les principales divisions; — 3° les *Lettons*, dans la partie la plus orientale de l'empire; — 4° les *Frisons*, qui habitent les côtes basses de la mer du Nord; — 5° les *Wallons* (d'origine Française), vers le cours inférieur du Rhin; — 6° les *Danois*, dans la péninsule cimbrique. Il y a un assez grand nombre de *Juifs*.

L'instruction est fort répandue en Allemagne. Il y a de florissantes universités et une infinité de gymnases, d'écoles, de musées, de Sociétés littéraires, de bibliothèques publiques, etc.

La plupart des habitants du Nord professent la religion protestante (luthériens, calvinistes). Ceux du Sud sont généralement catholiques.

Organisation militaire. — Dans l'empire d'Allemagne, l'armée se compose de l'armée permanente, de la milice nationale (*landwehr*) et de la levée en masse (*landsturm*). Le Prussien est de tous les peuples allemands, le plus essentiellement militaire, le plus méthodique, le plus régulier, mais aussi le plus rude et le plus fier.

Gouvernement. — Les 26 États dont se compose aujourd'hui l'Allemagne reconnaissent l'autorité générale de l'empereur, qui est en même temps roi de Prusse. Un parlement, le *Reichstag*, qui siège à Berlin, représente tous les États allemands.

A partir de la guerre de 1866, le Hanovre, le duché de Nassau et l'électorat de Hesse-Cassel ont été militairement annexés à la Prusse en même temps que la ville libre de Francfort. Ensuite s'est formé la confédération allemande du Nord, sorte de fédération soumise à la prépondérance politique et militaire de la Prusse.

Après les événements de 1870-71, les États du Sud, Bavière, Wurtemberg, grand-duché de Bade, etc., se sont définitivement réunis aux États du Nord ; le titre d'empereur a été conféré, au mois de janvier 1871, au roi de Prusse Frédéric-Guillaume.

EMPIRE AUSTRO-HONGROIS

GÉOGRAPHIE PHYSIQUE ET POLITIQUE

L'EMPIRE AUSTRO-HONGROIS ou d'AUTRICHE-HONGRIE (en all. *Œsterreich-Ungarn*), qu'on appelait auparavant *empire d'Autriche*, est situé au centre de l'Europe, et touche, vers l'O., à l'empire d'Allemagne et à l'empire de Russie ; à l'E., à ce dernier. Au S., les monts Carpathes, le Danube et la Save le séparent de la Roumanie, de la Serbie et de la province turque de la Bosnie; il est aussi borné de ce côté par l'*Adriatique*, dans laquelle il a un grand nombre d'îles, formant l'archipel *Dalmate-Illyrien*. — Latit. moy. : 48°.

Les parties les plus occidentales de l'empire sont habitées par des Allemands, et composent l'archiduché d'*Autriche* (divisé en *pays au-dessous de l'Ens* et *pays au-dessus de l'Ens*), le duché de *Salzbourg*, la *Carinthie* et le nord du *Tyrol*.

D'autres parties, aussi à l'O., la *Styrie* et la *Carniole*, ont une population mélangée d'Allemands et de Slaves.

Le S. du *Tyrol* et une région qui s'étend sur la côte N. de l'Adriatique sous le nom de *Littoral illyrien*, sont des pays italiens plutôt qu'allemands, et se trouvent dans le S. O de l'empire.

Dans le N. O., sont la *Bohême*, la *Moravie*, et le duché de *Silésie*, pays surtout slaves : les Tchèkhes ou Bohèmes et les Slovaques en sont les principaux habitants. Cependant il y a aussi des Allemands.

Vers le centre et le sud-est, est le royaume de *Hongrie-Transylvanie*, habité par les Hongrois ou Magyars, par des Slaves (Slovaques et Ruthènes) et par des Roumains.

Au S., sont : 1° le royaume de *Croatie-Esclavonie*, y compris les anciens *Confins militaires*, maintenant organisés civilement ; 2° le territoire de *Fiume* ; 3° la *Dalmatie*. Ces divisions sont peuplées par des Slaves (Croates, Esclavons, Serbes). Il y a aussi des Italiens en Dalmatie.

Au N. E., la *Galicie*, peuplée de Slaves, et la *Bukovine*, peuplée de Roumains.

Les *Alpes* couvrent le S. O. de l'empire. Les monts *Carpathes* s'étendent dans le N., le N. E. et le S. E. Entre ces deux grandes chaînes, coule le *Danube*, qui se dirige du N.O. au S. E., en s'augmentant du *Vag*, de la *Theiss*, de l'*Inn*, de l'*Ens*, de la *Leitha*, de la *Drave* et de la *Save*. Il parcourt de vastes plaines, dont quelques-unes sont marécageuses. — L'*Elbe* arrose la Bohême, et coule à travers un pays agréable et fertile. Le *Dniestr* et la *Vistule*, dans le N. E., arrosent les plaines de la Galicie. — Dans le S. O., l'*Adige* traverse le Tyrol et se dirige vers l'Adriatique.

Le lac *Balaton* ou *Platten-see* s'étend dans la partie occidentale de la Hongrie ; le lac de *Garde* touche l'extrémité sud du Tyrol, et le lac de *Constance*, formé par le *Rhin*, en baigne l'extrémité O.

Vienne (en allemand *Wien*), capitale de l'empire et en particulier de l'archiduché d'Autriche, est située au milieu d'une plaine fertile, sur le Danube, dans la Basse-Autriche (partie orientale de l'archiduché, ou pays au-dessous de l'Ens) ; elle est peuplée de 1 000 000 d'âmes, en y comprenant les communes annexées. C'est le centre d'un immense commerce entre l'Europe centrale, la Turquie et la Russie.

Dans le voisinage, on remarque le village de *Wagram*, célèbre par une victoire des Français en 1809.

Lintz, aussi sur le Danube, est la capitale de la Haute-Autriche ou pays au-dessus de l'Ens. On y remarque des manufactures de tapis et de lainages.

Salzbourg est la capitale du duché de même nom, au milieu d'un pays montagneux, riche en mines de fer et de sel.

Gratz (97 000 habitants), capitale de la Styrie, sur la Mur, a aussi des mines de fer dans son voisinage.

Klagenfurt, importante par ses manufactures de draps et de céruse, est la capitale de la Carinthie. — *Laybach* est la capitale de la Carniole. — *Inspruck*, sur l'Inn, est la capitale du Tyrol, un des pays les plus montagneux et les plus pittoresques de l'Europe. — *Trente*, célèbre par un concile au seizième siècle, se trouve dans la portion du Tyrol qui s'incline vers l'Italie.

Trieste, peuplée de plus de 145 000 habitants, avec ses faubourgs, est la ville principale du Littoral illyrien, où l'on rencontre aussi la presqu'île d'*Istrie*. Le port de Trieste est le principal de la monarchie. Siège d'une nombreuse flottille de bâtiments à vapeur de commerce. Ces navires, appartenant à la compagnie du Lloyd autrichien, se dirigent vers tous les points de la Méditerranée.

Prague, ville de 160 000 âmes, sur la Moldau, est la

capitale du beau royaume de Bohême, enfermé par quatre chaînes de montagnes. — Dans le même pays, sont *Reichenberg*, connue par ses draps ; — *Carlsbad*, *Sedlitz*, *Tœplitz*, par leurs eaux minérales ; — *Sadowa*, par une victoire mémorable des Prussiens sur les Autrichiens, en 1866. Cette bataille porte aussi le nom de *Kœniggrœtz*, ville près de laquelle elle a été livrée.

Brünn est la capitale de la Moravie. — Près de là on trouve la petite ville d'*Austerlitz*, célèbre par une victoire des Français en 1805. — On peut citer, dans le même pays, *Olmütz*.

Parmi les villes de la Hongrie, on remarque : au milieu, **Buda-Pest** (360 000 h.), capitale de ce royaume et composée de deux villes : *Pest*, sur la rive gauche du Danube; *Buda* ou *Ofen*, sur la rive droite du Danube. — A l'O., **Presbourg**, ancienne capitale de la Hongrie, sur le Danube ; — *Komorn*, place très forte, sur le même fleuve. — Au N., *Schemnitz*, fameuse par ses mines d'or, d'argent et de plomb ; — *Tokay*, célèbre par ses vins. — A l'E., *Debreczin* et *Gross-Wardien*. — Au S., *Szegedin*, *Theresienstadt* ou *Theresiopel*, et *Temesvar*.

Dans la Transylvanie, pays montagneux, on remarque *Klausenbourg*, capitale *Cronstadt*, la ville la plus industrieuse et la plus commerçante du pays, avec des fabriques de draps, de passementerie, de cordonnet et de lacets pour le Levant, et *Hermanstadt*, cité industrieuse et commerçante (draps, etc.).

Agram est la capitale du royaume de Croatie-Esclavonie.

Fiume, port à l'extrémité N. E. de l'Adriatique, est au S. O de la Croatie.

Dans la Dalmatie, qui s'étend le long de la côte orientale de l'Adriatique, avec des îles nombreuses, les villes principales sont : *Zara*, capitale; **Raguse**, port célèbre, chantiers de construction, et *Cattaro*, sur un beau golfe qu'on nomme *Bouches de Cattaro*.

La Galicie, pays d'origine tout à fait polonaise, a pour capitale **Lemberg**, et renferme, à l'O., *Wieliczka*, fameuse par ses mines de sel ; — **Cracovie**, en allemand *Krakau*,

Vienne. — Le Ring strasse.

en polonais *Krakow*, autrefois capitale de la Pologne, plus tard république, enfin réunie à l'Autriche en 1846.

Deux grandes divisions politiques ont été établies pour l'administration de l'empire : à l'O., la division *Cisleithane* (en deçà de la Leitha), comprenant les *pays Autrichiens* et ayant pour centre Vienne ; — à l'E., la division *Transleithane* (au delà de la Leitha), comprenant les *pays de la couronne de Hongrie*, et où se trouvent, avec la Hongrie, la Transylvanie, Fiume, le royaume de Croatie-Esclavonie et les anciens Confins militaires.

GÉOGRAPHIE ÉCONOMIQUE.

Productions minérales. — L'empire Austro-Hongrois est très riche en mines : on trouve de l'or en Hongrie et en Transylvanie; de l'argent en Hongrie, en Bohême, en Transylvanie; du plomb et du zinc en Hongrie et en Carinthie; du cuivre en Illyrie, en Bohême, en Transylvanie et en Hongrie, etc.; du fer en Styrie, etc.; de l'arsenic en Bohême; de l'antimoine en Hongrie; du mercure en Carniole; des mines de **sel gemme** (les plus riches du monde) en Galicie et dans le Salzbourg; de la houille, de la tourbe, etc.

Citons, parmi les pierres précieuses, les rubis de Bohême (grenats), les améthystes, les saphirs, les opales, etc.

Les sources minérales sont nombreuses : en Bohême particulièrement, où sont les eaux de *Sedlitz*, *Carlsbad*, *Tœplitz*, etc.

Agriculture. Productions végétales. — On trouve du **blé** presque partout, mais en grande quantité en Galicie et en Hongrie; de l'avoine, principalement en Hongrie; de bons vins, surtout dans la Hongrie; du maïs, des pommes de terre, du houblon, des graines oléagineuses, du tabac, du safran, du chanvre, du lin, des arbres fruitiers (pommiers, poiriers), des pâturages excellents. Les **forêts** couvrent le tiers de la monarchie et sont formées de sapins, de pins, de hêtres, de mélèzes, de chênes, de frênes et d'ormes. — Les oliviers et même le coton réussissent dans la Dalmatie.

Il y a dans les vastes plaines de la Hongrie, de véritables steppes et de grands marais; sur les plus hautes montagnes on trouve des sommets âpres et arides, comme dans le Tyrol.

Animaux. — Il y a de beaux troupeaux de **bœufs**, de **vaches**, de **chevaux** estimés (en Hongrie, etc.), un grand nombre de moutons, de porcs, etc. Les animaux sauvages (ours, loups, lynx, martres, renards, chamois), fournissent des peaux qui sont l'objet d'un commerce considérable.

Industrie. — Les principaux produits de l'industrie sont les draps, les lainages, les tissus de coton, de lin, de chanvre, les soieries, les tapis, la bonneterie, les peaux, les cuirs, les ouvrages en fer, les fontes, les faux, les haches, les aciers, etc. La **verrerie** est un des produits les plus justement estimés de l'empire (Bohême, Archiduché, Moravie, Styrie, Galicie, etc.); la porcelaine se fabrique spécialement dans l'Archiduché et en Bohême; il y a d'importantes manufactures de tabac.

Voies de communication. — La principale voie de l'Europe, le **Danube**, qui le franchit dans presque toute sa longueur de l'O. à l'E., est la route commerciale la plus importante entre l'intérieur de l'Europe et la Turquie. La navigation y est en grande partie entre les mains de la Compagnie Danubienne. Les affluents du Danube servent également pour la plupart de voies de communication. Il y a quelques grands canaux, entre autres le canal *François* qui joint le Danube à la Theiss.

La mer Adriatique présente sur les côtes autrichiennes (Littoral illyrien et Dalmatie) une quantité de sinuosités, d'îles, de presqu'îles, qui forment un grand nombre de bons ports et de golfes sûrs, et qui sont habitées par une population de marins exercés.

Il y a de nombreux chemins de fer dans l'empire Austro-

Hongrois : *Vienne* communique avec Cracovie et avec *Varsovie*. Les grands centres de production et de commerce sont tous reliés par des voies ferrées : l'Autriche, l'Allemagne, la Prusse, la Suisse, la Turquie, la Russie se trouvent ainsi en communication directe. Le N. est en relation directe avec le S., par la grande ligne de Vienne à Trieste, passant par le *Semring*, etc. La longueur des chemins de fer est d'environ 19 000 kilomètres.

Commerce. Principaux articles d'importation. — Ces articles consistent en cotons et autres produits coloniaux, fruits du Midi, tabac, huile, céréales, laines de Russie, riz, vins et autres boissons, poissons, houille d'Angleterre, bois de construction, parfumerie, médicaments, teintures et tissus teints, gommes et résines, peaux tannées, pierres fines, produits manufacturés, etc.

Principaux articles d'exportation. — L'Autriche-Hongrie exporte du froment et autres grains, farines, fruits, tabac, vins et autres boissons, légumes, viandes, bestiaux, dépouilles d'animaux, bois de construction et de chauffage, produits chimiques, sel, teintures et tissus teints, métaux, livres, objets d'art, glaces, verreries, instruments de musique, etc.

C'est avec l'Allemagne que l'empire lie le plus de transactions ; viennent ensuite la Turquie, tout le Levant, la Grèce, la Russie, l'Italie, etc.

Commerce avec la France. — Trieste, le port le plus important de l'Autriche-Hongrie, entretient avec Marseille des rapports maritimes de quelque importance, et les chemins de fer qui se rendent sans interruption de la frontière autrichienne à la frontière française, par la Bavière, le Wurtemberg et le grand-duché de Bade, permettent de porter des produits d'un pays à l'autre. On expédie par cette voie, sur la France, beaucoup de blé de Hongrie et de Galicie.

L'Autriche-Hongrie reçoit en produits français des livres,

des gravures, des tissus de soie, de la garance, du liège, des huiles volatiles. Elle nous livre du tabac en feuilles, des bois de construction, de l'acier, de la verrerie, des laines, des peaux brutes, des céréales.

Population. — L'Autriche-Hongrie est une agglomération de près de 38 millions d'habitants provenant de peuples divers, profondément séparés entre eux par les mœurs, les institutions, le langage, souvent même par une forte antipathie.

On compte 9 à 10 millions d'Allemands, près de 6 millions de Hongrois ou Magyars, 1 million d'Italiens (y compris les Frioulens, dans le Littoral illyrien, et les Ladins, petit peuple du Tyrol), 16 à 17 millions de Slaves, 4 à 5 millions de Roumains; 1 million d'individus appartiennent à d'autres familles ethnographiques.

Les *Slaves* se divisent en un grand nombre de peuples, tels que les *Tchèkhes* ou *Bohèmes*, qui habitent la Bohème et la Moravie; les *Sloraques*, en Hongrie; les Polonais, dans la Galicie; les *Russniaques* ou *Ruthènes*, dans la même contrée et dans la Hongrie; les *Slovènes* (comprenant les *Wendes* et les *Carniolais*), dans la Styrie, la Carinthie, la Carniole et l'Istrie; les *Croates* dans l'Esclavonie, la Croatie et la Dalmatie; les *Morlaques*, les *Istriens*, les *Serbes*, sur les limites méridionales de l'empire.

Les *Roumains* sont répandus dans la *Transylvanie* et en *Bukovine*.

Les *Juifs* sont plus nombreux que dans la plupart des autres parties de l'Europe.

C'est aussi un des États où l'on rencontre le plus de *Zigueunes* (appelés à tort *Bohémiens* par nous), population errante sortie sans doute de l'Inde et qui a sans doute séjourné pendant d'assez longues années en Égypte : de là son nom.

Les langues parlées sont naturellement l'allemand à l'O., le hongrois, dans les pays magyars, etc.

La religion catholique est la plus répandue.

Gouvernement. — Le gouvernement est une monarchie

dont le pouvoir est limité par le conseil de l'empire, le *Reichsrath*, et par la *diète* de Hongrie. Il y a deux administrations distinctes : l'une pour les pays Cisleithans (en deçà de la Leitha), qui sont l'archiduché d'Autriche, le Salzbourg, la Bohême, la Moravie, le duché de Silésie, la Styrie, le Tyrol, la Carinthie, la Carniole, le Littoral illyrien, la Dalmatie, la Galicie et la Bukovine; l'autre, pour les pays *Transleithans* ou de la *couronne de Hongrie*, c'est-à-dire la Hongrie avec la Transylvanie, le royaume de Croatie et d'Esclavonie, et le territoire de Fiume.

La résidence de l'empereur est à Vienne.

SUISSE

GÉOGRAPHIE PHYSIQUE

La Suisse, qu'on appelle quelquefois *Helvétie*, d'après les Helvétiens, le plus important de ses anciens peuples, est à l'E. de la France, au S. de l'Allemagne et au N. O. de l'Italie. Le Rhin et le lac de Constance la bordent au N. et au N. E.; les Alpes et le lac de Genève la limitent au S., le Jura et le Doubs, à l'O. — Latitude moyenne : 47 degrés.

Des montagnes escarpées hérissent presque partout cette contrée, célèbre par ses beautés naturelles. Les Alpes surtout offrent des sommets très élevés, couverts de neige et de *glaciers*, et d'où descendent souvent avec fracas, dans les vallées d'alentour, de redoutables *avalanches*. Les principaux de ces sommets sont : le *Grand-Saint-Bernard*, célèbre par son hospice; le mont *Rosa* (4636 m.), le plus élevé de tous les sommets suisses, puisque le mont Blanc est entre la France et l'Italie; le mont *Cervin*, presque inaccessible; le *Simplon*, traversé par une belle route que les Français ont faite; le *Saint-Gothard*, souvent compris, avec des montagnes voisines, sous le nom d'*Adula*, et percé par un tunnel de chemin de fer; le *Finster-Aarhorn*; le pic de la *Vierge (Jungfrau)*. — Le *Rigi*, qui appartient à un rameau des Alpes, s'élève au centre même de la Suisse.

Les principaux sommets du Jura suisse sont : la *Dôle*, le mont *Tendre*, la *Dent de Vaulion*.

La Suisse est entrecoupée d'un grand nombre de cours d'eau, qui forment de belles cascades et des lacs renommés par les agréments de leurs rives.—Le *Rhin* parcourt le N. E. du pays et produit le grand lac de *Constance*. — Le *Rhône* coule dans le S. O., et forme le beau lac de *Léman* ou de *Genève*. L'*Aar* arrose l'O. et le N., et se perd dans le Rhin ; cette rivière donne naissance aux lacs de *Brienz* et de *Thun*, et reçoit, à l'E., la *Reuss*, qui forme le lac de *Lucerne* ou des *Quatre-Cantons*, et la *Limmat*, qui traverse le lac de *Zürich* ; — à l'O., elle reçoit les eaux des lacs de *Bienne*, de *Neuchâtel* et de *Morat*.

GÉOGRAPHIE POLITIQUE

La Suisse est une république, composée de 22 cantons confédérés. On en trouve 6 au N. : *Bâle, Soleure, Argovie, Zürich, Schaffhouse* et *Thurgovie* ; — 5 au centre : *Lucerne, Zug, Unterwalden, Uri* et *Schwitz*, qui a donné son nom à la Suisse ; — 4 à l'E. : *Saint-Gall, Appenzell, Glaris* et les *Grisons* ; — 2 au S. : le *Tessin* et le *Vallais*[1] ; — 5 à l'O. : *Berne, Fribourg, Neuchâtel, Vaud* et *Genève*.

Les principales villes sont :

Au N., **Bâle**, en allemand *Basel* (60000 h.), sur le Rhin, est une des cités les plus commerçantes, les plus industrieuses de la confédération. On y remarque de nombreuses fabriques de rubanerie, de ganterie, de papeterie. — **Zürich** (75000 hab. avec ses faub.), dans une situation délicieuse, à l'endroit où la Limmat sort du lac de Zürich, a des fabriques de soieries, des filatures, des teintureries, etc. — *Schaffhouse*, près d'une magnifique cataracte du Rhin.

Au centre, **Lucerne**, en allemand *Luzern* (17000 h.),

---

1. Orthographe préférable à Valais qu'on emploie plus habituellement.

à l'endroit où la Reuss sort du lac des Quatre-Cantons, possède des blanchisseries, des filatures, etc.; — *Zug*, près du mont *Morgarten*, où les Suisses remportèrent une célèbre victoire sur les Autrichiens en 1315; — *Altorf*, qui rappelle Guillaume Tell.

A l'E., *Saint-Gall*, et *Coire*, chef-lieu des Grisons.

Au S., *Sion*, chef-lieu du Vallais.

A l'O., **Berne**, en allemand *Bern*, belle ville de 45 000 habitants, capitale de la confédération, sur l'Aar, possède de grandes teintureries, des fabriques de bijouterie, d'orfèvrerie, de chapeaux de paille fine, etc.; — *Neuchâtel*; — *La Chaux-de-Fonds* (horlogerie); — *Fribourg*, ville assez commerçante; — *Gruyères*, connu par ses fromages; — **Lausanne**, chef-lieu du canton de Vaud, dans une charmante contrée, près du lac Léman; — **Genève** (50 000 h. et avec ses faubourgs, 70 000 h.), la plus grande ville de Suisse, située à l'endroit où le Rhône sort de ce lac, et fameuse par son commerce, son horlogerie. On y fabrique plus de 100 000 montres par an. Genève est extrêmement célèbre aussi par la culture des lettres et des sciences, et par les grands hommes qu'elle a produits. *Carouge*, dans le voisinage, s'occupe spécialement de la fabrication de l'horlogerie.

GÉOGRAPHIE ÉCONOMIQUE

Productions. Minéraux. — La Suisse a des métaux, mais se livre peu à leur extraction; on exploite le fer dans le Jura; le plomb, le zinc, dans les Grisons. On trouve sur quelques points du cuivre, du cobalt, du bismuth, de l'arsenic, de l'antimoine. Le cristal de roche est commun. Il y a de beaux marbres. Le soufre n'est pas rare. Il y a un grand nombre de sources minérales : les plus célèbres sont celles de *Louèche* et de *Saxon* (Vallais), de *Pœffers* (Saint-Gall), de *Schinznach* et de *Baden* (Argovie), de *Saint-Maurice* (Grisons).

Végétaux. — Cette contrée montagneuse peut être divi-

Berne.

sée en plusieurs zones de productions végétales. La première, la plus basse, est celle des **vignes**; l'avant-dernière est celle des **pâturages** de la région haute, dite des Alpes; au-dessus commence celle des neiges éternelles qui ne voit guère pousser que de la mousse, du lichen, des saxifrages. Les céréales proviennent surtout des cantons de Lucerne, de Soleure, de Berne, de Fribourg, etc. La vigne est l'objet de grandes cultures dans plusieurs cantons; le **vin blanc du canton de Vaud** est très estimé.

Le tabac est surtout cultivé dans le canton de Vaud.

On trouve dans les montagnes beaucoup de plantes médicinales que les paysans recueillent pour les vendre.

Animaux. — Les pâturages excellents devaient naturellement favoriser le développement de **bonnes races laitières**. On compte en Suisse plus d'un million de bêtes à cornes. La race la plus renommée est celle de *Schwitz* que l'on trouve principalement dans les cantons du centre. Presque partout, quelle que soit la race, on remarque de bons bestiaux. Suivant les saisons, les animaux pâturent à différentes zones dans les vallées, sur les rampes des montagnes et près de leurs sommets. — Les chèvres sont en grand nombre. Il y a également beaucoup de moutons. Les chevaux, peu élégants, mais robustes, sont bons pour le trait.

L'agriculture est généralement bien comprise.

Industrie. — La pauvreté même de son sol a poussé la Suisse vers l'industrie, et elle y tient un rang glorieux parmi les nations de l'Europe. Ses principales branches sont le coton, la soie, l'horlogerie, les fromages. La fabrication des **cotonnades** emploie le plus grand nombre d'ouvriers, particulièrement à Zurich, où l'on fabrique des toiles peintes, et dans les cantons de Saint-Gall, d'Appenzell et de Glaris, où les artisans sont disséminés à travers les campagnes. L'industrie de la soierie est également importante.

Horlogerie. — L'horlogerie occupe un grand nombre d'ouvriers. *Genève* est, pour les montres, le centre d'une

SUISSE. 177

fabrication exceptionnelle. Viennent ensuite les cantons de Vaud et de Neuchâtel. *La Chaux-de-Fonds* et *le Locle*, dans une des parties les plus élevées du Jura (canton de Neuchâtel), en fabriquent plusieurs centaines de mille.

Passementerie de paille. — Cette fabrication a lieu dans beaucoup d'endroits, particulièrement dans l'Argovie.

Fabrication du fromage. — Le fromage dit de *Gruyères*, objet d'un commerce très étendu, ne se fait pas seulement à *Gruyères* (canton de Fribourg), mais dans tout le pays. L'industrie fromagère s'exerce, en général, individuellement dans les chalets; néanmoins il y a, sur plusieurs points, des établissements spéciaux, appelés fruiteries ou fruitières, formés par des associations.

Voies de communication. — En Suisse, les cours d'eau offrent une navigation difficile : l'*Aar* seule est animée par d'assez nombreuses embarcations; ce sont surtout les lacs qui sont utilisés, soit pour le transport de marchandises, soit pour les voyageurs.

Les chemins de fer sont bien organisés. Leur longueur est de plus de 2500 kilomètres. Ils relient entre eux les principaux endroits et les centres les plus importants des contrées voisines. Le tunnel du mont *Saint-Gothard* met la Suisse centrale en communication avec l'Italie.

Communications avec la France. — Les voies ferrées les plus fréquentées sont de Genève à Paris, par Mâcon et Dijon; de Genève à Lyon; de Neuchâtel à Paris, par Pontarlier, en franchissant le Jura; de Bâle à Paris, par le chemin de fer de Mulhouse. Il existe, en outre, sur un assez grand nombre de points, des passages suivis par les piétons et par les voitures.

Les routes des Alpes. — L'Allemagne est en relation avec l'Italie à travers la Suisse, par les routes du Splügen, du Bernardino et du Saint-Gothard.

La route du *Splügen*, faite en 1818, passe à une hauteur de près de 2000 mètres. — La route de *Bernardino* passe à 2089 mètres — La route du *Saint-Gothard* sera désormais moins fréquentée puisqu'un tunnel de chemin de fer perce maintenant cette montagne. Elle atteint la hauteur de 2075 mètres; elle unit la Suisse centrale à l'Italie. — La route du *Simplon* n'a pas moins de 60 kilomètres de long. Elle a été ouverte de 1800 à 1807, par les ordres de Napoléon Ier. Le Simplon met la vallée du Rhône en communication avec celle du lac Majeur. On y voit un grand hospice destiné à la réception des voyageurs. — Le passage du *Grand-Saint-Bernard*, étroit et difficile entre le Vallais et la vallée d'Aoste, n'est accessible, sur une longue étendue, qu'aux piétons et aux mulets. L'hospice du mont Saint-Bernard est célèbre entre toutes ces habitations de refuge presque perdues au milieu des neiges.

Beaucoup d'autres passages pourraient être cités, entre autres celui de la *Maloia*, le col du *Brunig*, etc.

Commerce. Importations et Exportations. — La Suisse reçoit de l'étranger des matières premières, des produits manufacturés, des denrées coloniales, etc. L'Angleterre lui envoie du coton, de la laine, des métaux, des soies écrues. — La Prusse lui fait parvenir des métaux, de la houille, des céréales, des plantes textiles. — L'Italie lui livre ses huiles, sa soie, ses pailles, etc.

La Suisse exporte de l'**horlogerie**, des rubans, des tissus de soie, des cotonnades, des **fromages**, du beurre, des bestiaux, des bois, etc. Le commerce extérieur est d'environ 1 milliard.

Commerce avec la France. — Nous envoyons en Suisse plus de produits que nous n'en recevons ; les marchandises que nous lui adressons sont, en première ligne, les tissus, les céréales, les vins, la houille, les savons, la quincaillerie, des outils. — La Suisse exporte en France des bois communs, des tissus de soie, de l'horlogerie (des montres), des fromages, des peaux brutes, etc.

Population. Langues. Religions. — Les Suisses sont au nombre d'environ 2 900 000. Ils parlent l'allemand dans la plus grande partie du pays, français dans les cantons qui avoisinent la France, italien dans le voisinage de l'Italie. Le roman, langue dérivée du latin, se parle dans une partie des Grisons.

Le calvinisme est la religion la plus répandue. La religion catholique est professée dans les cantons du centre et du sud.

Gouvernement. — Chaque canton de la Suisse forme une petite république particulière et indépendante ; il y a cependant quelques cantons qui sont partagés en deux ou trois États ; et en réalité, il y a 27 républiques. Ce qui intéresse la confédération en général est réglé par l'Assemblée fédérale, qui siège à Berne.

ITALIE

GÉOGRAPHIE PHYSIQUE

L'Italie est située au S. de la Suisse, au S. O. de l'Autriche-Hongrie et au S. E. de la France, dont elle est séparée par les Alpes. Elle se compose en grande partie d'une presqu'île longue et étroite, resserrée entre la mer Adriatique à l'E., la mer Tyrrhénienne à l'O. et la mer Ionienne au S., trois mers qui sont des divisions de la Méditerranée. — Lat. moy. : 42°.

La presqu'île Italique a grossièrement la forme d'une botte. Au S. E., entre le bout du pied, qui est formé de la *Calabre*, et le talon, qui est la presqu'île d'*Otrante* et dont l'extrémité est marquée par le cap *Leuca*, se trouve le grand golfe de *Tarente*. Le promontoire du mont *Gargano*, qui s'avance dans la mer Adriatique, est comme un éperon de cette botte.

Au N. O., on voit le golfe de *Gênes*. Au N. E., les golfes de *Venise* et de *Trieste* sont formés par la mer Adriatique.

L'Italie est célèbre par la beauté de son climat, la fertilité de son sol, la variété de ses sites enchanteurs et le grand nombre de ruines intéressantes qu'elle présente partout. Elle a malheureusement quelques cantons très malsains, tels que les marais *Pontins*, sur la côte occidentale, et les lagunes de *Comacchio*, sur la côte orientale. Le *sirocco*, vent du midi suffocant et dangereux, règne assez souvent. Les *Alpes*, qui bordent ce pays au N. O. et au N., y montrent des sommets couverts de neiges continuelles. On y distingue surtout le mont *Blanc* (4810 mètres); le mont *Cenis*, où Napoléon Ier établit une route célèbre; le mont *Tabor*, près duquel un long tunnel donne passage à un chemin de fer; le mont *Rosa*, etc.

Les *Apennins*, qui se rattachent aux Alpes, parcourent l'Italie dans sa longueur.

Sur la côte occidentale est le *Vésuve*, volcan célèbre qui a englouti plusieurs villes sous ses laves et ses cendres.

Les Apennins et une portion des Alpes divisent l'Italie en deux grands versants: l'un exposé à l'E. et au S. E., vers la mer Adriatique et la mer Ionienne; l'autre incliné à l'O., vers la mer Tyrrhénienne, la Méditerranée proprement dite et le golfe de Gênes. Sur le premier on ne trouve que deux fleuves principaux, l'*Adige* et le *Pô*, grossi d'un grand nombre de rivières, telles que le *Tessin*, qui forme au pied des Alpes le charmant lac *Majeur*; l'*Adda*, qui produit le lac de *Côme*, très beau aussi; l'*Oglio*, qui donne naissance à celui d'*Iseo*, et le *Mincio*, qui sort du grand lac de *Garde*.

Sur le versant occidental, on remarque l'*Arno*, qui arrose une contrée agréable et fertile; le *Tibre* (en italien *Tevere*), célèbre parce qu'il baigne les murs de Rome; le *Vulturne* ou *Volturno*, qui parcourt les belles plaines de l'ancienne Campanie. — Entre l'Arno et le Tibre, on rencontre le lac de *Pérouse*, fameux autrefois sous le nom de *Trasimène*. — Au centre même de l'Italie, sur un plateau entouré de tous côtés par les Apennins, on voyait le lac *Fucino* ou de *Celano* dont on a opéré le dessèchement.

Au S., est le grande île de *Sicile*, séparée du continent par le détroit nommé *Phare de Messine*, où l'on trouve le gouffre de *Charybde* et le rocher de *Scylla*. Elle est terminée par trois caps remarquables : le cap *Faro*, au N. E.; le cap *Passaro*, au S. E., et le cap *Boeo*, à l'O.

Le sol est généralement fertile, et le climat favorable aux fruits les plus délicieux; mais c'est un pays mal cultivé.

La Sicile renferme le mont *Etna*, volcan terrible, de 3237 mètres d'altitude, sur la côte orientale.

Près et au N. de cette île, sont celles d'*Eole* ou de *Lipari*, volcaniques aussi.

L'île de *Malte*, remarquable par sa nombreuse population et soumise à l'Angleterre, ainsi que deux petites îles voisines, se trouve au S. de la Sicile.

A l'O. de la mer Tyrrhénienne et au S. de la Corse, on voit l'île de *Sardaigne*, qui fait aussi partie de l'Italie. Elle est fertile, mais mal cultivée et peu peuplée. On pêche abondamment, sur ses côtes, des thons et des sardines.

Après avoir formé longtemps une dizaine d'États différents, l'Italie est devenue une monarchie unique, qui a pris le nom de *royaume d'Italie*, et dont les États sardes ont été le noyau. Il n'est resté, en dehors de ce royaume, que la république de *Saint-Marin* et l'île anglaise de *Malte*. Les États de l'Église, qui avaient conservé leur indépendance par l'aide de la France, ont été annexés en 1870.

GÉOGRAPHIE POLITIQUE

Le royaume d'Italie comprend 12 grandes divisions :

1° On remarque, au N. O., le **Piémont**, où s'étendent des plaines fertiles en grains et en pâturages. Les Alpes le bordent à l'O. et au N.

On y trouve : **Turin**, en italien *Torino* (230 000 hab.). Grande et belle ville assez industrieuse qui a été d'abord la capitale de la monarchie et qui est agréablement située sur les bords du Pô; — **Alexandrie**, en italien *Alessandria*, place très forte, près de laquelle est le village de Marengo, illustré par une victoire des Français en 1800; — *Novare* (victoire des Autrichiens en 1849); *Verceil*, *Asti* (33 000 h.), vins et chanvre; — *Carmagnole*, l'un des premiers marchés du Piémont pour la soie, les céréales, le chanvre ; *Coni, Mondovi* (victoire des Français en 1796).

2° Le territoire de **Gênes** ou de **Ligurie**, sur la Méditerranée, fournit d'excellents fruits et de très beaux marbres. La ville de **Gênes**, en italien *Genova*, peuplée de 160 000 âmes, célèbre port de mer, a été autrefois une puissante république, et on l'a surnommée la *Superbe*, à cause de la magnificence de ses nombreux palais. Elle se glorifie d'être la patrie de Christophe Colomb et d'André Doria. Son mouvement maritime est considérable. Gênes entretient surtout des relations avec la France, l'Angleterre, la Russie, la Suisse, le Levant. Les articles d'exportation sont le riz, l'huile d'olive, le papier, la soie grège, la bijouterie (de corail principalement), les pâtes alimentaires, etc. — *Savone*, ville industrieuse et commerçante, est sur la côte occidentale du golfe de Gênes. Elle a donné son nom aux savons.

3° La **Lombardie**, enlevée à l'Autriche en 1859, est composée généralement de vastes et fertiles plaines. **Milan**, en italien *Milano*, belle ville de 260 000 âmes (avec ses faubourgs), est la capitale de ce pays. On y fait le commerce de la soie, des fromages, des céréales. — On y remarque aussi **Pavie** (défaite de François Ier en 1525) ; — *Crémone*, soieries et violons ; — *Côme, Bergame, Brescia*, assez grandes villes ; — *Lodi, Magenta, Turbigo, Marignan* ou *Melegnano, Castiglione* et *Solferino*, célèbres par des victoires des Français ; — **Mantoue** et *Peschiera*, places fortes, sur le Mincio.

4° La **Vénétie**, qui formait, avec la Lombardie, sous le gouvernement autrichien, le *royaume Lombard-Vénitien*, a été cédée par l'Autriche en 1866. Elle s'étend du Pô aux Alpes, et depuis le Mincio et le lac de Garde, à l'O., jusqu'à la mer Adriatique, à l'E. Elle renferme : **Venise**, en italien *Venezia* (132 000 h.), autrefois république fameuse, au milieu des lagunes auxquelles elle doit son nom. Venise exporte des soieries, des verroteries, quelques objets de luxe ; — **Padoue**, en italien *Padova*, soieries, rubaneries ; — *Vicence* ; — **Vérone**, *Legnago*, sur l'Adige, places fortes

Venise. — Le grand canal.

renommées ; — *Trévise ;* — *Udine ;* — *Rivoli*, célèbre par une victoire des Français en 1797 ; — *Campo-Formio*, par un traité de la même année ; — *Villafranca*, par un autre traité, en 1859 ; — *Custoza*, par des batailles entre les Autrichiens et les Italiens en 1848 et 1866.

5° L'**Émilie** comprend les anciens duchés de *Parme* et de *Modène*, et la *Romagne*, qui s'est séparée des États de l'Église en 1860. Le sol est riche en vins, en céréales, en pâturages. Les villes principales sont : **Parme** ; — **Plaisance**, place très forte, au confluent de la Trebbia et du Pô ; — **Modène**, très belle ville ; — **Reggio**, patrie de l'Arioste ; — *Massa ;* — **Carrare**, renommée par ses marbres ; — **Bologne** (l'ancienne Bonomia), qui a une célèbre université ; — **Ferrare, Ravenne,** *Rimini, Forli*.

6° La **Toscane**, ancien grand-duché, a été réunie aux États sardes en 1860. C'est un pays bien cultivé et très industrieux : il est fertile et agréable au centre et à l'E. ; mais, à l'O., les *Maremmes*, qui bordent la mer, sont marécageuses et malsaines. Les monts Apennins couvrent la Toscane au N. et à l'E. Ce pays a pour villes principales : au N., **Florence**, en italien *Firenze* (169 000 h.), qui a été la capitale du royaume pendant plusieurs années ; située dans une vallée délicieuse, sur l'Arno, et célèbre par la culture des arts, des sciences et des lettres, par le séjour de l'illustre famille des Médicis, et par la naissance de Dante, de Michel-Ange, d'Améric Vespuce et d'autres grands hommes. Florence n'est plus aujourd'hui une ville manufacturière, mais on y fabrique encore des taffetas, des chapeaux de paille, des liqueurs, des instruments de mathématiques, etc. ; — au S., **Sienne**, en italien *Sierra*, importante par son université et la ville où l'on parle l'italien le plus pur ; — à l'O., **Pise**, autrefois puissante république, remplie de beaux monuments, patrie de Gallilée, et **Livourne**, en italien *Livorno*, port de mer fameux, très commerçant, en relations constantes avec l'Angleterre, Marseille, les autres ports de la Méditerranée, les échelles du Levant ; — au N. O., **Lucques**, en italien *Lucca*, qui a été la capitale d'un duché du même nom.

L'île d'**Elbe**, connue par ses mines de fer et par le séjour de Napoléon Ier en 1814, est à peu de distance de la côte de la Toscane. *Porto-Ferrajo*, petite place forte, son chef-lieu, fut la résidence de l'Empereur.

7° L'**Ombrie**, couverte par les Apennins, a pour ville principale **Pérouse**, en italien *Perugia*.

8° Les **Marches** renferment *Urbin*, patrie du peintre Raphaël; — **Ancône**, port fameux, très commerçant, sur la mer Adriatique; — *Lorette*, en italien *Loreto*, célèbre par son sanctuaire de Notre-Dame.

9° Le territoire **Romain** comprend les anciens *États de l'Église*, qui étaient la possession temporelle du Pape, et qui se composaient, en dernier lieu, du *Patrimoine de saint Pierre* et de la *Campagne de Rome*. Ce territoire, situé entre les Apennins et la mer Tyrrhénienne, est assez fertile en céréales et en fruits. Il y a beaucoup de mines d'alun et de soufre, et de gras pâturages y nourrissent des bœufs très beaux. Cependant le sol n'est pas aussi cultivé et aussi productif qu'il devrait l'être. Vers le S. ce pays présente sur plusieurs points des campagnes tristes et dépeuplées, très souvent insalubres.

Ce pays renferme une contrée célèbre dans l'antiquité sous le nom de *Latium*.

Là se trouve **Rome**, sur le Tibre, la capitale de l'Italie, et en même temps la métropole du culte catholique, car elle est la résidence du Pape. Autrefois la plus puissante ville du monde, elle est remplie de monuments qui attestent son ancienne grandeur; son plus bel édifice moderne est l'église de Saint-Pierre. Cette illustre cité, quoique très étendue, ne contient que 300 000 h., en y comprenant la population de toute la commune. Le commerce y est peu important. Des ouvriers habiles y préparent des camées, des mosaïques, des médailles, des couleurs (sépia, etc.). — On remarque encore : *Tivoli* (l'ancienne *Tibur*) dans une position charmante, sur le Teverone; — **Civita-Vecchia**, port sur la mer Tyrrhénienne, peut être considéré comme le port de Rome. Ses transactions sont assez considérables; — *Viterbe*, près du lac de Bolsena.

10° Le territoire **Napolitain** (ancien *royaume de Naples*) occupe toute la partie méridionale de l'Italie. C'est un pays fort beau, mais sujet aux tremblements de terre et à l'influence funeste du *sirocco*. La soie, le coton, le vin, la manne, la réglisse, des fruits délicieux, en sont les principales productions.

Il renferme :

Au N., les *Abruzzes* et la province de *Molise* ou *Sannio*, qui remplacent une partie de l'ancien *Samnium*.

A l'O., la *Terre de Labour*, qui répond à l'ancienne et riche *Campanie*, et où l'on remarque *Caserte*, *Capoue*, le pprt et la place très forte de **Gaëte**; — la province de **Naples**, dont le chef-lieu est **Naples**, en italien *Napoli*, grande et belle ville peuplée de 493000 âmes, dans une magnifique position, sur le golfe de Naples, à peu de distance du Vésuve, qui a englouti sous ses cendres et ses laves, en l'an 79, les villes d'*Herculanum* et de *Pompéi*. Naples n'est pas une ville commerçante, bien que son port soit très animé. Il y existe quelques grands établissements manufacturiers. On y fabrique le célèbre macaroni ; — les *Principautés*, où l'on voit *Salerne*, sur le golfe de même nom, et *Avellino*, dans l'intérieur.

A l'E., la *Capitanate*, la *Terre de Bari* et la *Terre d'Otrante*, comprises autrefois ensemble sous le nom de *Pouille*, et dont *Tarente* est une des villes les plus célèbres.

Au S., la *Basilicate* et la *Calabre*, dans laquelle est *Reggio*, sur le Phare de Messine.

11° La **Sicile** formait, en 1860, avec le royaume de Naples, le royaume des *Deux-Siciles*. — **Palerme**, ville de 244000 hab., sur la côte septentrionale, est la capitale de cette île. Les principaux articles de commerce sont les fruits, le soufre, les huiles. La France y expédie de nombreuses marchandises. — **Messine**, grand centre de commerce au N. E., se trouve sur le détroit auquel elle donne son nom (126000 hab.). — **Catane** est sur la côte orientale. — *Siracusa*, au S. E., n'occupe qu'un très petit espace de l'ancienne ville de *Syracuse*, et fait encore un actif commerce de thons, d'huiles, de vins fins ; — *Gir-*

genti, au S. O., est une ville bien déchue, bâtie sur les ruines de l'ancienne *Agrigente*. — A. l'O., on remarque *Trapani*.

12° L'île de Sardaigne a pour chef-lieu Cagliari, sur la côte méridionale ; autre ville, *Sassari*, au N.

La petite RÉPUBLIQUE DE SAINT-MARIN, enclavée dans les Marches, a une capitale de même nom.

Les ÎLES DE MALTE, composées de *Malte* proprement dite, de *Comino* et de *Gozzo*, appartiennent à l'Angleterre. Leur capitale est *la Valette*, une des places les plus fortes de l'Europe.

GÉOGRAPHIE ÉCONOMIQUE

Minéraux. — Sous les Romains et même au moyen âge, l'industrie minière fut poussée très loin ; les vestiges des mines épuisées ou abandonnées en sont la preuve irrécusable. Les principaux produits minéraux sont aujourd'hui le *marbre*, l'*albâtre calcaire*, le *soufre*, le *pétrole*, la *pouzzolane*, le *fer*, le *cuivre*, le *plomb*, le *cinabre*, l'*alun*, le *borax*.

Les plus beaux **marbres** sont ceux de Carrare, de Gênes et de Sicile.

Le **soufre**, particulièrement tiré de la Sicile, n'occupe pas moins de 25 000 ouvriers. On expédie à l'étranger plus de soufre brut que de soufre purifié.

Les sources minérales sont nombreuses : citons entre autres les bains d'*Acqui*, de la *Porretta*, de *Pise*, etc.

Produits agricoles. Végétaux. — Au premier rang des productions de l'Italie, il faut placer les **céréales**, les **vignobles**, les **huiles**.

On cultive en grand le **riz** dans les plaines humides du Pô — et l'on en exporte.

Les **céréales** (froment, maïs, orge, avoine, seigle, millet) sont également répandues en Lombardie, dans la Romagne, dans la Terre de Labour, en Sicile, etc.

Les **vignobles** les plus estimés sont ceux du golfe de Gênes, des environs de Naples, de Sicile.

Il y a d'immenses champs d'oliviers, et le commerce des huiles d'olive est très important.

Le commerce des oranges, des citrons, des limons, des cédrats, des figues, des amandes, est également considérable.

L'Italie cultive l'anis, exporté surtout en Hollande et en France; la garance, le houblon, le safran, la canne à sucre, la réglisse.

Animaux. — L'Italie possède environ 20 millions de têtes de bétail de toute espèce. Dans ce chiffre entrent 11 millions de moutons.

Les territoires qui nourrissent le plus de bestiaux sont le Piémont, la Lombardie, les anciens duchés de Parme, de Modène, de Toscane.

On ne rencontre guère de buffles que dans les marais des bouches du Pô, dans les marais Pontins, dans la Terre de Labour.

Il y a quelques races de chevaux estimées.

Les porcs donnent lieu à un commerce d'une certaine importance : les **mortadelles** (saucissons de Bologne) sont exportées au loin.

La pêche donne d'abondants produits : celle du thon est une des principales.

Le **corail**, qui donne lieu à une industrie toute spéciale à l'Italie, se recueille principalement dans la mer Tyrrhénienne, dans le golfe de Gênes et sur les côtes de Sardaigne et de Sicile.

Les **vers à soie** sont une des grandes richesses du pays.

Irrigations, dessèchements. — Les irrigations sont surtout nombreuses et bien entendues dans la Lombardie, la Vénétie et le Piémont. La plupart ont pour but l'aménagement des rizières.

C'est en Italie qu'a pris naissance le *colmatage*, cette ingénieuse méthode qui consiste à exhausser les terrains bas, habituellement immergés, au moyen de terre qu'on fait charrier et déposer par les eaux elles-mêmes.

Industrie. — L'industrie est encore loin d'égaler celle de l'Angleterre et de la France.

Une des principales industries est la **soierie**, centralisée surtout en Lombardie et en Vénétie ; ensuite viennent la toile, le coton, la laine, les velours, les dentelles, etc., etc. L'Italie n'absorbe pas toute la soie qu'elle fabrique, elle en exporte en France, en Angleterre, en Allemagne.

Parmi les autres produits, signalons le *beurre*, le fromage, les pâtes. Le plus célèbre des fromages italiens est le *parmesan*. La fabrication des pâtes occupe un grand nombre d'ouvriers. Le **macaroni** se fabrique surtout dans l'ancien royaume de Naples.

La meilleure bière est celle de Palerme.

On fabrique beaucoup de **chapeaux de paille** et l'on en exporte. L'*or filé*, la *verrerie* de Venise ont acquis une juste renommée. Plusieurs villes du nord, entre autres Vérone et Crémone, sont bien connues par leurs instruments de musique.

Il y a encore quelques fabriques de porcelaine, mais l'Italie n'est plus le centre brillant de l'industrie des faïences et des majoliques, qui fit, au moyen âge, la réputation de Faenza et d'autres villes de la Romagne et des Marches.

Il y a quelques grands chantiers de construction pour les navires : la *Spezia, Gênes, Livourne, Ancône, Naples, Castellamare*.

Voies de communication. — La disposition physique de l'Italie qui lui permet des communications maritimes si faciles entre la plupart des points importants du pays, compense la navigation intérieure assez défectueuse. Le plus grand fleuve lui-même, le *Pô*, n'est pas d'une navigation facile. La plupart des cours d'eau sont encombrés d'alluvions à leur embouchure. On remarque en Lombardie plusieurs grands canaux : le *Naviglio Grande*, le canal *Cavour*, le canal *Bianco*.

Les beaux et vastes lacs du nord de l'Italie, lacs de *Côme*, de *Garde*, etc., sont aussi d'importantes voies de navigation.

Les chemins de fer sont très nombreux. De grandes lignes unissent la France à *Turin*, *Milan*, *Venise*, etc. Une ligne suit parallèlement les côtes de l'Adriatique, et une autre passe du sud au nord, à peu de distance du littoral de la mer Tyrrhénienne, du golfe de Gênes, etc. Toutes les grandes villes communiquent entre elles par des voies ferrées, et l'ensemble du réseau dépasse 8000 kilomètres.

Les fils de lignes télégraphiques présentent un développement de 89 000 kilomètres.

L'Italie est mise en communication avec la France, l'Allemagne, la Suisse, par de belles routes tracées à grands frais au milieu des Alpes : une des principales est le *Simplon*. Des tunnels de chemins de fer ont été percés sous le mont *Cenis* ou mieux au col de *Fréjus* et au mont *Saint-Gothard*.

Population. — Les Italiens, une des principales nations de la famille latine, forment une race belle, intelligente, artistique. La langue italienne est douce, poétique, harmonieuse. On la parle purement en Toscane.

Les émigrants italiens se dirigent surtout du côté de la Confédération argentine.

Les Italiens professent pour la plupart la religion catholique ; ils sont au nombre de 28 459 000 répandus sur un territoire de 296 323 kilomètres carrés (un peu plus de la moitié de la France). C'est un des pays les plus peuplés de l'Europe, principalement dans le nord : le Milanais et la Ligurie.

Gouvernement. — Le royaume d'Italie est une monarchie constitutionnelle. Le pouvoir du roi est limité par le Sénat et la Chambre des députés.

Le siège du gouvernement est à Rome.

Colonies. — Les Italiens n'ont pas encore, à proprement parler, de colonies ; le port d'*Assab*, sur la mer Rouge, est néanmoins en leur possession.

ESPAGNE

GÉOGRAPHIE PHYSIQUE

L'Espagne forme, avec le Portugal, la péninsule *Hispanique* (l'ancienne *Ibérie*), située à l'extrémité S. O. de l'Europe et qui, bornée au N. E. par la France, est entourée des autres côtés par la Méditerranée et l'océan Atlantique. Le détroit de *Gibraltar*, qui unit ces deux mers, sépare la pointe méridionale de la péninsule de la pointe N. O. de l'Afrique : il s'appelait anciennement *détroit d'Hercule*, et c'est là que se trouvaient les fameuses *colonnes d'Hercule*. — Le cap *Finisterre* forme l'extrémité N. O. de cette presqu'île ; le cap de *Roca* en est le point le plus occidental ; le cap *Saint-Vincent*, l'extrémité S. O. ; la pointe de *Tarifa*, le point le plus méridional ; le cap de *Creus* la termine au N. E. — Lat. moy. : 42°.

L'Espagne a une température très chaude à l'E. et au S., douce et agréable à l'O. Elle offre au milieu un plateau très élevé, où l'on éprouve quelquefois des froids assez vifs.

Il y a beaucoup de montagnes : les *Pyrénées* séparent l'Espagne de la France ; les monts *Cantabres*, qui s'étendent dans le N. O., tirent leur nom d'un ancien peuple très belliqueux ; les monts *Ibériques* s'avancent du N. au S., dans l'intérieur du pays, où s'étendent aussi les vastes plateaux de la *Castille* ; au S., s'élève la *Sierra Nevada* ; dans le S. O., la *Sierra Morena*.

Les monts Ibériques, la Sierra Nevada et des montagnes qui la continuent, partagent l'Espagne en deux grands versants : 1° celui de l'E., exposé vers la Méditerranée, et arrosé par deux fleuves principaux : l'*Èbre* et le *Jucar* ; — 2° celui de l'O., incliné vers l'Atlantique, et arrosé par le *Mino* ou *Minho*, le *Duero* ou *Douro*, le *Tage*, la *Guadiana* et le *Guadalquivir*.

GÉOGRAPHIE POLITIQUE

L'Espagne continentale est divisée en 47 provinces, qui portent généralement le nom de chef-lieu. Ces provinces sont réparties en 13 capitaineries générales, portant les noms des anciennes grandes provinces qui ont formé autrefois autant de royaumes distincts.

Voici ces anciennes grandes provinces :

Au N. O., on remarque : 1° la Galice, habitée par un peuple robuste, laborieux, plein de courage et de probité. Les villes principales y sont : *Santiago* ou *Saint-Jacques de Compostelle*, célèbre par sa double cathédrale et par un pèlerinage ; *la Corogne* et *le Ferrol*, ports de mer importants ; — 2° les Asturies, pays montagneux dont la capitale est *Oviédo*, avec une manufacture d'armes à feu ; — 3° le royaume de Léon, dont les villes principales sont *Léon*, intéressante par sa belle cathédrale ; *Salamanque*, par son université et au milieu d'un territoire riche en fer, en houille et en kaolin.

Au N., se trouvent : 1° la Vieille-Castille, riche en blé et en pâturages qui nourrissent des mérinos superbes. Les villes les plus considérables y sont : *Burgos*, patrie du Cid, encore assez importante par son commerce de vins, de grains, de laines, de houille ; *Ségovie*, dont les draps sont renommés, et **Valladolid**, grand commerce de blés, de vins, de toiles, de papiers, de cuirs, etc. ; — 2° les trois provinces Basques (c'est-à-dire la *Biscaye*, le *Guipuzcoa* et l'*Alava*), riches en mines de fer, et habitées par des hommes vigoureux, fiers et industrieux. Les principales villes sont *Bilbao*, *Saint-Sébastien*, port de mer, et *Vitoria*, commerce de vins, de liqueurs, de fer, de chevaux ; — 3° la Navarre, hérissée de montagnes et dont la capitale est *Pampelune*, place forte et centre de fabrication de gros draps, de jus de réglisse, etc.

Au N. E., on distingue : 1° l'Aragon, dont **Saragosse**, grande ville assez commerçante sur l'Èbre, est la capitale ; — 2° la Catalogne, qui possède la population la plus active de

Madrid. — Vue générale.

l'Espagne, et qui a pour capitale **Barcelone**, célèbre place forte et maritime, sur la Méditerranée, avec 250 000 âmes. C'est le premier port marchand de l'Espagne et le centre d'une grande industrie manufacturière (draps, lainages, soieries, filatures, etc.). On y remarque aussi *Lérida; Girone; Tarragone*, port très fréquenté; *Reus*, qui a de nombreuses manufactures; *Tortose*, sur l'Èbre.

Au centre est la Nouvelle-Castille, qui forme un haut plateau, généralement d'un aspect un peu triste, et où sont élevés de nombreux mérinos. Les habitants parlent l'espagnol le plus pur. Là se trouve **Madrid**, capitale de l'Espagne, belle et grande ville située sur le Manzanarès, et peuplée d'environ 400 000 âmes. Sa position commerciale est peu avantageuse; son industrie est peu active. On y fabrique cependant de la quincaillerie, de l'orfèvrerie, de la porcelaine, des tapis; — **Tolède**, sur le Tage, intéressante par son importance historique (20 000 h.); fabrique d'armes; — *Ciudad-Real*, vers le S., dans le pays de la *Manche;* — *Aranjuez*, le *Pardo*, l'*Escurial*, avec de célèbres châteaux royaux; — *Almaden*, riches mines de mercure.

A l'E., se trouve le royaume de Valence, qui offre des campagnes riantes et fertiles, mais exposées au vent brûlant nommé *solano*. Les principales villes sont: **Valence**, surnommée *la Belle*, remarquable par sa délicieuse position et ses manufactures de soieries; — *Alicante*, située sur la Méditerranée et célèbre par ses vins; — *Castellon de la Plana*, dans un pays très fertile en produits divers; — *Elche* ville industrielle; — *Alcon*, fabriques de draps et de papiers; — *Orihuela*, surnommée le *Jardin de l'Espagne*.

Au S., on voit: 1° le royaume de Murcie, qui jouit d'un ciel presque toujours serein, et dont les villes principales sont *Murcie*, dans l'intérieur du pays, et **Carthagène**, port de mer important sur la Méditerranée. Nombreuses fabriques, mines de plomb, de zinc et de cuivre; — *Aguilas* exporte, particulièrement en France, les produits de ses fonderies de plomb argentifère; — 2° l'Andalousie (tire son nom des Vandales), qui abonde en fruits précieux, tels qu'oranges, citrons, limons, olives, grenades, raisins. Les lieux les plus célèbres y sont : **Séville** (130 000 hab.), belle ville, sur le Guadalquivir. On y remarque plusieurs grands établissements industriels, entre autres un hôtel des monnaies, une fonderie de canons, des fabriques de capsules, de tabac, de porcelaine, des parfumeries, etc.; — **Cadix**, place forte et port de mer, à l'extrémité N. O. de l'île de *Léon*, située dans l'océan Atlantique ; — **Cordoue**, sur le Guadalquivir, grande et florissante lorsque les Maures possédaient le sud de l'Espagne. Son industrie est très déchue ; on y fabrique encore des cuirs maroquinés ; — *Xérez*, connue par ses vins ; — **Grenade**, située dans une délicieuse vallée, et ornée de magnifiques monuments élevés par les Maures ; — **Malaga**, renommée par ses vins, grand port ; — **Gibraltar**, forteresse fameuse, possédée par les Anglais, et située sur une petite presqu'île qui s'avance dans le détroit de Gibraltar.

A l'O., est l'Estrémadure, très fertile en blé et surnommée le grenier de l'Espagne : *Badajoz*, sur la Guadiana, en est la capitale ; commerce assez actif avec le Portugal. On y remarque *Merida* (l'ancienne *Emerita Augusta*), avec de magnifiques ruines romaines.

A l'E. de l'Espagne, dans la Méditerranée, sont les îles Baléares, fertiles en bons fruits, et au nombre de trois principales : *Majorque, Minorque* et *Irice. Palma*, dans l'île Majorque, est le chef-lieu de la province que forme cet archipel. Elle exporte des vins, des eaux-de-vie, des liqueurs, des huiles, des amandes, des oranges, des conserves, etc. *Mahon* ou *Port-Mahon* est la ville principale de Minorque. C'est à la fois un port militaire et un port de commerce. Port-Mahon fut pris par les Français après un brillant assau en 1756.

Les îles Canaries, dans l'Atlantique, près de l'Afrique, composent une autre province espagnole.

Ces deux provinces portent le nom d'*Iles adjacentes*.

Entre l'Espagne et la France, au milieu des Pyrénées, est la petite république d'**Andorre**, placée sous la protection de la France et de l'Espagne. La capitale est *Andorre*.

GÉOGRAPHIE ÉCONOMIQUE

Minéraux. — Les richesses minérales d'Espagne sont nombreuses, mais on n'en tire pas tout le parti possible. Les mines les plus importantes sont celles de **plomb** (généralement argentifère), particulièrement dans les royaumes de Grenade, de Murcie, de Léon ; — celles de **mercure** au centre de l'Espagne. — On trouve du **fer** excellent dans beaucoup d'endroits ; — beaucoup de **cuivre**, surtout en Andalousie ; — de la **houille**, provenant principalement des Asturies, de l'Andalousie, etc.

Ajoutons le **sulfate de soude**, la **calamine** (minerai de zinc). Il y a, de plus, de l'antimoine, du cobalt, de l'arsenic, de l'étain, du manganèse, de beaux marbres (dans les Pyrénées), du porphyre, du sel gemme, des marais salants, etc.

Productions agricoles. — Les produits agricoles sont abondants et pourraient l'être beaucoup plus encore. Presque partout on cultive le blé, le seigle, l'orge, le maïs et le chanvre. Les blés espagnols sont excellents.

Les **oliviers** y fournissent des fruits dont on tire une bonne huile. On voit en grand nombre des mûriers, des orangers, des citronniers, des grenadiers, des vignes.

Les **vins** sont une branche considérable d'exportation. Les crus les plus renommés sont ceux d'*Alicante* (royaume de Valence), de *Malaga*, de *Velez-Malaga* (royaume de Grenade), de *Xérèz*, de *Rota* (Andalousie).

Les eaux-de-vie sont également un article important d'exportation.

Il y a très peu de forêts en Espagne ; on rencontre cependant des bois de chênes-lièges, de chênes verts sur lesquels vit le kermès, insecte dont on tire une couleur écarlate.

Animaux. — L'Espagne retire des richesses considérables de la vente de ses laines. Les **mérinos**, si renommés, originaires sans doute de l'Afrique, ont été pendant longtemps incomparables par la beauté de leur laine ; les troupeaux de mérinos se divisent en deux classes : les *sédentaires* et les *voyageurs* ou *transhumants*. Ces derniers voyagent en bande de 1000 à 1200 sous la conduite de deux bergers ; c'est surtout dans les Castilles, l'Estrémadure et l'Andalousie, que la transhumance s'exerce. Les troupeaux quittent les montagnes en octobre, se répandent dans les plaines jusqu'au mois de mai, époque où ils retournent sur les hauteurs. On attribue la dépopulation et la nudité de certaines provinces à ces migrations.

Il y a également beaucoup de chèvres. Les bêtes à cornes sont peu nombreuses.

Industrie. — L'industrie, peu florissante encore, tend néanmoins à se relever. Elle consiste principalement dans la fabrication des draps, des soieries, des tissus de coton, des ouvrages en fer et en cuivre, dans la préparation des cuirs, dans la fabrication des savons, de poteries (alcarazas), etc.

Voies de communication. — L'Espagne n'a pas encore assez de voies de communication. Il y a peu de cours d'eau faiblement navigables. Le *Guadalquivir* est celui qui présente le moins d'obstacles. Il existe peu de canaux ; le plus important est le canal *Impérial*, latéral à l'Ebre. — Les grandes routes tendent à s'améliorer.

Les chemins de fer facilitent aujourd'hui les transactions ; ils sont généralement bien administrés. Leur longueur totale est de 7455 kil.

Il y a 16 000 kil. de lignes télégraphiques.

Commerce, importation, exportation. — Le commerce est relativement insignifiant.

Les importations consistent en produits coloniaux (cacao, sucre, café, cannelle), blé, poissons salés, beurre, fromages, tissus de coton et de laine, dentelles, quincaillerie, coutellerie, bijouterie, articles de mode, verrerie, ustensiles en fer, etc.

Les exportations sont surtout les produits du sol : les *vins*, les fruits (oranges, citrons, grenades, raisins secs, figues, amandes), les huiles, la laine, la soie grège, les mérinos, les métaux, le liège brut, les bouchons, des farines, du sel, de la soude, etc.

Commerce avec la France. — C'est avec la France que l'Espagne fait le plus de commerce. La valeur des affaires entre les deux pays forme un total annuel de 300 millions.

Les ports de France qui ont les relations les plus suivies avec l'Espagne sont : Bayonne, Bordeaux, Saint-Nazaire, Nantes, le Havre, sur l'Atlantique ; — Marseille et Cette, sur la Méditerranée.

Population. — L'Espagne renferme près de 17 millions d'habitants. Chaque province a encore une population qui lui est, pour ainsi dire, spéciale. Ainsi, on remarque que le *Biscayen* est fier, irascible, emporté ; le *Galicien*, triste, sérieux, peu sociable, mais laborieux et plein de courage ; le *Catalan*, violent, indocile, infatigable ; l'*Aragonais*, attaché à ses antiques coutumes ; le *Castillan*, grave, sévère, orgueilleux, insouciant, etc.

La *langue espagnole* est un des idiomes nés du latin : elle est noble, sonore et poétique. C'est en Castille qu'on la parle avec le plus de pureté. Le catalan, répandu dans le N. E., est une langue distincte, dans laquelle ont été rédigés plusieurs ouvrages et de célèbres cartes marines du moyen âge. Le basque est une langue tout à fait à part qui ne se rattache à aucune des langues de l'Europe.

Gouvernement. — Le gouvernement, après avoir été républicain en 1873 et 1874, est redevenu monarchique. Les assemblées qui représentent le pays s'appellent *Cortès*.

Possessions extérieures, colonies. — Les possessions espagnoles hors de l'Europe se composent de l'île *Fernando-Po* et de celle d'*Annobon*, sur la côte occidentale d'Afrique ; — de *Ceuta*, et de quelques autres places fortes sur la côte du Maroc, aussi en Afrique ; — de la grande île

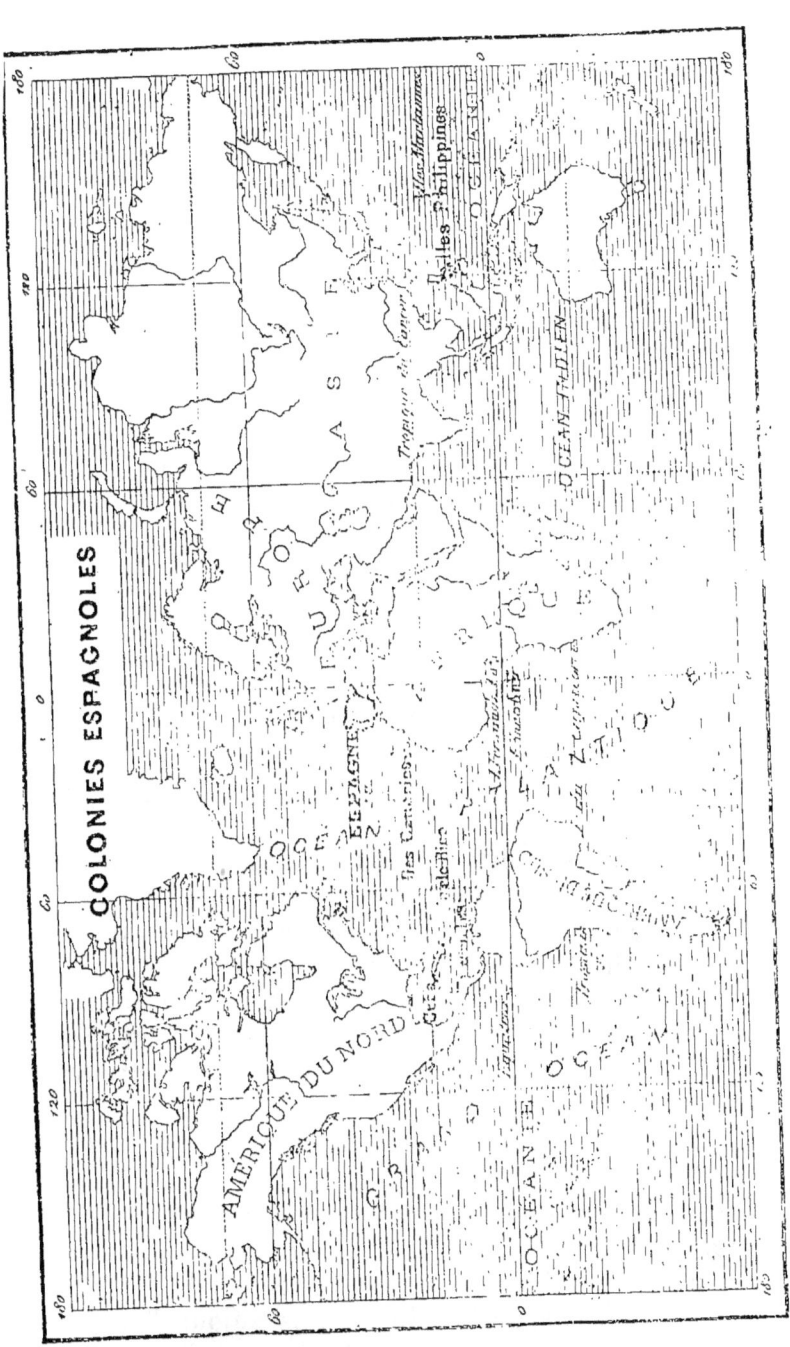

de *Cuba* et de *Puerto-Rico*, dans les Antilles, en Amérique; — des îles *Philippines* et *Mariannes*, dans l'Océanie.

PORTUGAL

GÉOGRAPHIE PHYSIQUE ET POLITIQUE

Le Portugal est un petit royaume situé à l'O. de l'Espagne. Il s'étend du N. au S., le long de l'océan Atlantique. — Latitude moyenne : 39°.

Le climat en est doux et salubre, et le sol fertile. Le pays est entrecoupé de vallées riantes, de coteaux agréables et de montagnes, dont les plus remarquables forment la *Serra da Estrella*, vers le nord et le centre du royaume.

Le *Minho*, au N., sépare le Portugal de la Galice. Le *Douro* et le *Tage* le traversent au milieu, et la *Guadiana* l'arrose au S. E.

La capitale de ce royaume est **Lisbonne**, grande et très belle ville, avec un vaste port, à l'embouchure du Tage. Elle renferme 246 000 âmes. C'est le chef-lieu de la province d'*Estrémadure*, où l'on remarque encore *Setuval*, port de mer.

Coimbre, au N. de Lisbonne, est la ville principale de la province de *Beira*, et possède une université fameuse.

Porto, ou **O Porto** (110 000 h.), dans le N. du royaume, à l'embouchure du Douro, est la plus grande ville de la province d'*Entre-Douro et Minho*, et fait commerce de vins renommés. Elle s'appelait autrefois *Portus-Calle*, et c'est de ce nom que vient celui de *Portugal*. — *Braga* se trouve dans la même province.

Bragance, dans le N. E., est dans la province de *Traz-os-Montes*.

A l'extrémité méridionale du Portugal, est la province d'*Algarve*.

Le Portugal a eu d'immenses possessions, telles que le Brésil et une grande partie de l'Inde. Mais aujourd'hui ses domaines hors de l'Europe sont bien réduits. Les îles *Açores* et *Madère*, qui se rattachent à l'Afrique, ne sont pas considérées comme colonies, mais font partie intégrante de la métropole, sous le nom d'*îles Adjacentes*.

GÉOGRAPHIE ÉCONOMIQUE

Minéraux. — L'exploitation minérale est aujourd'hui fort déchue. Il y a des mines d'or à Adissa, dans l'Estrémadure, — des mines de fer à Leiria, — et quelques mines de plomb, d'étain, de cuivre (dans l'Algarve). Les marais salants donnent un produit considérable : les plus importants sont ceux de Sétuval. Il y a beaucoup de sources minérales, la plupart thermales. On compte quelques carrières de beaux marbres.

Végétaux. — Le sol portugais est généralement fertile ; les céréales y abondent, mais l'agriculture y est peu avancée. Il y a de nombreux espaces encore incultes. L'huile du Portugal peut rivaliser avec les meilleures. Les vins du haut Douro sont les plus estimés, et sont vendus sous le nom de porto. On y récolte d'excellents fruits. On ne cultive le tabac que dans les îles Adjacentes.

Animaux. — Les richesses du règne animal sont encore trop négligées ; on voit cependant de grands troupeaux de moutons, de petits chevaux, légers et bien faits. Les bœufs sont répandus surtout dans le N.

La pêche est très active, surtout celle des sardines, des merlans, du thon et du corail.

Industrie. — Il y a quelques filatures de coton, des fabriques de draps communs, de lainages, de **soieries**, etc. Porto a quelques grandes fonderies.

Voies de communication. — Le Portugal a été longtemps dépourvu de bonnes routes, mais de grandes améliorations se sont effectuées. Les chemins de fer offrent déjà un développement de 1600 kilomètres.

La longueur des lignes télégraphiques est de 4256 kilomètres.

Commerce, importation, exportation. — Le Portugal importe des denrées coloniales (sucre, café, cacao, thé, copahu, rocou, ivoire) provenant particulièrement de ses colonies et du Brésil ; — des laines, du coton, des farineux, des métaux, des matières ouvrées de toutes sortes. Le Portugal exporte principalement des vins, des fruits (oranges, figues, raisins secs, etc.), quelques minerais, des bois, etc.

Commerce avec la France. — Le Portugal fournit surtout à la France des lichens tinctoriaux, des oranges, des citrons, des fruits secs, des sels, des peaux brutes. La France envoie au Portugal des cotonnades, des soieries, des articles de papeterie et de librairie.

Population. Langue. Religion. — Il y a en Portugal environ 4 700 000 habitants. Cette population appartient, comme les Espagnols, à la famille latine.

Son idiome s'est formé du latin, greffé sur d'autres langages, entre autres celui des Lusitaniens. Il s'y est mêlé des mots arabes sous la domination des Maures. Cette langue est douce, harmonieuse, énergique.

Les Portugais sont généralement d'une taille peu élevée, mais bien faits et robustes.

La plupart des Portugais professent la religion catholique.

Gouvernement. — Le gouvernement est monarchique ; il y a deux chambres appelées *Cortès*.

Colonies. — Nous avons placé plus haut les îles *Açores et Madère*, comme faisant partie intégrante de la métropole sous le nom d'*îles Adjacentes*. Elles ne figurent donc pas au nombre des colonies proprement dites, qui sont : en Afri-

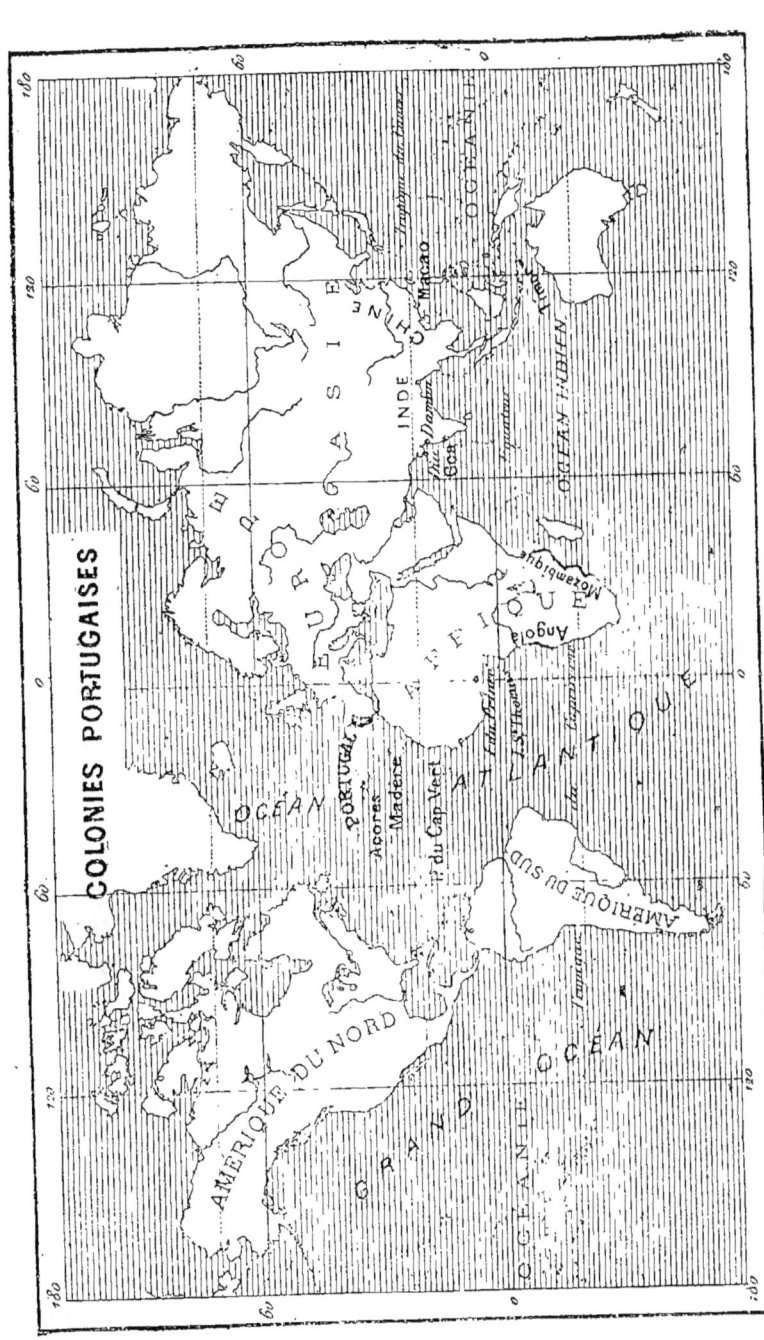

que : la *Sénégambie portugaise*, les îles du *cap Vert*, l'île du *Prince* et de *Saint-Thomas*, une assez vaste portion de la *Guinée inférieure*, l'*Angola* et, sur la côte orientale, le *Mozambique*; — en Asie, *Goa* et quelques autres établissements dans l'Hindoustan ; — *Macao*, en Chine, — et quelques établissements à *Timor*, dans l'Océanie.

GRÈCE

GÉOGRAPHIE PHYSIQUE

La **Grèce** ou **Hellas** (ou Hellade), longtemps soumise à l'empire Turc, forme aujourd'hui un royaume indépendant renfermé entre l'Archipel, à l'E.; la mer Ionienne, à l'O. et au S., et la Turquie, au N. — Latitude moyenne : 38°.

La Grèce continentale se compose de deux parties : la *Grèce septentrionale* et la presqu'île de *Morée* (l'ancien *Péloponnèse*) ; ces deux parties sont unies l'une à l'autre par l'isthme de *Corinthe*, resserré entre le golfe de *Lépante* (anciennement de Corinthe), à l'O., et celui d'*Athènes* ou *Égine* (l'ancien golfe *Saronique*), à l'E.

Peu de contrées ont des côtes aussi découpées : de toutes parts se présentent, en Grèce, des presqu'îles et des golfes. — A l'E., on voit la presqu'île d'*Attique*, le golfe d'*Athènes*, celui de *Nauplie* ou d'*Argolide*, la presqu'île d'*Argolide*; — au S., les golfes de *Laconie* et de *Messénie*, la presqu'île de *Monembasie*, celle de *Magne* ou *Maïna*, avec le cap *Matapan* (l'ancien promontoire *Ténare*), qui est une des pointes les plus australes du continent européen; la presqu'île de *Messénie* ; — à l'O., outre le golfe de *Lépante*, le golfe d'*Arcadia* ou de *Cyparisse* et celui d'*Arta*.

La chaîne *Hellénique* parcourt toute la Grèce du N. au S. Ses principales parties sont le *Pinde*, le *Guiona*, le *Parnasse*, l'*Hélicon*, le *Cithéron*; parmi ses branches, on remarque l'*Olympe*, sur la frontière N., l'*Ossa*, le *Pélion*, l'*Œta*, qui forme, avec l'Archipel, le fameux défilé des

Thermopyles; l'*Hymette*, connu par son excellent miel; le *Cyllène*, le *Lycée*.

On voit couler à l'E. de la chaîne Hellénique, la *Selembria* (anc. *Penée*), le *Céphise*, qui se rend dans le lac *Topolias* ou de *Livadie* (anciennement *Copaïs*).

Le *Permesse*, ruisseau fameux dans l'antiquité, se jette dans le même lac. Le *Céphise* est un autre ruisseau célèbre parce qu'il passe à Athènes. A l'O., on remarque l'*Arta*, qui se jette dans le golfe du même nom (ancien golfe d'*Ambracie*; l'*Aspropotamo* (l'anc. *Achéloüs*); la *Rouphia* (*Alphée*), le plus grand cours d'eau de la Morée; au S., l'*Iri* (*Eurotas*), qui baignait la ville de Sparte.

La Grèce offre des aspects variés, des points de vue admirables. Le climat est doux et généralement salubre; cependant quelques parties des côtes maritimes et les rives du lac Topolias sont marécageuses et malsaines. L'agriculture est fort négligée, et cette contrée, quoique fertile, offre presque partout une population très pauvre. L'olivier abonde; il y a des vins et des raisins renommés, des cédrats, des limons, des oranges, du coton.

GÉOGRAPHIE POLITIQUE

La Grèce a été augmentée, il y a quelques années, des îles *Ioniennes*, et plus récemment (par les conférences de Berlin) d'une partie de la *Thessalie* et de l'*Épire*. Sans ces trois annexions, elle est divisée en dix *nomes* ou départements, qui sont: dans la Grèce septentrionale, ceux d'*Attique-et-Béotie*, de *Phtiotide-et-Phocide*, d'*Acarnanie-et-Étolie*; — dans la Morée, ceux d'*Argolide-et-Corinthie*, d'*Akhaïe-et-Elide*, d'*Arcadie*, de *Messénie*, de *Laconie*; — dans l'Archipel, ceux d'*Eubée* et des *Cyclades*.

Athènes (63 000 h.), capitale de la Grèce, est située près du golfe auquel elle donne son nom. Parmi les vestiges de l'ancienne splendeur de cette illustre cité, on distingue l'Acropolis ou citadelle, et le *Parthénon* ou temple de Minerve. — La petite ville du *Pirée* lui sert de port.

On rencontre encore dans la Grèce septentrionale : *Livadie*, près du lac de ce nom ; — *Lépante* (l'ancienne *Naupacte*), vers l'entrée du golfe du même nom ; — *Missolonghi* ou *Mésolonghi*, fameuse par le siège qu'elle soutint contre les Turcs en 1826.

Près de la côte de l'Attique, on trouve, dans le golfe d'Athènes, l'île de *Colouri* (anciennement *Salamine*) et celle d'*Égine* ou *Enghia*.

Dans la Morée, on distingue : *Patras*, port commerçant, sur le golfe du même nom ; — *Nauplie de Romanie*, place très forte et port très important, sur le golfe de Nauplie ou d'Argolide ; — *Corinthe*, située près et au S. O. de l'isthme auquel elle donne son nom, vers le fond du golfe de Lépante ; — *Tripolitza* ou *Tripolis*, au centre de la presqu'île, vers l'emplacement de l'ancienne *Mantinée* ; — *Arcadia* ou *Cyparisse*, sur le golfe du même nom ; — *Navarin*, avec un vaste port, dans lequel les flottes française, anglaise et russe remportèrent une grande victoire sur la flotte turco-égyptienne (1827) ; — *Sparta*, petite ville nouvelle, bâtie sur les ruines de l'ancienne *Sparte* ; — *Mistra*, très près des mêmes ruines ; — *Monembasie* ou *Nauplie de Malvoisie*, vers l'extrémité S. E. de la Morée.

La plus grande île de la Grèce est *Eubée*, *Egripos* ou *Négrepont*, avec la ville de *Négrepont* ou *Khalcis*, chef-lieu du département d'Eubée, sur le détroit d'*Euripe*, qui sépare cette île de l'Attique.

Les **Cyclades** (c'est-à-dire les îles *rangées en cercle*) sont fort nombreuses. On y remarque *Tino* (anciennement *Ténos*), la plus verdoyante de ces îles, et riche en bons vins ; — *Sdili*, îlot montagneux et stérile, qui est l'antique *Délos* ; — *Syra* (*Syros*), où se trouve l'importante ville maritime d'*Hermopolis* ou *Syra*, chef-lieu du département des Cyclades ; — *Naxie* ou *Naxos*, la plus grande de ces îles ; — *Paro* (*Paros*), riche en beaux marbres ; — *Milo* (*Mélos*), célèbre par les belles antiquités qu'on y a découvertes ; — *Santorin* (*Théra*), riche en bons vins, souvent bouleversée par des tremblements de terre, et à côté de laquelle se sont élevés récemment plusieurs îlots volcaniques.

Athènes. — L'Acropole.

Les îles **Ioniennes** ou les **Sept Iles**, répandues le long des côtes occidentales et méridionales de la Grèce, sont annexées à ce royaume depuis 1863. Elles formaient auparavant une petite république, sous la protection de l'Angleterre. Elles composent trois nomes.

On y compte environ 245 000 habitants, presque tous d'origine grecque.

Ces îles produisent des olives et du vin.

La plus septentrionale et la plus importante est **Corfou** (l'ancienne *Corcyre*), avec une ville de même nom. — On trouve, près et au S. E. de Corfou, l'île de *Paxo*, une des moins considérables de cet archipel.

Les autres sont : *Sainte-Maure* (l'ancienne *Leucadie*) ; — *Théaki*, petite île stérile, mais célèbre autrefois sous le nom d'*Ithaque* ; — *Céphalonie* (anciennement *Céphallénie*), la plus grande des îles Ioniennes, et généralement belle et fertile ; — *Zante* (l'ancienne *Zacynthe*), très riche en vin et en huile ; — et vers l'extrémité de la Morée, *Cérigo* (l'ancienne *Cythère*), avec un sol pierreux et aride.

La Grèce, par suite du traité signé en 1881 avec la Turquie, a fait entrer dans son domaine la partie méridionale de la Thessalie et de l'Épire. Elle a acquis ainsi près de 300 000 habitants et elle possède *Larisse*, dans la Thessalie.

GÉOGRAPHIE ÉCONOMIQUE

Productions. Industrie. — L'agriculture est fort négligée en Grèce. Les récoltes des céréales sont insuffisantes ; l'olivier y produit de belles olives ; les vins y sont abondants. Les raisins (ceux de Corinthe, principalement), les figues, les cédrats, les limons, les oranges, les grenades, le coton, sont également l'objet d'un assez grand commerce. On exploite également la valonée et la noix de galle.

La soie, le kermès, le miel, les éponges figurent aussi parmi les richesses de la Grèce.

Il y a des **marbres** célèbres au Pentélique (montagne de l'Attique) et dans l'île de Paros.

L'industrie est peu développée : elle s'exerce sur la préparation de la soie, celle des peaux et la fabrication de l'huile, l'extraction des sels marins, la construction des navires, la pêche et particulièrement celle des éponges.

Commerce. — La Grèce est admirablement placée pour le commerce : à la portée de l'Asie et de l'Afrique, avec des côtes heureusement découpées, des îles nombreuses, des ports excellents. De plus, elle a de bons marins : aussi son commerce maritime est-il très animé.

Les exportations sont des fruits (surtout des raisins de Corinthe), des vins, de l'huile, des peaux, du coton, des éponges, etc.

C'est avec l'Angleterre, la Turquie, l'Autriche, l'Italie, la France, la Russie, que les relations sont le plus suivies.

Commerce avec la France. — La Grèce tire de la France des peaux préparées, des tissus de laine et de soie, du papier, des livres et des gravures, de la mercerie, des tissus de coton, des verreries, des articles de modes, etc.

Population. Langue. Religion. — La Grèce a environ 2 millions d'habitants. Outre les Grecs proprement dits, cette population compte, dans les îles, un assez grand nombre d'Albanais et d'Italiens. Les Grecs sont des commerçants adroits et d'excellents marins. La langue grecque moderne est belle et se rapproche beaucoup du grec ancien. La *religion grecque*, dite *orthodoxe*, est celle de la majorité de la nation.

Gouvernement. — Le gouvernement est une monarchie constitutionnelle.

TURQUIE D'EUROPE

GÉOGRAPHIE PHYSIQUE

La Turquie d'Europe forme, avec la Grèce et les principautés de Roumanie, de Serbie, de Bulgarie et de Monténégro, la péninsule des Balkans, qui est au S. de l'empire Austro-Hongrois et au S. O. de la Russie. — Latitude moyenne, 42 degrés. Cette péninsule est, avec l'Espagne, la plus méridionale de l'Europe.

La Turquie a été fort amoindrie par les traités de 1878 et les conférences de 1880. Au N., elle s'arrête au Grand Balkan; auparavant elle allait jusqu'au Danube. Au S., elle ne s'étend plus que jusqu'au mont Olympe.

La partie septentrionale, ou la plus large, est baignée à l'O. par la mer *Adriatique*, à l'E. par la mer *Noire* (*Pont-Euxin*), le canal de *Constantinople* (*Bosphore de Thrace*), la mer de *Marmara* (*Propontide*) et le détroit des *Dardanelles* (*Hellespont*). La partie méridionale, très rétrécie, est située entre la mer *Ionienne*, à l'O., la Grèce, au S., et l'*Archipel* (mer *Egée*), à l'E. Cette dernière mer forme, au N. O., le golfe de *Salonique*.

A côté du détroit des Dardanelles, se trouve la presqu'île de *Gallipoli* (l'ancienne *Chersonèse de Thrace*).

Dans le N., sont les hautes montagnes des *Alpes orientales*, du *Grand Balkan* (l'ancien *Hæmus*), du *Despotodagh* (ancien *Rhodope*), qui se dirigent de l'O. à l'E. et donnent naissance à de nombreux cours d'eau, entre autres à la *Maritza* (l'ancien *Hèbre*), tributaire de l'Archipel. — Au S., le sol est aussi couvert de montagnes, telles que le *Pinde*, qu'on remarque dans l'intérieur du pays, et, sur la côte de l'Archipel, le mont *Athos*, le mont *Olympe*.

Le climat des parties méridionales est doux, salubre et favorable à des productions précieuses, telles que le riz, le maïs, le sorgho, les oranges, les citrons, les grenades, les olives, les prunes, les melons, le vin, le coton, le tabac, les mûriers propres aux vers à soie ; mais l'agriculture est fort arriérée.

Ce pays n'est qu'une partie de l'*empire Turc* ou *Ottoman*, qui s'étend aussi en Asie et en Afrique. Mais dans cet empire encore si vaste il se trouve plusieurs contrées qui lui sont peu soumises.

GÉOGRAPHIE POLITIQUE

La Turquie d'Europe renferme : 1° la *Romélie* ou *Roumélie*, qui se divise en deux parties : la *Roumélie méridionale et occidentale*, immédiatement soumise à la Turquie, et la *Roumélie orientale*, formant une principauté vassale ; 2° l'*Albanie*.

On peut y ajouter la *Bosnie*, qu'elle ne possède que nominalement, et l'île de *Candie*, qui ne se soumet qu'avec une grande difficulté.

La ROUMÉLIE, qui correspond à l'ancienne *Thrace* et à l'ancienne *Macédoine*, est le cœur de la Turquie, et s'étend entre le Balkan et l'Archipel. Elle renferme **Constantinople**, nommée en turc *Stamboul* (dans l'antiquité *Byzance*), capitale de l'empire Ottoman, et admirablement située à l'entrée méridionale du Bosphore de Thrace. Un bras du Bosphore, connu sous le nom de *Corne d'Or*, y forme un des ports les plus beaux et les plus sûrs du monde ; il sépare Constantinople des grands faubourgs de *Péra* et de *Galata*.

Parmi les principaux édifices, on remarque le sérail ou palais du sultan, entouré de hautes murailles percées de huit portes, dont une est célèbre sous le nom de *Sublime Porte*[1] ; on distingue aussi la mosquée de Sainte-Sophie. Cette capitale a environ 600 000 habitants (avec ses faubourgs).

---

1. Voilà pourquoi, pour désigner le gouvernement turc, on dit souvent la *Sublime Porte*, ou simplement la *Porte*.

Les autres villes les plus intéressantes de la Roumélie sont :

1° Dans la ROUMÉLIE MÉRIDIONALE ET OCCIDENTALE : *Rodosto*, sur la mer de Marmara ; — *Gallipoli*, sur la presqu'île de même nom ; — **Salonique** (anciennement *Thessalonique*), ville très commerçante, au fond du golfe de même nom ; — **Andrinople**, qui a 70 000 habitants et qui occupe une situation riante sur la Maritza ; — **Sérès**, dans un pays très riche en tabac et en coton.

2° Dans la ROUMÉLIE ORIENTALE, province autonome, ayant à sa tête un prince : **Philippopoli**, capitale de cette principauté, sur la Maritza ; — *Slivno*, ville commerçante, près du Grand Balkan ; — *Bourgas*, port sur la mer Noire.

L'ALBANIE est une longue province qui s'étend du N. au S., entre la chaîne Hellénique, à l'E., et les mers Adriatique et Ionienne, à l'O. Elle correspond à une partie de l'ancienne *Illyrie*. Des montagnes la couvrent presque partout. Les villes principales sont *Scutari*, sur un lac de même nom et *Duratzo*, port célèbre autrefois sous le nom de *Dyrrachium*.

L'ÉPIRE, au sud de l'Albanie, a pour ville principale *Ianina*, sur un lac du même nom. Le sud de l'Épire appartient à la Grèce (traité de 1881).

La THESSALIE — dont le nord dépend de la Turquie et le sud de la Grèce — est une belle province qui renferme la pittoresque vallée de Tempé et qui a pour ville principale *Tricala*.

La BOSNIE, sur laquelle la Turquie n'a plus qu'un droit nominal, puisqu'elle est occupée par des troupes autrichiennes, en vertu du traité de Berlin, en 1878, est une province montagneuse, à l'angle N. O. de la Turquie d'Europe : elle est composée de la *Bosnie propre*, de la *Croatie turque*, de l'*Herzégovine* et de la *Rascie* ; la capitale de la Bosnie est *Bosna-Seraï* ou Seraiévo.

Au S. de l'Archipel et au S. E. de la Morée, la Turquie possède l'île de *Candie* (ancienne *Crète*), qui s'allonge de l'E. à l'O. et qui est le territoire le plus méridional de toute l'Europe (35° degré de latitude). C'est un pays fertile et

Constantinople. — La Corne d'Or.

beau, mais généralement pauvre aujourd'hui. Au centre s'élève le mont Ida.

La capitale est Candie, sur la côte septentrionale. On y remarque aussi le port commerçant de la *Canée*.

GÉOGRAPHIE ÉCONOMIQUE

Minéraux. — Les richesses minérales sont nombreuses, mais rarement exploitées, souvent même à peine soupçonnées. On trouve le plomb, le fer, le cuivre, l'argent, le zinc, l'arsenic, du sable aurifère dans quelques rivières. Le plomb argentifère se rencontre surtout en Thessalie et en Épire. Le fer est exploité en Bosnie. On trouve également du fer et du cuivre dans les Balkans. Il y a des gisements de houille en Albanie, en Roumélie et en Crète, et de magnifiques marbres dans les montagnes.

Végétaux. — La flore est très riche, mais des contrées entières restent encore sans culture ; citons, parmi les végétaux, les orangers, les citronniers, les grenadiers, les figuiers, les oliviers, la vigne, le maïs, le riz, le blé, le sorgho, le sarrasin, le millet, le lin, le chanvre, le ricin, le cotonnier, le sésame, les melons, les pastèques, le tabac, le mûrier, tous nos arbres fruitiers. On cultive des rosiers pour la fabrication de l'eau et de l'essence de roses. On exploite la valonée et la noix de galle. Il y a de bons bois de construction.

Animaux. — Les bestiaux, grâce à de bons pâturages qui abondent surtout dans les montagnes, sont vigoureux, particulièrement dans la Bosnie.

Les chevaux appartiennent à deux races : la race turque et la race tatare. La Roumélie et la Thessalie fournissent à la Grèce la plupart de ses chevaux.

Il y a beaucoup de mulets et d'ânes ; un grand nombre de moutons en Roumélie, en Thessalie, en Bosnie. Les chèvres errent en assez grand nombre dans les montagnes.

Leur chair, ainsi que celle des moutons, est la nourriture principale des habitants.

Industrie. — Il n'y a que très peu d'industrie. Le travail est généralement individuel, excepté pour quelques fabriques de soieries, de cotonnades et de draps à Salonique, à Andrinople. — La teinturerie, la tannerie, jadis florissantes, sont bien tombées.

Les musulmans excellent dans la fabrication des tapis et des étoffes de soie brochées.

Les habitants ne songent pas, en général, à exporter. Ils ne travaillent, en général, que pour leur propre consommation ; ils vendent cependant à l'étranger des nattes, des armes, des maroquins provenant de leur fabrication. Les principales manufactures d'armes à feu sont celles de Constantinople, d'Andrinople, de Slivno.

La sériciculture est surtout répandue en Roumélie.

L'île de Crète fabrique de bons savons.

Voies de communication. — Les routes sont mal entretenues, souvent à peine tracées. La mer présente aux transactions commerciales le seul chemin facile. Aussi, la marine marchande ne manque-t-elle pas d'une certaine valeur. Les chemins de fer ne sont pas encore très nombreux : il y en a cependant environ 1400 kil., y compris les lignes ferrées de la Bosnie. La longueur des lignes télégraphiques est d'environ 28 000 kil.

Les détroits. — Deux détroits ont une immense importance pour le commerce de la Turquie et de tout l'Orient : c'est, d'une part, le canal de *Constantinople*, le *Boghaz* des Turcs, l'ancien *Bosphore de Thrace*; — de l'autre, le *canal des Dardanelles*, l'*Hellespont* de l'antiquité.

Le Bosphore, d'une longueur d'environ 30 kilomètres, sur une largeur de 1 à 4 kil., présente un des plus beaux panoramas du monde.

Un courant régulier est établi de la mer Noire vers la

Méditerranée; les eaux, semblables à celles d'un vaste fleuve, ne cessent de couler du N. E. au S. O.

Le *canal des Dardanelles*, qui joint l'Archipel à la mer de Marmara, s'étend sur une longueur de 64 kil. et une largeur moyenne de 3 à 4 kil. Un courant semblable à celui du Bosphore emporte les eaux de la mer de Marmara du côté de l'Archipel, avec une vitesse moyenne de 5 kilomètres à l'heure.

Commerce de l'empire Ottoman. Exportation, importations. Intérêts français. — Les matières premières exportées sont les céréales, les laines, les soies, les cotons, le duvet de chèvre, les cuirs, les moutons, les huiles, les figues, les amandes, le tabac, la noix de galle, la valonée, le sésame, l'opium, la térébenthine, les crins, les raisins de Corinthe, les tapis, etc.

Les importations de l'Occident sont les toiles peintes et imprimées, les draps, les denrées coloniales, la coutellerie, la quincaillerie, les armes.

Pendant longtemps ce fut sous le seul pavillon français que les autres nations européennes commerçaient avec l'empire Ottoman. Aujourd'hui, c'est l'Angleterre qui occupe le premier rang : elle fournit les tissus de coton, la houille, le fer brut, les tissus de lin, la bière, l'étain. La France ne vient qu'au second rang.

Nous expédions en Turquie des étoffes de coton, de soie, de laine, des rubans, de la passementerie, des objets de luxe, des articles de Paris. Nous recevons de la Turquie plus de produits que nous n'en envoyons.

Population, Langue, Religion. — Les peuples, les langues, les cultes sont très variés dans la Turquie d'Europe. Sur 6 millions d'habitants que peuvent avoir la Roumélie propre, dite la Roumélie orientale, l'Albanie, une partie de la Thessalie et la Bosnie, il n'y a environ que deux millions de Turcs. Les autres nations principales sont : les *Slaves* (dont font partie des Bulgares et des Bosniaques, restés sous la domination turque), les *Albanais*, les *Grecs*

Le Bosphore.

ou *Hellènes*. Il y a aussi un assez grand nombre de *Juifs*, d'*Arméniens* et de *Bohémiens* ou *Tsiganes* (ces derniers probablement venus de l'Inde, et sans demeure fixe).

On ne compte environ que 3 millions de musulmans; il y a 3 millions de chrétiens, presque tous de religion grecque.

Gouvernement. — Les Turcs, qu'on appelle aussi *Osmanlis* ou *Ottomans*, sont mahométans de la secte d'Omar; la règle de leur foi est le *Koran*. Le gouvernement est monarchique constitutionnel. L'empereur, qui a le titre de *Sultan*, a souvent été désigné par les Européens sous le nom de *Grand Seigneur*, ou de *Grand Turc*. Il est en même temps souverain pontife.

Le *grand vizir* est le lieutenant du sultan en tout ce qui concerne le pouvoir temporel, et le *grand mufti*, ou grand prêtre, en tout ce qui a rapport au spirituel. Les *oulémas* sont les docteurs chargés de l'interprétation du Koran.

On donne le nom de *Divan* au conseil d'État, composé du grand mufti, du grand vizir et d'autres ministres ou personnages importants.

Possessions hors d'Europe. — Les possessions que la Turquie a hors de l'Europe se divisent en possessions immédiates de l'empire et en territoires qui n'en reconnaissent que la suzeraineté.

Les premières composent la Turquie d'Asie, où se trouvent : 1° l'*Asie Mineure*, c'est-à-dire l'Anatolie, la Caramanie, etc.; — 2° l'*Arménie turque*; — 3° le *Kurdistan* (l'anc. Assyrie); — 4° le *Djézireh* (Mésopotamie); — 5° l'*Irack-Arabi* (Babylonie); — 6° la *Syrie* (avec la Palestine).

Sont considérées, en Asie et en Afrique, comme comprises dans l'empire Ottoman sans lui être directement soumises : la principauté de *Samos*; l'île de *Chypre*, occupée par les Anglais; une partie de l'*Arabie*; l'*Égypte*; la régence de *Tripoli*.

ROUMANIE, SERBIE, BULGARIE, MONTÉNÉGRO

Le royaume de **Roumanie**, longtemps tributaire de la Turquie, est formé de la *Moldavie* et de la *Valachie*, situées sur la rive gauche du Danube, et de la *Dobroudja*, située à droite.

La **Moldavie** est baignée au S. E. par le Danube, et séparée de la Russie à l'E. par le Pruth. Sa capitale est **Iassi** (90 000 h.). On remarque, sur le Danube, le port commerçant de **Galatz**.

La **Valachie** est couverte au N. par les Carpathes et bornée par le Danube à l'O., au S. et à l'E. Sa capitale est **Bucarest**, capitale de toute la Roumanie, avec 220 000 h. — A l'E., sur le Danube, on distingue *Braïla*, port commerçant. — La **Dobroudja** occupe une presqu'île formée entre la mer Noire et un détour du Danube. Le delta de ce fleuve, qui s'y trouve annexé, renferme le port de *Soulina*, à l'embouchure de la branche du même nom.

Commerce. — Le commerce d'exportation de la Roumanie repose sur les grains, les laines, les suifs, les peaux, etc. — L'importation a pour base une foule d'articles manufacturés. Deux grandes voies s'ouvrent aux transactions : celle de la mer Noire à l'embouchure du Danube, avec point de relâche à Constantinople, — et celle du Danube supérieur ayant pour étape principale Vienne. Les rapports commerciaux les plus suivis sont d'abord avec l'Autriche, ensuite avec la Russie, la Turquie, la France et l'Angleterre.

Nous envoyons principalement des vins et des liqueurs en Roumanie.

Il y a environ 1100 kilomètres de chemins de fer et 5310 kilomètres de lignes télégraphiques.

Population. — Les Roumains proviennent du mélange des Daces et des colonies romaines qui furent installées à l'embouchure du Danube, sous le règne de Trajan. Leur parenté avec la race latine se traduit non seulement dans leur physionomie, dans leurs traits, mais également dans leurs tendances, dans la direction de leur esprit. Les Roumains sont au nombre de 5 millions, professant la religion grecque.

Gouvernement. — Le gouvernement est une monarchie constitutionnelle.

Le royaume de **Serbie** ou **Servie**, pays slave, qui a été aussi tributaire de la Turquie, s'étend à droite du Danube et de la Save, et a pour capitale **Belgrade**, à la jonction de ces deux cours d'eau. Ce petit royaume renferme un million d'habitants. Il s'est augmenté récemment d'un territoire où se trouve *Nich*.

La population de la Serbie est de 1 700 000 habitants.

La principauté de **Bulgarie** est tributaire de la Turquie. Constituée en 1878, elle est peuplée de 2 millions d'hab.

Elle occupe le pays situé entre le Grand Balkan et le Danube. **Sophia** en est la capitale. Autres v. : au milieu, *Tirnova*; — à l'O., *Plevna*, célèbre par un siège soutenu contre les Russes en 1877-78; — à l'E., *Choumla*; *Varna*, port sur la mer Noire; — au N., le long du Danube, *Vidin*, *Routschouk*, *Silistri*.

224 kil. de chemins de fer.

La petite principauté très montagneuse du **Monténégro**, entre la Bosnie et l'Albanie, a pour cap. **Cettigne**. Elle vient d'acquérir une partie de la côte de l'Adriatique, avec les ports d'*Antivari* et de *Dulcigno*. Le Monténégro ne fait pour ainsi dire pas de commerce. Sa population est de 370 000 habitants.

Le nombre des soldats qui, dans ce pays essentiellement guerrier, peut prendre les armes, est relativement considérable. En temps de guerre tous les hommes valides combattent.

RUSSIE

GÉOGRAPHIE PHYSIQUE

Cette contrée est la plus grande de l'Europe, dont elle occupe la partie orientale. Elle est baignée au N. par l'océan Glacial arctique, qui forme sur ses côtes un golfe profond appelé mer *Blanche*. — Elle est bornée au S. par les hautes montagnes du Caucase et par la mer *Noire*, dont un enfoncement remarquable prend le nom de mer d'*Azov*. — Au S. O., elle touche à la Roumanie, tributaire de la Turquie ; — à l'O., à l'Autriche et à la Prusse. La mer Baltique, qui la borne aussi de ce côté, forme deux grands avancements : le golfe de *Finlande* et le golfe de *Livonie* ou de *Riga*. — Au N. O., elle tient à la Suède et à la Norvège. — Au S. E., la mer Caspienne, et à l'E., le fleuve Oural et les monts Ourals la séparent de l'Asie. — Latitude : entre 41° et 76° (la Nouvelle-Zemble comprise).

La Russie d'Europe offre presque partout de vastes plaines, qui sont, au N., froides et stériles, mais, dans l'intérieur, couvertes de grandes forêts, et fertiles en blé, lin, chanvre, etc., malheureusement quelquefois marécageuses ; au S., riches en pâturages ; au S. E., sablonneuses, désertes et imprégnées de sel. — Les seules montagnes remarquables qui rompent la monotonie de ces plaines sont, au centre, les monts *Valdaï*, qui ne sont que des collines ou des plateaux ; au N. O., les *Alpes Scandinaves* ; au S. E., le *Caucase*, où se trouvent des sommets plus élevés que les Alpes ; à l'E., les monts *Ourals*, qui sont riches en mines d'or, de platine et de cuivre.

De grands fleuves parcourent la Russie d'Europe :
Au N., on voit la *Dvina septentrionale* et l'*Onéga*, qui vont se jeter dans la mer Blanche, et la *Petchora*, qui se perd directement dans l'océan Glacial. — Au centre et au S. E., coule le *Volga*, le plus long des fleuves d'Europe : il se grossit de la *Kama* et de l'*Oka*, etc., et se rend dans la

mer Caspienne par une foule d'embouchures. — Au S., le *Don* se jette dans la mer d'Azov. — Le *Dniepr* et le *Dniestr* parcourent le S. O., et débouchent dans la mer Noire. — A l'O., on remarque la *Dvina méridionale* ou *Duna*, qui se rend dans le golfe de Riga ; le *Niémen* et la *Vistule*, autres tributaires de la mer Baltique.

C'est dans la Russie que sont les plus grands lacs de l'Europe. Le plus vaste de tous est le *Ladoga*, d'où sort, vers le S. O., un large cours d'eau nommé *Néva*, tributaire du golfe de Finlande. Le lac *Onéga* est au N. E. du Ladoga ; le lac *Saima*, au N. O. ; le lac *Ilmen*, au S., et le lac *Peïpous*, au S. O.

GÉOGRAPHIE POLITIQUE

La Russie d'Europe se divise en 60 gouvernements, sans compter le grand-duché de Finlande, la république militaire des Cosaques du Don et trois territoires caucasiens.

1° Au N., on remarque principalement le gouvernement d'*Arkhangel*, dont dépendent les îles froides et stériles de la *Nouvelle-Zemble* (ou plutôt *Novaia-Zemlia*) et celles de *Vaïgatch* et de *Kalgouev*.

2° Au N. O., on trouve le grand-duché de **Finlande**, avec les îles d'*Aland*, la ville d'**Helsingfors**, capitale de ce grand-duché, et la ville d'*Abo* ; — le gouvernement de *Saint-Pétersbourg*, ou simplement de *Pétersbourg*, avec la magnifique ville de **Saint-Pétersbourg** (en russe *Sankt-Peterbourg*), capitale de l'empire Russe, située à l'embouchure de la Néva, et peuplée de 876 000 habitants. C'est le principal entrepôt des marchandises russes destinées à l'exportation. — Cronstadt, sur une île du golfe de Finlande, est surtout un port militaire, mais les gros bâtiments marchands qui ne peuvent parvenir jusqu'à Saint-Pétersbourg, s'y déchargent sur des allèges ; — le gouvernement d'*Esthonie* ou de *Revel* ; — le gouvernement de *Livonie* ou de *Riga*, dont le chef-lieu est la florissante ville de **Riga**, vers l'embouchure de la Dvina du sud ; — le gouvernement de *Novgorod*, avec la

Moscou. — La place Rouge.

très ancienne ville de même nom, autrefois une des plus importantes de l'Europe.

3° A l'O., sont des gouvernements qui ont fait partie de la Pologne, tels que ceux de *Volhynie* et de *Podolie*, de *Vilna*, de *Vitebsk*, de *Kovno*, de *Minsk*, de *Grodno*, de *Varsovie*, de *Lublin*. Les sept derniers ont des villes de même nom, parmi lesquelles nous distinguons **Varsovie** (339 000 hab.), située sur la Vistule, et qui a été la capitale du dernier royaume de Pologne. C'est le grand entrepôt entre la Russie et toute l'Europe centrale et le siège d'une fabrication assez importante. Il faut citer dans ce même royaume **Lublin** et **Vilna**, capitale de l'ancienne Lithuanie.

4° Au centre de la Russie, on remarque le gouv. de **Moscou** (en russe *Moskva*), avec la grande et magnifique ville de même nom, seconde capitale de l'empire, et peuplée de 600 000 habitants; occupée par les Français en 1812, et où commencèrent leurs désastres de Russie. Moscou est au centre de la région essentiellement industrielle de la Russie, sur la Moskva. C'est un immense atelier travaillant pour le reste de l'empire et répandant en tous sens ses cotonnades, ses lainages, ses toiles, ses soieries, ses instruments aratoires, etc. C'est également le trait d'union entre le commerce de l'Asie et celui de l'Europe; — le gouvernement de *Toula*, dont le chef-lieu, nommé aussi *Toula*, est célèbre par ses manufactures d'armes; — les gouv. d'*Orel*, de *Koursk*, de *Kalouga* et d'*Iaroslav*, avec d'importants chefs-lieux de même nom; — le gouv. de *Vladimir*, etc.

5° Au S., sont le gouvernement de *Kiev*, avec la ville de même nom, qui a été l'une des premières capitales de la Russie; — le gouvernement de *Poltava*, qui fut le théâtre d'une grande bataille gagnée en 1709 par Pierre le Grand, empereur de Russie, sur Charles XII, roi de Suède; — le gouvernement de *Kharkov* ou d'*Ukraine*, très fertile; — celui de *Voronej*, avec une ville considérable de même nom; — la *Bessarabie*, qui a pour ch.-l. *Kichénev*, et qui renferme aussi *Bender*, sur le Dniestr; *Ismaïl* et *Kilia* sur le Danube, récemment reprises par les Russes à la Roumanie, à laquelle elles avaient été cédées en 1856 ; — le gouv. de *Kherson*, sur la mer Noire, où se trouve la ville du même nom et les ports fameux d'**Odessa** et de **Nikolaev** ; — le gouvernement d'*Ékatérinoslav*, dont dépend le port de *Taganrog*, sur la mer d'Azov ; — le gouv. de *Tauride*, qui renferme la presqu'île de **Crimée**, montagneuse et agréable vers le S., mais basse et malsaine dans le N. ; l'isthme de Pérékop l'unit au continent ; sur la côte S. O. est **Sévastopol** (ou *Sébastopol*), célèbre par le siège de 1854-55.

6° A l'E., on distingue le gouvernement de *Kazan*, dont le chef-lieu, appelé aussi *Kazan*, a des fabriques renommées de cuir de Russie ; — le gouv. de **Nijnii-Novgorod** (nouvelle *Novgorod*, qui lui-même signifie nouvelle ville) ou *Nijégorod*, avec la commerçante ville de même nom, fameuse par ses foires ; — les gouvernements de *Simbirsk* et de *Saratov* ; — le gouvernement de *Perm*, riche en mines de cuivre, de platine et d'or ; — le gouvernement d'*Orenbourg*, avec une florissante ville de même nom.

7° Au S. E., on voit le pays des *Cosaques du Don* ; — le gouvernement d'*Astrakhan*, où le Volga se jette dans la mer Caspienne, et dont le chef-lieu est **Astrakhan**, port florissant sur le Volga, célèbre par son commerce de fourrures ; entrepôt du commerce entre la Russie, la Boukharie, la Perse, l'Hindoustan, et centre de grandes pêcheries ; — la *Circassie* et le *Daghestan*, situés sur le versant septentrional du Caucase, et habités par un grand nombre de peuplades guerrières qui ont longtemps résisté à la Russie, mais qui, aujourd'hui, sont toutes soumises.

GÉOGRAPHIE ÉCONOMIQUE

Produits minéraux. — Les mines, une des grandes richesses de la Russie, produisent de l'**or**, du **platine**, de l'**argent**, du **cuivre**, du **fer**, de la **houille**, du **sel**, etc.

C'est principalement sur le revers oriental de l'Oural et dans les parties méridionales des gouvernements du centre de la Sibérie que l'on rencontre l'**or**. Le **platine** se trouve dans l'Oural. L'argent et le plomb se trouvent surtout dans les monts Altaï et le Caucase.

Le **cuivre**, très abondant, excède la consommation intérieure. L'empereur possède toutes les mines de l'Altaï. Les mines les plus importantes sont celles de l'Oural. Les malachites (le minerai de cuivre le plus abondant en Russie) se présentent souvent en masses d'une admirable beauté.

Le **sel** se présente sous trois formes : le sel gemme, le sel provenant des marais salants, le sel d'usine. — Le sel gemme est surtout répandu dans la chaîne de l'Oural.

Constitution générale du sol. Végétaux. — La Russie d'Europe n'offre, pour ainsi dire, qu'une vaste plaine qui, au centre, devient un plateau, élevé dans ses parties supérieures, d'environ 400 mètres au-dessus du niveau de la mer. La Pologne a des plaines plus basses, et son nom même veut dire pays plat.

Les contrées les plus septentrionales de la Russie sont sans culture ; néanmoins on sème à des latitudes assez élevées le seigle, l'orge, l'avoine ; — dans les provinces centrales, on cultive le seigle, le froment, l'orge, le millet ; dans le S., le froment et le maïs.

Les **froments** les plus estimés sont ceux des gouvernements de Kiev, de Podolie et de Bessarabie. Viennent ensuite ceux de Pologne et les plaines du Volga.

La production annuelle des céréales est énorme. Le blé est le produit qui donne les meilleurs résultats, mais le rendement n'est pas régulier.

La consommation russe absorbe la plus grande quantité des céréales ; néanmoins une exportation assez considérable a lieu, du côté de l'occident, par l'intermédiaire de Riga, de Saint-Pétersbourg, d'Odessa, de Taganrog, de Kertch.

Les autres grandes cultures de la Russie sont le **lin**, le **chanvre**, les **pommes de terre**, les **betteraves**, le **houblon**, le colza, le **tabac**.

Les vins du midi de la Russie sont exportés vers le N.

Les forêts sont une des richesses de l'empire. Les pins,

les sapins, les bouleaux, sont les arbres les plus communs et ceux qui s'avancent le plus au N. Les gouvernements de Novgorod et de Tver sont partout couverts de bois. Les provinces du S. E. en sont entièrement dépourvues.

Animaux domestiques. — Les meilleures races de **chevaux** sont celles du Don, de Viatka, de Kazan, etc. Le cheval russe, de la race de Viatka, est de taille peu élevée, très fort et presque infatigable.

Les races bovines les plus estimées sont celles des steppes de la Russie méridionale et de l'Ukraine.

Les **moutons** sont surtout répandus dans le Midi.

Dans le N. de la Russie d'Europe, on compte plus de 20 000 rennes.

Les abeilles, particulièrement en Pologne, donnent une grande quantité de cire et de miel. L'hydromel, liqueur fermentée faite avec le miel, remplace le vin dans plusieurs pays.

Industrie. — L'industrie russe est encore assez mal comprise. Elle ne compte pas de grands centres, comme en Angleterre et en France; elle se cache, pour ainsi dire, dans la retraite, disséminée au milieu d'une foule de villages.

La préparation du **lin** est l'objet d'une exploitation considérable.

On fait des toiles à voiles excellentes. L'industrie **chanvrière** s'exerce surtout dans les gouvernements du centre.

La **laine** donne lieu à un grand commerce.

Les **cuirs** et **fourrures** russes sont très estimés. Kazan est renommée par ses cuirs; Astrakhan, par ses peaux d'agneau pour la fabrication des manchons, des bonnets, etc.

Voies de communication. — La Russie a l'avantage de posséder dans ses nombreux cours d'eau un des plus magnifiques systèmes de navigation intérieure, interrompue cependant plusieurs mois de l'année par les glaces.

Le **Volga** est surtout l'artère magistrale de cette contrée.

Un grand nombre de canaux font communiquer entre eux les fleuves des quatre versants de la Russie.

Navigation des mers. — Les mers qui entourent la Russie, bien que d'un grand avantage pour son commerce, ne sont pas toujours d'une navigation facile. La Baltique est encombrée d'îlots, d'écueils, et fermée pendant plusieurs mois par les glaces. La mer Noire, qui, malgré sa latitude méridionale, est elle-même couverte de glaces dans plusieurs de ses golfes, a des brumes épaisses et des vents impétueux.

Chemins de fer. — Les chemins de fer de la Russie d'Europe ont trois centres principaux : Saint-Pétersbourg, Moscou, Varsovie. La ligne la plus importante est celle de Pétersbourg à Moscou. Plusieurs lignes relient le bassin de la Baltique à celui de la mer Noire, c'est-à-dire le N. au S. On compte près de 30 000 kil. de lignes exploitées et 100 000 kil. de lignes télégraphiques.

Routes de terre, route de Tiflis. — Par suite de l'état encore incomplet du réseau des chemins de fer et de la difficulté que l'hiver apporte aux communications fluviales, les routes de terre sont encore le principal moyen de transport. Le roulage est très important en Russie.

Nommons, parmi les plus célèbres routes, celle de Tiflis, et, par suite de toute la Transcaucasie, de la Perse et de l'Arménie, franchissant le milieu du Caucase au défilé de Dariel.

Traînage. — Quand les fleuves sont pris par les glaces, et les vastes plaines couvertes de neige, la Russie possède des moyens de communication inconnus dans nos climats tempérés ; il y circule des traîneaux auxquels on attelle soit des chevaux, dans la plus grande partie de l'empire, soit des rennes, dans le N., soit des chiens, surtout dans la Sibérie. Les fleuves servent souvent alors de routes unies et commodes.

Nijnii-Novgorod. — Confluent de l'Oka et du Volga.

Les grandes foires et les caravanes. — Une grande partie des affaires de l'intérieur de la Russie se traitent dans des foires. On en compte près de 7000, dont plusieurs attirent les négociants de toutes les parties du monde. La valeur annuelle des marchandises qui y sont apportées est, en moyenne, de 1 milliard 600 millions de francs.

La principale de ces foires est celle de *Nijnii-Novgorod*, rendez-vous des marchands de tous les pays, même de l'extrême Orient et de l'extrême Occident. Le Russe y fournit des cotonnades, des tissus de laine, de soie, de chanvre, des métaux, des cuirs, etc. Les autres nations européennes y adressent des tissus, des cotonnades, des vins, etc. Les Chinois y apportent leur thé, etc.

Il s'établit entre la Russie d'Europe et l'Asie des échanges organisés par des caravanes.

La pêche. — La Russie consomme beaucoup de poissons. C'est souvent la seule nourriture des populations auxquelles l'Église russe interdit rigoureusement l'usage de la viande pendant de longues époques de l'année. La mer d'Azov, le Don, le Kouban, la mer Caspienne, ont d'importantes pêcheries. Le plus vaste établissement pour la préparation du poisson est celui de Bojii-Promysly (c'est-à-dire, pêcherie divine).

Des pêcheries d'eau douce, surtout celle de l'esturgeon, sont très importantes, grâce aux produits que l'on en tire, c'est-à-dire au *caviar* et à l'*ichtyocolle*.

Le **caviar**, ce mets russe par excellence, est fait avec les œufs des esturgeons et de plusieurs autres espèces de poissons.

L'**ichtyocolle**, ou colle de poisson, provient de la vessie natatoire des esturgeons.

La chasse. — Les animaux à fourrure sont en assez grand nombre dans toutes les régions septentrionales et particulièrement en Sibérie. Les chasses de ces contrées profitent surtout à la Russie et à la France, les deux pays où l'on prépare le mieux les fourrures.

Commerce. — Les principaux articles exportés de Russie en Asie sont les cotonnades, les lainages, les soieries, les laines brutes, le coton brut, les céréales, les armes, divers articles métallurgiques, des pelleteries, des articles fabriqués en lin, en chanvre, etc. La plupart de ces marchandises sont expédiées, soit en Chine, soit dans le Turkestan, et en Turquie.

Les principaux articles importés en Russie par la frontière d'Asie sont du thé, du coton, des cotonnades de Perse, des bestiaux, des cuirs, des fruits, etc.

Les contrées d'Asie qui font le plus d'affaires avec la Russie sont la Boukharie, la Chine, la Turquie et la Perse.

Relations avec la France. — La Russie nous envoie des matières premières, des produits de son sol, tandis que nous lui adressons des articles manufacturés. Elle exporte en France ses grains, surtout par Odessa, Kertch et Taganrog, etc. Nous expédions en Russie soit par la Baltique, soit par la mer Noire, des vins, des denrées coloniales, des huiles, des fruits, mais principalement des articles provenant de notre fabrication.

Population. — On compte près de 100 millions d'habitants dans tout l'empire Russe. La Russie d'Europe en a 84 millions. — Des **populations** très diverses habitent la Russie : une grande partie des habitants sont d'origine *slave* : tels sont les *Polonais* et les *Russes*, parmi lesquels ceux qui ont le plus spécialement le caractère slave sont connus sous les noms de *Ruthènes*, de *Russes-Blancs* et de *P'tits-Russes* (ou *Petits-Russiens*). Les *Grands-Russes* (ou *Grands-Russiens*) habitent les parties centrales et septentrionales.

Il y a dans les anciens gouvernements polonais un assez grand nombre de *Lithuaniens*, divisés en *Lithuaniens proprement dits* ou *Litaouis*, et *Lettes* ou *Lettons*.

D'autres populations appartiennent à la branche *Finnoise*, qu'on appelle aussi *Ouralienne* et *Touranienne* : ce sont les *Finnois proprement dits*, *Finlandais* ou *Tchoudes*, les

Votes, les *Ehstes*, les *Lives*, les *Caréliens*, une fraction des *Moscovites* ou *Grands-Russes*, fraction qui est slave par le langage, mais finnoise par divers caractères ethnographiques ; les *Biarmiens* ou *Permiens*, qui se divisent en *Permiens proprement dits*, *Sirianes* et *Votiaks* ; les *Vogoules*, les *Mordouans* ou *Mordves*, les *Tchérémisses*, les *Tchouvaches*, répandus dans les parties orientales. — Les *Lapons*, pour la langue, se rattachent aux *Finnois* ; pour la conformation, à la race *mongolique*. — Les *Samoïèdes*, qui habitent aussi dans le N., sont de cette dernière race. — Il y a dans le S. E., la nation mongole des *Kalmouks*, venus primitivement du centre de l'Asie.

D'autres peuples, dans l'E., le S. E. et le S., sont d'origine *turque* et *tatare*, comme les *Bachkirs*, les *Nogaïs*, les *Koumukhs*, les *Kirghiz*, les *Tatares de Crimée*.

Les *Cosaques*, ou plutôt *Kasaks*, se sont formés d'un mélange de Slaves et de Tatares ou de Mongols.

Les *Allemands* sont nombreux dans le territoire qui s'étend entre le golfe de Finlande et la Prusse (Livonie, Courlande) ; ils ont formé beaucoup de *colonies* dans les parties méridionales.

Il y a des *Roumains*, c'est-à-dire des *Valaques* et des *Moldaves*, dans le S. O. ; — des *Juifs*, en grand nombre dans les gouvernements de l'O. ; — des *Zigueunes* ou *Bohémiens*, dans presque tous les gouvernements.

Les peuples *caucasiens* comprennent les *Circassiens* ou *Tcherkesses*, les *Abases*, les *Kistes*, les *Lesghiz*, les *Ossètes*.

Les Russes et les Polonais sont les plus importants parmi toutes ces populations, et leurs langues sont celles qui dominent.

Les Petits-Russes ont conservé le plus complètement la physionomie nationale ; ils sont mieux faits que les autres et ont des qualités morales plus élevées. Le Russe est bon, prévenant, hospitalier, fort religieux ; il se montre ordinairement gai, actif, courageux. Cependant il cache au fond du cœur des passions ardentes, qui l'entraînent quelquefois à des actes d'une brutalité terrible ; on lui reproche l'amour du gain. La langue russe est riche, sonore, flexible : elle a de la naïveté et de l'élégance. — Les Polonais sont braves, enthousiastes de la liberté. Leur noblesse est nombreuse, fort brillante et pleine de dignité dans ses manières, mais les paysans offrent trop souvent encore le tableau de l'ignorance et de la misère. La langue polonaise est moins riche que la langue russe.

Ces deux nations ont une facilité remarquable pour apprendre les idiomes étrangers. — Après le russe et le polonais, les principales langues parlées en Russie sont le lithuanien et le letton, qui ont entre eux beaucoup de rapports ; le finnois, le turc (dans le S.), l'allemand (à l'O.), le suédois (dans plusieurs villes de la Finlande), le roumain, au S. O.

Les hautes classes de cet empire sont éclairées, connaissent les inventions que l'on fait sur tous les points du globe, parlent les principales langues de l'Europe, surtout le français, et montrent de l'urbanité et des manières élégantes dans leurs relations sociales ; les classes inférieures sont restées plongées dans de profondes ténèbres ; beaucoup de paysans ont été longtemps de simples *serfs*, c'est-à-dire la propriété de la couronne et des seigneurs ; mais on a décrété leur affranchissement.

Religions. — La religion dominante est la religion grecque, une des branches du christianisme. L'empereur est le protecteur suprême de l'Église gréco-russe, dont la direction est soumise à l'assemblée du *Saint-Synode* qui siège à Saint-Pétersbourg et qui est à la nomination du souverain. Le clergé se divise en deux classes distinctes : 1° le *clergé blanc*, ou clergé séculier, comprenant les popes (curés), et auquel le mariage est ordonné ; 2° le *clergé noir* ou régulier, contraint au célibat et qui jouit du privilège d'occuper les dignités ecclésiastiques.

Les catholiques romains sont nombreux dans les provinces polonaises. Il y a aussi beaucoup de grecs-unis, ainsi nommés parce qu'ils se sont réunis, sur plusieurs points religieux, à l'Église romaine. Les juifs y sont fort répandus : presque tout le commerce se trouve entre leurs mains.

Les protestants se rencontrent en grand nombre dans les

provinces baignées par la Baltique. Enfin, il y a beaucoup de mahométans dans le S. et le S. E. de la Russie. Dans les parties orientales, plusieurs peuplades professent le bouddhisme.

Gouvernement. — Le gouvernement de la Russie est une monarchie absolue ; l'empereur ou *Tzar* prend aussi le titre d'autocrate de toutes les Russies. Il y a un Sénat entièrement soumis au pouvoir de l'empereur.

Possessions en Asie. — L'empire Russe s'étend non seulement en Europe, mais dans le N. et l'O. de l'Asie. Il occupe une longueur d'environ 12 000 kil., et une superficie que l'on peut évaluer à peu près au septième de la surface des parties terrestres du globe. Les Russes ont en Asie la *Transcaucasie*, le *territoire Transcaspien*, la *Sibérie*, l'*Asie centrale*.

RÉSUMÉ COMPARATIF

Superficie comparée des États.

L'étendue de l'Europe est d'environ 10 millions de kilomètres carrés.

Les plus grands États sont :

La Russie	5.870.000 kil. carrés
L'Autriche-Hongrie	625.000 —
L'Allemagne	545.513 —
La France	528.571 —
L'Espagne	500.000 —
La Suède	465.000 —
La Norvège	317.000 —
Les îles Britanniques	300.000 —
L'Italie	296.000 —
La Turquie d'Europe	326.000 —
La Roumanie	130.000 —
Le Portugal	93.000 —
La Grèce	65.000 —
La Bulgarie	64.000 —
La Serbie	50.000 —
La Suisse	41.000 —
Le Danemark	38.000 —
Les Pays-Bas	35.000 —
La Belgique	29.000 —

La Russie d'Europe occupe plus de la moitié de l'Europe ; l'Autriche-Hongrie, environ la seizième partie ; l'Allemagne, la dix-neuvième partie ; la France et l'Espagne, environ la vingtième partie, etc.

Productions.

Les heureuses conditions du sol, du climat, de la situation du continent européen ont certainement valu à ses habitants d'être à la tête de l'humanité. Son littoral dentelé, ses golfes ouverts à la navigation, son ossature de montagnes, ses grands fleuves, ses productions variées, ont contribué, pour une large part, au développement de sa civilisation.

Les richesses minières de l'Europe, — sans pouvoir être comparées à celles du Nouveau Monde, — ont néanmoins puissamment favorisé l'essor de son industrie. Ainsi, les mines de **houille** de la Grande-Bretagne, des bords de l'Escaut, de la Meuse et du Rhin ont assigné à l'Angleterre et à une portion de la région ouest de l'Europe continentale, une place toute spéciale dans la grande fabrication.

On sait qu'un des métaux les plus utiles, le fer, se trouve aussi à peu près partout dans notre monde, qui possède également des mines de cuivre, de plomb, d'étain, de mercure, d'or, d'argent, etc.

Les **céréales** sont répandues dans toute l'Europe.

Le **froment** est cultivé jusqu'au 62e degré de latitude et le seigle jusqu'au 64e. La **pomme de terre**, introduite en 1623, est devenue l'une des bases de l'alimentation. La **vigne** croît jusqu'au 50e degré de latitude. Les **arbres fruitiers** abondent dans toute l'Europe moyenne et méridionale. Les **orangers**, les citronniers, les cédratiers, les limoniers, les **oliviers**, les grenadiers, les figuiers, les amandiers prospèrent surtout dans le Midi, principalement dans le bassin méditerranéen.

L'Europe possède de nombreuses espèces de **chevaux**, de **bœufs**, de **moutons**, de **porcs**. Ces animaux se trouvent partout. Mais c'est dans les vastes plaines qui s'étendent du cœur de la Russie jusqu'au Danemark et dans les Pays-Bas que l'on rencontre les plus fortes races de bœufs et de chevaux. La région moyenne et la région méridionale font en général usage des mêmes animaux domestiques. Les invasions des Maures et des Turcs ont amené dans le midi de l'Europe l'introduction du cheval *arabe* ou *barbe*, qui, lui-même, a donné naissance à de nombreuses variétés.

Industrie générale de l'Europe.

C'est dans la Grande-Bretagne, la Belgique, l'ouest de la

Prusse, le nord et l'est de la France, le nord de la Suisse, que se trouve la plus grande fabrication des *machines* et *outils*.

Les industries *propres à l'alimentation* ont pour produits principaux la farine et le pain (France, Allemagne, Espagne, Russie) ; — les pâtes (Italie, France) ; — la charcuterie (France, Angleterre, Allemagne, Danemark, Italie, Espagne) ; — le vin, dont nous avons déjà parlé dans les productions naturelles ; — l'eau-de-vie de vin (France) ; — l'eau-de-vie de pommes de terre et de grains (nord de la France, Allemagne, Autriche, Hongrie, îles Britanniques) ; — la bière (nord de la France, Allemagne, îles Britanniques) ; — le sucre de betterave et la raffinerie du sucre de canne (France, Allemagne, Autriche, Hongrie, Russie, îles Britanniques) ; — les fromages (France, Suisse, Hollande, Angleterre, Italie) ; — la confiserie (France, Allemagne, Italie).

Les *industries chimiques* (produits chimiques et pharmaceutiques, huiles, savons, suif, bougies, alcools, liqueurs, couleurs, poudre) ont pour centres principaux la Grande-Bretagne, la France, la Belgique, l'Allemagne, l'Autriche, la Hongrie, la Russie.

Les *industries textiles* comptent quatre divisions principales : les toiles de lin et de chanvre, qui ont pour sièges principaux la France, les îles Britanniques (surtout l'Irlande), la Belgique, la Hollande, l'Allemagne, l'Autriche-Hongrie (surtout en Bohême), la Russie ; — les lainages, qui se fabriquent en France (où se font les draps les plus renommés du monde), en Angleterre, en Allemagne, dans la Bohême, la Moravie, la Belgique, l'Espagne, la Russie ; — les soieries, qui sont fournies par la France (Lyon, etc.), l'Angleterre, l'ouest de la Prusse, le nord de la Suisse ; — les cotons, dont le centre de fabrication le plus important est l'Angleterre (surtout le comté de Lancastre) ; viennent ensuite le nord de la France, la Belgique, l'Allemagne, l'Autriche, la Russie, la Suisse.

A ces industries se joignent les *dentelles*, les *blondes*, les *tulles*, les *broderies*, les *articles de mode*, la *lingerie*, la *bonneterie*, la *mercerie*, qui ont pour sièges la France (Paris surtout), l'Angleterre, la Belgique, la Suisse, le Tyrol, la Saxe, la Bohême.

Pour la *préparation des peaux*, la *ganterie*, la *cordonnerie*, la *carrosserie*, la *portefeuillerie*, on cite au premier rang la France, l'Angleterre, la Suède, la Belgique, l'Allemagne, la Russie. — Pour la *chapellerie*, la France encore, l'Angleterre, la Belgique, l'Autriche, l'Allemagne.

La *parfumerie*, la *joaillerie*, la *bijouterie*, l'*orfèvrerie*, les *fleurs artificielles*, les *éventails*, les *bronzes d'art*, sont surtout des produits de la France, de l'Angleterre, de l'Allemagne, de la Belgique, des Pays-Bas et de l'Italie.

L'*ébénisterie* française jouit d'une juste réputation ; celles de l'Allemagne, de l'Angleterre sont également très estimées.

Les *tapis* et *tapisseries* de la France, de l'Angleterre, de l'Allemagne, de la Turquie, de la Grèce, peuvent être cités en première ligne.

La *céramique*, la *verrerie* et la *cristallerie* ont pour principaux centres la France, l'Angleterre, l'Allemagne, la Belgique, la Bohême, la Russie.

On fait la meilleure *horlogerie* en France, en Suisse, en Allemagne, en Angleterre, en Italie.

Pour la *papeterie*, l'*imprimerie*, la *librairie*, les *instruments de physique*, de *mathématiques*, d'*optique*, de *musique*, et tout ce qui concerne les industries relatives aux besoins intellectuels, la France, l'Angleterre, la Belgique, les Pays-Bas, l'Allemagne, la Suisse, l'Italie, sont au premier rang.

En général, c'est le nord-ouest de l'Europe qui, pour toutes les branches, est à la tête de l'industrie de cette partie du monde.

Commerce.

Le produit du commerce général de tous les États européens dépasse 41 milliards de francs.

Ce sont les îles Britanniques qui font le plus de commerce. La France occupe le second rang ; ensuite l'Allemagne, l'Italie, la Russie, la Belgique, la Hollande, l'Autriche-Hongrie, la Suisse, etc. Relativement à leur étendue, la Belgique et la Hollande ont un commerce considérable. Les pays qui font le moins de commerce sont : l'Espagne, le Portugal, la Turquie, la Roumanie, la Grèce, la Scandinavie, le Danemark.

L'Europe occidentale centralise la plus grande partie du commerce, grâce à son industrie, à ses nombreux ports, etc.

L'EUROPE OCCIDENTALE reçoit du **coton** de l'Amérique, de l'Asie et de l'Égypte ; — de la **laine**, de l'Australie, de l'Afrique et de l'Amérique ; — du **sucre**, de l'Amérique, etc.; — des **métaux précieux**, des deux Amériques, de l'Océanie et de l'Afrique ; — des **bois de construction** et **d'ébénisterie**, d'Amérique, etc. ; — de la **soie**, de l'Asie ; — des **cuirs**, principalement de l'Amérique du Sud ; — du **cacao**, des régions équatoriales de l'Amérique ; — du **café**, de l'Asie, de l'Afrique et de l'Amérique (Antilles, etc.) ; — du **thé**, de l'extrême Orient ; — du **blé**, de l'Amérique ; — des bois, de Norvège.

Tous ces produits viennent par mer.

Par terre, l'Europe occidentale reçoit de l'Europe orientale, des **bestiaux** (bœufs, chevaux, moutons, porcs), de l'Allemagne, de la Suisse, de l'Autriche-Hongrie ; des **laines**, du centre de l'Europe et de la Russie ; des **cuirs**, de l'Allemagne, de la Russie, etc.

L'Europe occidentale, surtout la Grande-Bretagne, exporte, dans d'autres parties de notre monde, de la **houille**, des **métaux**, etc.

Produits fabriqués et pays où ils sont exportés. — L'Angleterre, la France, la Prusse, la Belgique et la Suisse expédient de grandes quantités de **cotonnades**, de **lainages** et de **soieries**, principalement en Amérique (surtout aux États-Unis et au Brésil), dans les Indes, dans la Turquie d'Asie, dans toutes les colonies européennes, en Égypte, etc. — La France, l'Allemagne, la Suisse, l'Angleterre, l'Autricale, Belgique, envoient des **articles dits de Paris**, de la mercerie, de la **tabletterie**, de la **lingerie**, des **vêtements confectionnés**, dans toute l'Amérique, dans la Turquie d'Asie, dans les Indes, en Égypte, dans les colonies européennes. — La France, l'Angleterre, la Prusse et la Suisse exportent également dans les deux Amériques, dans les Indes orientales, dans les États musulmans, en Chine, au Japon, dans toutes les colonies européennes, des **peaux préparées**, des **cuirs ouvrés**, de la **bijouterie**, de l'**horlogerie**, de l'**orfèvrerie**; nos **meubles** sont expédiés en grand nombre en Amérique, dans toutes les colonies européennes, l'Égypte, etc.— La **quincaillerie**, la **coutellerie**, les **armes** (Angleterre, Prusse, France, Belgique); la **verrerie**, la **poterie** (France, Angleterre, Prusse, Autriche, Italie) donnent lieu à un commerce considérable d'exportation pour l'Amérique, une grande partie de l'Asie, de l'Afrique et de l'Océanie. — Les **machines** (Angleterre, France, Prusse, Belgique) sont expédiées dans l'Amérique du Sud, les Antilles, le Mexique, les États musulmans, l'extrême Orient, et dans toutes les colonies européennes. — L'Angleterre, la France, la Belgique, la Prusse, sont à la tête de l'exportation des **livres**, des **gravures**, du **papier**, des **cartes**, dirigés sur toute l'Amérique, les colonies européennes, les Indes et les États musulmans.

Les **vins** de France, d'Espagne, de Portugal, d'Italie, de Hongrie, de Grèce, sont principalement expédiés en Amérique, dans les Indes, sur plusieurs points de l'Afrique, dans les colonies européennes et en Océanie.

Navigation maritime. Grands ports de commerce. — La navigation maritime unit entre eux activement tous les peuples principaux de cette partie du monde, si admirablement conformée, par ses profondes découpures, pour le commerce de mer.

Les deux ports qui ont le plus grand mouvement de navigation sont Liverpool et Londres. Viennent ensuite Hambourg, Hull, Glasgow, Marseille, le Havre, Southampton, Trieste, Constantinople, Anvers, Rotterdam, Amsterdam, Saint-Pétersbourg, Brême, Newcastle, Bordeaux, Cardiff,

Vue prise à Hambourg.

Swansea, Nantes (avec Saint-Nazaire), Dunkerque, Stettin, Lübeck, Riga, Odessa, Barcelone, Gênes, Livourne, Palerme, Messine, Copenhague, Dantzig.

La Manche, la mer du Nord, la mer d'Irlande et la Méditerranée sont sillonnées par le plus de navires. Des services réguliers unissent les côtes de France et d'Angleterre; d'autres vont de Londres ou d'autres points de l'Angleterre à Dunkerque, à Copenhague, à Saint-Pétersbourg, à Ostende, à Anvers. Des compagnies desservent le Havre, Lisbonne, Cadix, Gibraltar et Malaga, d'un côté, Saint-Pétersbourg, de l'autre; une compagnie hollandaise lie Rotterdam et Amsterdam à la Baltique, aux grands ports occidentaux de la France et de la péninsule Hispanique jusqu'à Gibraltar; des compagnies anglaises ont pour objet les communications depuis ce dernier port jusqu'à Saint-Pétersbourg. Saint-Nazaire et la côte espagnole de l'Atlantique communiquent également par un service régulier.

Les Messageries maritimes françaises vont de Bordeaux à Lisbonne, en se dirigeant du côté de l'Amérique du Sud.

Ces Messageries, qui exploitent toute la Méditerranée, unissent Marseille à Alger; à Gênes, Livourne, Naples, Messine, Palerme; à Constantinople, par le Pirée et Syra; à Alexandrie; à Soulina et à la voie du Danube jusqu'à Galatz et Braïla.

Des vapeurs-courriers espagnols desservent Cadix, Malaga, Barcelone, Marseille; — des bateaux-poste italiens, Gênes, les côtes d'Italie; — les bâtiments du Lloyd autrichien, Trieste, Ancône, Corfou, le sud de la Grèce, Constantinople; — la Compagnie autrichienne du Danube, Galatz, Braïla, la mer Noire (Odessa et autres ports); — une compagnie russe, la mer Noire, Constantinople, etc., etc.

Grandes voies de communication internationale par la navigation intérieure. — On peut communiquer aujourd'hui d'un bout de l'Europe à l'autre par la navigation des fleuves et des canaux.

Le plus beau des canaux qui unissent l'Atlantique à la Méditerranée est celui du Midi, qui, joint à quelques autres canaux, s'étend de la Garonne au Rhône, dans le sud de la France.

La Saône (affluent du Rhône), la Seine et la Loire sont jointes au Rhin, soit directement, soit indirectement, par divers canaux ; les produits de la France et de l'Allemagne peuvent ainsi être échangés facilement.

Le Rhin est mis en communication par le Main, son affluent, et par le canal Louis ou Charlemagne, avec le Danube ; la mer du Nord est par conséquent unie à la mer Noire, et l'Allemagne septentrionale l'est à l'Allemagne méridionale et à l'Autriche-Hongrie.

La mer Baltique communique à la mer du Nord par plusieurs canaux, entre autres par le canal de Frédéric-Guillaume, qui unit l'Oder au bassin de l'Elbe, en Prusse, et par le canal de Kiel, dans le Holstein ; elle communique avec le Cattégat par le canal de Gœtha, établi entre les lacs Vetter et Vener, en Suède ; elle est mise en rapport avec la mer Caspienne et la mer Noire par différents canaux de Russie, qui unissent d'un côté, les lacs voisins du golfe de Finlande au Volga, et, de l'autre, la Dvina méridionale et le Niémen au bassin du Dniepr. D'autres canaux unissent le bassin du Volga au bassin de la Dvina septentrionale, par conséquent la mer Caspienne à la mer Blanche.

Chemins de fer de l'Europe. — L'Europe a plus de 160 000 kilomètres de chemins de fer.

Paris, centre du commerce et de la civilisation de l'occident de l'Europe continentale, projette dans tous les sens des lignes qui l'unissent avec toute l'Europe occidentale et centrale. Les chemins qui, conduisant de cette capitale à sa grande voisine, Londres, s'avancent, sur le continent, le plus près de l'Angleterre, sont ceux qui aboutissent à Boulogne et à Calais. La plus longue ligne qui parcourt la France est celle qui, de Calais va aboutir à Marseille, par Paris et Lyon ; elle joint admirablement le N. O. de l'Europe à la Méditerranée et au Levant (canal de Suez, etc.) ; mais la partie méridionale de cette ligne trouve une redoutable concurrence dans la ligne qui, franchissant le tunnel des Alpes, parcourt toute l'Italie et va aboutir au port de Brindisi.

Paris communique avec Bruxelles par plusieurs chemins, et avec l'Allemagne et l'Autriche, particulièrement avec les capitales de ces pays, Berlin et Vienne, par des lignes qui passent ou par la Belgique, ou par Strasbourg, ou par Metz. Le nord et l'ouest de la Suisse lui sont unis par Mulhouse, d'un côté, et Pontarlier de l'autre.

Par le chemin de Lyon, Paris communique avec Genève (par conséquent avec le sud de la Suisse), et avec l'Italie, que la ligne atteint en franchissant les Alpes au col de Fréjus; elle gagne Turin, et de cette ville des rameaux se répandent dans toute l'Italie (Milan, Venise, Florence, Rome, Naples, Brindisi).

Par le chemin de Bordeaux et Bayonne, Paris communique avec Madrid et une grande partie de l'Espagne.

Berlin est jointe à Vienne, à Hambourg, à Hanovre, à Bruxelles (par Cologne), à Francfort, à Dresde; la même capitale projette un rameau sur Kœnigsberg. — Vienne est unie à Varsovie, et, par suite à Saint-Pétersbourg, d'un côté et, de l'autre, à Trieste, d'où la ligne se porte sur Venise, et de là sur tout le nord de l'Italie. Vienne est encore reliée à Munich, d'un côté, à Buda-Pest et à toute la Hongrie, de l'autre.

La même capitale et Munich, ainsi que tout le midi de l'Allemagne, communiquent avec l'Italie dans la direction de Vérone et de Milan, de là sur Florence, Rome, etc., par les chemins de fer qui franchissent les Alpes Rhétiques au col du Brenner et les Alpes Lépontiennes au Saint-Gothard.

De Hambourg, des chemins se rendent dans le Holstein, le Slesvig et le Jutland. — Les chemins de l'Allemagne occidentale et de la Belgique se prolongent à travers les Pays-Bas, et rencontrent Amsterdam, la Haye, etc.

Il y a, en Russie, un chemin très étendu qui unit Saint-Pétersbourg à Moscou et Moscou à Nijnii-Novgorod, Kazan, etc., dans la direction d'Orenbourg; un autre joint Saint-Pétersbourg à Varsovie, avec embranchement sur Kœnigsberg; une ligne s'étend de Moscou dans la direction du sud de la Russie (Odessa, etc.).

En résumé, les parties de l'Europe qui sont unies entre elles par des chemins de fer sont la France, la Belgique, les Pays-Bas, l'Allemagne, l'Autriche-Hongrie, la péninsule Cimbrique, la Suisse, l'Italie, la Russie, l'Espagne, le Portugal.

La Turquie se prépare à entrer dans cette communication générale. Déjà quelques lignes y unissent la mer Noire à diverses parties du cours du Danube, et Constantinople au pied du Balkan.

Quant à la Grande-Bretagne, que sa position isole du reste de l'Europe, elle possède en particulier le système de railways le plus complet que l'on rencontre dans le monde; et elle a partout avancé les bras qui peuvent le plus facilement la mettre en rapport avec le continent.

La péninsule Scandinave et l'archipel Danois ne sont pas liés au reste de l'Europe par des chemins de fer, mais en possèdent déjà un réseau intérieur assez développé.

Télégraphie électrique. — La télégraphie électrique étend son réseau plus loin que les chemins de fer; elle franchit même la mer; elle passe sous le Pas de Calais, sous la Manche et sous la mer du Nord, pour unir la France, la Belgique, la Hollande, l'Allemagne, le Danemark, la Norvège, à l'Angleterre; elle traverse le canal Saint-George, le canal du Nord, pour joindre la Grande-Bretagne à l'Irlande.

De cette dernière et de la France, elle s'élance dans l'océan Atlantique, et gagne l'île de Terre-Neuve et l'île Saint-Pierre, joignant ainsi l'Europe à l'Amérique.

La Corse est unie à l'Italie et à la France, d'une part, et à l'île de Sardaigne, de l'autre. La France communique à l'Algérie; l'Italie continentale, à la Sicile; la Sicile, à Malte. Par cette dernière île passe un câble immense qui vient de Falmouth, en Angleterre, contourne l'O. de l'Europe, touche Gibraltar, et va gagner l'Égypte, puis franchit la mer Rouge, pour se rendre dans l'Asie méridionale et dans l'Australie. Malte est encore jointe à la Tunisie. Les îles Ioniennes sont jointes à l'Italie et à la Grèce.

Une ligne s'étend à travers toute l'Europe centrale, jusqu'à Constantinople ; de là, franchissant le Bosphore, elle gagne la Turquie d'Asie et l'Inde. D'autres lignes se rendent en Asie par les voies de Kazan et de Tiflis.

Enfin, toute l'Europe est sillonnée par ce merveilleux moyen de communication, qui compte 300 000 kilomètres de lignes.

Population des États européens

EN CHIFFRES RONDS

D'après Behm et Wagner

1880-1881

Russie d'Europe (y compris la Pologne et la Finlande).	84.000.000
Allemagne (empire d'); Prusse, Bavière, etc.	45.000.000
Autriche-Hongrie	38.000.000
France	38.000.000
Grande-Bretagne et Irlande	35.000.000
Italie	28.000.000
Espagne	16.000.000
Portugal	4.500.000
Suisse	3.000.000
Belgique	5.500.000
Hollande	4.000.000
Suède	4.500.000
Norvège	2.000.000
Danemark	2.000.000
Roumanie	5.000.000
Serbie	2.000.000
Monténégro	250.000
Bulgarie	2.000.000
Turquie d'Europe (Roumélie, Albanie, etc.)	5.000.000
Grèce	2.000.000

Densité de la population. — C'est encore l'Europe occidentale qui sur un espace donné, par exemple d'un kilomètre carré, a le plus d'habitants. La Russie et la Scandinavie occcupent en Europe le dernier rang au point de vue de la densité de la population.

En moyenne, il y a 74 habitants par kilomètre carré sur le territoire français. En Belgique, la population est de 188 habitants par kilomètre carré; les Pays-Bas en ont 128, les îles Britanniques 112, l'Italie 96, l'Allemagne 84, la Suisse 69, l'empire Austro-Hongrois 61, le Portugal 46, le Danemark 51, l'Espagne 33, l'ensemble de la Turquie d'Europe et des Principautés slaves 30, la Grèce 30, la Suède 10, la Norvège 6, la Russie d'Europe 16.

Si l'on divise l'Europe en quatre régions : l'Europe occidentale, l'Europe centrale, le nord et l'est de l'Europe, le sud de l'Europe, c'est la première de ces régions qui par kilomètre carré a le plus d'habitants, ensuite l'Europe centrale, puis le sud de l'Europe et enfin le nord et l'est de l'Europe.

Ce sont les pays à la fois manufacturiers, commerçants et agricoles qui atteignent les summa de la densité de la population. Ainsi, en Belgique, les Flandres sont à la fois manufacturières et agricoles ; il y a dans ces provinces, jusqu'à 270 habitants par kilomètre carré.

Dans les Pays-Bas, plusieurs provinces (entre autres, la Hollande méridionale) ont 230 habitants par kilomètre carré. Dans les îles Britanniques, les comtés les plus peuplés sont les districts manufacturiers du centre de l'Angleterre ; il y a là jusqu'à 500 habitants par kilomètre carré. En Italie, les pays qui ont le plus d'habitants sont la Lombardie, la Ligurie, la Terre de Labour. En Allemagne, ce sont les territoires arrosés par le Rhin, et la Saxe. Dans notre France, la population est surtout dense dans le bassin de la Seine, dans le nord, le nord-ouest, dans la région de Saint-Étienne et de Lyon. En Suisse, les habitants sont surtout agglomérés dans le canton de Zurich et dans les contrées les moins montagneuses. En Autriche, les provinces les plus peuplées sont la Bohême, la Moravie, la Basse-Autriche. Dans l'immense Russie, des pays entiers n'ont pas 2 habitants par kilomètre carré, les steppes de la Caspienne, par exemple ; les territoires manufacturiers des environs de Moscou en renferment environ 40 par kilomètre carré, et la Pologne agricole un chiffre analogue.

Mais la densité actuelle de la population ne donne nullement l'idée de l'accroissement du nombre des habitants. Ainsi les derniers recensements ont prouvé que la population française ne progressait que faiblement, tandis que dans la même période de temps (cinq années) celle de la Russie et de l'Allemagne s'était beaucoup accrue.

Population. Races. Langues. — L'Europe renferme environ 300 millions d'habitants. Les peuples qui composent cette population sont de race caucasique, excepté les *Lapons*, les *Samoyèdes* et quelques autres nations peu considérables du N. et de l'E., qui appartiennent à la race mongolique. Ils peuvent se classer, surtout d'après les *langues*, en douze familles principales :

1° La famille **Celtique**, divisée en rameaux *Gaëlique*, *Erse* et *Bas-Breton*, et fixée dans l'O. et le N. de la Grande-Bretagne, en Irlande et dans l'O. de la France.

2° La famille **Basque**, qui ne comprend que les *Basques* ou *Escualdunacs*, dans les Pyrénées occidentales.

3° La famille **Gréco-Latine**, partagée en rameaux *Grec*, *Italien*, *Français*, *Espagnol*, *Portugais*, *Roman*, *Albanais*, *Roumain* (comprenant les *Valaques* et les *Moldaves*).

4° La famille **Tudesque** ou **Germanique**, avec les rameaux *Allemand*, *Hollandais*, *Flamand*, *Anglais*, *Suédois*, *Danois*, *Norvégien*.

5° La famille **Slave**, composée des *Polonais*, des *Russes* (du moins en partie), des *Bohêmes* ou *Tchèkhes*, des *Wendes*, des *Russniaques* ou *Ruthènes*, des *Slovaques*, des *Slovènes*, des *Esclavons*, des *Croates*, des *Serbes*, des *Dalmates*, des *Istriens*, des *Carniolais*, des *Bosniaques*, des *Monténégrins*, des *Bulgares*.

6° La famille **Lithuanienne** (dans l'O. de la Russie et l'E. de la Prusse), comprenant les *Lithuaniens* proprement dits ou *Litaouis*, et les *Lettes* ou *Lettons*.

7° La famille **Finnoise** ou **Ouralienne** (appelée quelquefois Touranienne), où l'on distingue les *Finnois* proprement dits ou les *Tchoudes*, les *Esthes*, les *Lives*, les *Caréliens*, une partie des *Grands-Russes* ou *Moscovites* (pour la confrmation, mais non pour la langue, qui est slave) ; les

Biarmiens, répandus dans le N. E. de la Russie et divisés en *Sirianes*, *Permiens* et *Votiaks*; les *Magyars* ou *Hongrois* (les *Lapons*, pour la langue, appartiennent à cette famille, mais sont, pour la conformation, de la race mongolique).

8° La famille **Tataro-Mongole**, comprenant les *Samoyèdes*, les *Kalmouks*, les *Nogaïs*, et quelques autres populations du N. E., de l'E. et du S. E. de la Russie.

9° La famille **Turque**, composée des *Turcs* proprement dits, des *Turcomans*, des populations appelées improprement *Tatares de Crimée*, et de quelques autres répandues dans le S. E. de l'Europe.

10° La famille **Caucasienne**, dans la chaîne de montagnes à laquelle elle doit son nom ; elle renferme les *Circassiens* ou *Tcherkesses*, les *Lesghiz*, les *Ossètes*, etc.

11° La famille **Sémitique**, qui ne comprend que les *Juifs* épars dans les différents pays et parlant la langue des peuples chez lesquels ils se trouvent.

12° La famille **Bohémienne**, probablement sortie de l'Inde au moyen âge, et errant, par petites fractions, dans la plupart des contrées de l'Europe, sous des noms très divers : elle est appelée en Turquie *Tchinganes*, *Zingares* ou *Tziganes*; dans l'empire Austro-Hongrois et en Allemagne, *Zigueunes*; en Angleterre, *Gypsies*; en Espagne, *Gitanos*: c'est en France seulement qu'on la nomme *Bohémiens*.

Les familles Celtique, Gréco-Latine, Tudesque, Slave, Lithuanienne et Caucasienne, c'est-à-dire la grande majorité des populations européennes, sont vraisemblablement descendues des **Aryas**, qui, sortis du plateau de la Perse, des monts Hindou-khouch et du bassin de l'Oxus, ont envahi l'Inde à une époque reculée, et ont aussi, paraît-il, dans un temps qu'on ne peut préciser, étendu leurs émigrations sur presque toute l'Europe. Voilà pourquoi on réunit ces familles sous la dénomination de souche *aryenne* ou *indo-européenne*.

Langues. — De toutes ces familles, trois occupent encore le premier rang en Europe ; on a l'habitude de leur donner les noms de race *latine*, de race *germanique* et de race *slave*.

La race **latine**, groupée au sud-ouest et à l'ouest, s'est surtout imposée par sa langue. C'est, en effet, de la langue latine que sont sortis : l'*italien*, le *provençal*, le *gascon*, plusieurs autres dialectes, le *français*, l'*espagnol*, le *portugais*, et le *roumain*. On trouve également des débris de la langue latine dans les *frisons* (en Suisse) (le *romanche* et le *ladin*).

La langue **germanique** rayonne du centre de l'Europe : elle est la mère du *hollandais*, du *flamand*, du *frison*, etc.; des langues scandinaves, c'est-à-dire du *suédois*, du *norvégien*, du *danois*, de l'*islandais*, etc.; elle a contribué à la formation de la langue *anglaise*, qui provient surtout du saxon, transporté par les invasions germaniques et du français importé par Guillaume le Conquérant et ses compagnons au onzième siècle.

La langue **slave** comprend trois principaux dialectes : dialectes des *Slaves orientaux*, des *Slaves occidentaux*, des *Slaves de la Baltique*. Les Slaves orientaux comprennent la race la plus forte, celle des Russes ; puis les *Serbes*, les *Serbo-Croates*, etc. Les *Slaves* occidentaux se composent des *Polonais*, des *Tchèques* de la Bohême et de la Moravie, etc.; des *Slaves de la Baltique* comprenant les *Lithuaniens*; des *Lettes de la Courlande*.

Quant aux vieux idiomes **Celtiques**, bien qu'en grande partie effacés par les langues qu'imposèrent des nations triomphantes, on en retrouve les traces nombreuses dans les langues française, anglaise, etc. Les débris vivants des anciens Celtes, sans grand mélange, sont encore les Bas-Bretons, les Gallois, les Ecossais des hautes terres, les Irlandais.

Religions. — La religion chrétienne est presque partout professée en Europe. La Turquie est en partie musulmane et il y a quelques bouddhistes à l'E.

Au S. et à l'O., les chrétiens sont généralement catholiques ; au N. et au N. O., et dans plusieurs parties du milieu ils sont protestants, sous les noms divers de luthériens, de calvinistes, d'évangélistes, de presbytériens, d'anglicans, et à l'E. et au S. E. ils professent la religion grecque.

Les Juifs ou Israélites sont assez nombreux en Pologne, en Allemagne, en Autriche.

FORCES MILITAIRES DES GRANDES PUISSANCES

Russie. — La force armée de l'empire Russe comprend l'armée active et l'armée territoriale. L'armée active se compose de l'armée de terre et de l'armée de mer. L'armée de terre comprend : 1° les troupes régulières, composées d'hommes recrutés annuellement dans tout l'empire ; 2° la réserve, destinée à compléter l'armée sur pied de guerre et composée d'hommes en congé ; 3° des cosaques, troupes irrégulières ; 4° de troupes formées d'éléments étrangers.

L'armée territoriale se recrute parmi les hommes de 20 à 40 ans.

L'armée active est composée de 19 corps d'armée. Depuis 1878, l'artillerie russe a reçu de nouveaux canons en acier.

L'effectif de l'armée régulière en temps de guerre est de 2 300 000 hommes.

L'armée irrégulière (cosaques, etc.) peut augmenter ce chiffre de près de 160 000 hommes.

Le nombre d'hommes de la flotte russe est d'environ 26 000.

Empire d'Allemagne. — Le service est obligatoire pour tous les sujets. La durée du service est de 12 ans, dont 3 dans l'armée active, 4 dans la réserve et 5 dans la landwehr. Le landsturm comprend tous les hommes tenus de servir et qui n'appartiennent ni à l'armée ni à la marine. Il y a 18 corps d'armée, dont 13 prussiens.

En temps de guerre l'empire d'Allemagne peut mettre sur pied plus de 1 500 000 hommes (sans compter le landsturm).

Le roi de Prusse commande l'armée fédérale.

La flotte compte 95 navires et 16 000 hommes d'équipage.

Autriche-Hongrie. — Le service est obligatoire pour tous les citoyens propres à porter les armes et ayant atteint l'âge de 20 ans. La durée du service est de 12 ans, dont 3 dans la ligne, 7 dans la réserve et 2 dans la landwehr. Les jeunes gens qui prouvent avoir reçu une instruction supérieure sont en droit de servir un an seulement dans l'armée active, tout en restant 9 ans dans la réserve et 2 ans dans la landwehr.

L'Autriche-Hongrie peut mettre sur pied en temps de guerre environ 1 100 000 hommes.

France. — Par la loi sur le recrutement du 27 juillet 1872 le service militaire est déclaré obligatoire. Tous les Français doivent le service militaire de 20 à 40 ans. — Ils appartiennent à l'armée active de 20 à 29 ans; et de 29 à 40 ans, ils font partie de l'armée territoriale. Ne passent qu'une année sous les drapeaux, et sont ensuite envoyés *en disponibilité* dans leurs foyers jusqu'à l'expiration du temps qu'ils doivent à l'armée active, les jeunes gens dits *engagés conditionnels d'un an* qui s'entretiennent et s'équipent à leurs frais (bacheliers, élèves de certaines écoles désignées par la loi, ou reçus à l'examen spécial du *volontariat*), et ceux, en nombre annuellement fixé d'après les ressources budgétaires, qui ont obtenu les numéros les plus élevés au tirage au sort.

La France peut mettre sous les armes en temps de guerre, 1 500 000 *hommes.*

La flotte proprement dite compte environ 42 000 hommes. On peut y joindre 4 régiments d'infanterie et un régiment d'artillerie de marine.

Le temps de service dans l'armée de mer est fixé à 5 années d'activité et 4 années de réserve. A l'expiration de ces 4 années de réserve les hommes passent immédiatement dans la réserve de l'armée territoriale où ils restent jusqu'à l'âge de 40 ans.

Le nombre de nos bâtiments de guerre était en 1881 de 356 dont 59 cuirassés.

Grande-Bretagne et **Irlande**. — Le service est de 12 ans, dont 7 ans de service actif et 5 ans de réserve.

Le recrutement de l'armée régulière repose sur l'enrôlement volontaire.

Les troupes se décomposent ainsi : armée régulière ; réserve ; milice ; volontaires ; en tout, environ 580 000 hommes.

L'armée régulière ne comprend au plus que 200 000 hommes avec les troupes coloniales.

La flotte compte plus de 80 000 marins, environ 75 navires blindés, 360 navires à vapeur et 120 navires à voiles.

C'est de beaucoup la plus grande flotte des États européens.

Italie. — Le service est obligatoire. Doivent porter les armes tous les hommes jusqu'à l'âge de 40 ans.

L'organisation de l'armée rappelle celle de l'empire d'Allemagne. Il y a trois catégories : la première et la deuxième comprennent tous les hommes destinés à servir successivement dans l'armée permanente, dans la milice mobile et dans la milice territoriale.

L'armée sur le pied de guerre est d'environ 700 000 hommes.

La flotte compte 16 000 hommes et 72 bâtiments de guerre dont 18 blindés.

TABLE

GÉOGRAPHIE PHYSIQUE GÉNÉRALE. — Bornes et superficie de l'Europe. — Configuration des mers. — Description des côtes.....	1
Principaux détroits..	5
Presqu'îles, isthmes, îles et caps................................	7
RELIEF DU SOL. — Observations générales. — Chaînes de montagnes.	10
EAUX INTÉRIEURES. — Ligne de partage des eaux. — Versants. — Bassins maritimes et fleuves qu'ils comprennent..............	41
Lacs, marais et lagunes..	54
Climat, lignes isothermes, vents et pluies......................	57
ÉTATS DE L'EUROPE. — FRANCE PHYSIQUE.........................	64
Géographie politique..	70
Géographie économique...	113
ILES BRITANNIQUES. — Géographie physique....................	122
Géographie politique..	124
Géographie économique...	128
BELGIQUE. — Géographie physique, politique, économique......	136
PAYS-BAS. — Géographie physique, politique, économique......	138
GRAND-DUCHÉ DE LUXEMBOURG.................................	142
MONARCHIE SCANDINAVE. — SUÈDE ET NORVÈGE. — Géographie physique..	144
Géographie politique..	145
Géographie économique...	146
DANEMARK..	149
ALLEMAGNE. — Géographie physique...........................	153
Géographie politique..	154
Géographie économique...	161
EMPIRE AUSTRO-HONGROIS. — Géographie physique et politique...	163
Géographie économique...	168
SUISSE. — Géographie physique.................................	172

Géographie politique	173
Géographie économique	174
ITALIE. — Géographie physique	179
Géographie politique	181
Géographie économique	187
ESPAGNE. — Géographie physique	191
Géographie politique	192
Géographie économique	196
PORTUGAL. — Géographie physique et politique	200
Géographie économique	201
GRÈCE. — Géographie physique	204
Géographie politique	205
Géographie économique	208
TURQUIE D'EUROPE. — Géographie physique	210
Géographie politique	211
Géographie économique	214
ROUMANIE, SERBIE, BULGARIE, MONTÉNÉGRO	219
RUSSIE. — Géographie physique	221
Géographie politique	222
Géographie économique	225
RÉSUMÉ COMPARATIF. — Superficie comparée des États. — Productions	235
Industrie générale de l'Europe	236
Commerce	238
POPULATION DES ÉTATS EUROPÉENS en chiffres ronds, 1880-1881	246
FORCES MILITAIRES DES GRANDES PUISSANCES	251

FIN DE LA TABLE

Imprimeries réunies, **A**, rue Mignon, 2, Paris.

COURS D'ETUDES
A L'USAGE DE L'ENSEIGNEMENT SECONDAIRE SPÉCIAL
Rédigé conformément aux programmes du 28 juillet 1882
FORMAT IN-16, CARTONNÉ

HISTOIRE

Simples récits d'Histoire de France, par MM. Ducoudray et Foillet, année préparatoire. 1 vol................ 2 fr.

Histoire ancienne, grecque et romaine, par M. Ducoudray, 1re année. 1 vol. 3 fr.

Histoire générale depuis l'invasion des Barbares jusqu'en 1610, par le même auteur, 2e année. 1 vol............ 3 fr.

Histoire générale de 1610 à 1875, par le même auteur, 3e année. 1 vol. 3 fr. 50

GÉOGRAPHIE

Géographie élémentaire du globe terrestre et de la France, suivie d'un cadre pour une description de département, par M. Richard Cortambert, année préparatoire. 1 vol..................... 90 c.

Géographie physique, politique et économique de l'Afrique, de l'Asie, de l'Amérique et de l'Océanie, par le même auteur, 1re année. 1 vol............ 1 fr. 50

Géographie générale et particulière de l'Europe, par le même auteur, 2e année. 1 vol......................... 2 fr.

Géographie physique, politique, administrative et économique de la France et de ses possessions coloniales, par le même auteur, 3e année. 1 vol.

MORALE

Morale pratique et principes généraux de la morale, par M. Pontsevrez, professeur d'enseignement moral et civique dans les écoles primaires supérieures de la ville de Paris, 3e et 5e années. 1 vol.

LÉGISLATION ET ÉCONOMIE POLITIQUE

Éléments de législation civile, par M. Delacourtie, avocat à la cour d'appel de Paris, 4e année. 1 vol................ 2 fr.

Éléments de législation commerciale et industrielle, par le même auteur, 5e année. 1 vol.................. 3 fr.

Précis d'économie politique, par M. Levasseur, membre de l'Institut, professeur au Collège de France et au Conservatoire des Arts et Métiers, 5e année. 1 vol.... 3 fr.

MATHÉMATIQUES

Arithmétique, par M. Lucien Lévy, professeur au lycée Louis-le-Grand, 1re, 2e et 5e années.

Géométrie, par M. Dalsème, professeur à l'École normale primaire de la Seine, 1re année. 1 vol................. 1 fr.
— 2e année. 1 vol................. 1 fr. 50
— 3e, 4e et 5e années.

Algèbre, par M. Launay, professeur au lycée Charlemagne, 2e année. 1 vol.
— 3e année. 1 vol.

Géométrie descriptive, par M. Kiæs. Nouvelle édition, refondue par M. Niewenglowski, professeur au lycée Louis-le-Grand, 3e, 4e et 5e années. 1 vol.

Courbes usuelles et Trigonométrie, par M. Bezodis, professeur au lycée Henri IV, 4e année. 1 vol.............. 2 fr.

Mécanique, par MM. Mondiet et Thabourin, anciens élèves de l'École normale de Cluny, agrégés :
   Statique, 4e année. 1 v. in-8. 2 fr. 50
   Cinématique, dynamique, mécanismes (5e année) 1 vol. in-8.... 2 fr. 50

PHYSIQUE ET CHIMIE

Physique, par M. Gossin, proviseur du lycée de Lille, 1re, 2e, 3e, 4e et 5e années. 5 vol. Chaque volume................ 3 fr.

Chimie, par M. Boudréaux, professeur à l'École normale primaire de la Seine, 2e, 3e, 4e et 5e années.

HISTOIRE NATURELLE

Zoologie, par M. Perrier, professeur au Muséum d'histoire naturelle de Paris, 1re et 4e années.

Botanique, par M. Mangin, professeur au lycée Louis-le-Grand, 2e et 5e années.

Géologie, par M. Seignette, professeur au lycée Condorcet, 3e année.

www.ingramcontent.com/pod-product-compliance
Lightning Source LLC
Chambersburg PA
CBHW050341170426
43200CB00009BA/1679